新编21世纪职业教育精品教材

适用于职业院校、技工院校汽车类专业

汽车应用材料

主 编◎胡幼华 汪伟芬 熊建武

中国人民大学出版社

·北京·

图书在版编目（CIP）数据

汽车应用材料 / 胡幼华，汪伟芬，熊建武主编
. -- 北京：中国人民大学出版社，2024.12
新编 21 世纪职业教育精品教材
ISBN 978-7-300-32881-2

Ⅰ. ①汽… Ⅱ. ①胡… ②汪… ③熊… Ⅲ. ①汽车—
工程材料—职业教育—教材 Ⅳ. ①U465

中国国家版本馆 CIP 数据核字（2024）第 107573 号

新编 21 世纪职业教育精品教材
适用于职业院校、技工院校汽车类专业
汽车应用材料
主　编　胡幼华　汪伟芬　熊建武
Qiche Yingyong Cailiao

出版发行	中国人民大学出版社		
社　　址	北京中关村大街 31 号	**邮政编码**	100080
电　　话	010－62511242（总编室）		010－62511770（质管部）
	010－82501766（邮购部）		010－62514148（门市部）
	010－62515195（发行公司）		010－62515275（盗版举报）
网　　址	http://www.crup.com.cn		
经　　销	新华书店		
印　　刷	北京昌联印刷有限公司		
开　　本	787 mm×1092 mm　1/16	**版　　次**	2024 年 12 月第 1 版
印　　张	16	**印　　次**	2024 年 12 月第 1 次印刷
字　　数	358 000	**定　　价**	52.00 元

前言
PREFACE

本教材根据《国家职业教育改革实施方案》及教育部职业教育教学改革意见，在总结近几年各院校汽车类专业教学改革经验的基础上，由湖南工业职业技术学院、湖南都市职业学院、湘潭科技职业学院、邵阳通航职业技术学院、益阳职业技术学院、湖南财经工业职业技术学院、南县职业中等专业学校、永州市工商职业中等专业学校、双牌县职业技术学校、邵阳技师学院、醴陵市陶瓷烟花职业技术学校、邵阳市计算机中等专业学校等职业院校与湖南吉利汽车部件有限公司、湘潭电机集团股份有限公司、湖南维德科技发展有限公司、宁波富佳实业股份有限公司等企业共同编写。本教材是湖南省"十三五"教育科学研究基地"湖南职业教育'芙蓉工匠'培养研究基地"的研究成果，也是湖南省教育科学规划课题"现代学徒制：中高衔接行动策略研究""基于现代学徒制的'芙蓉工匠'培养研究：以电工电器行业为例""基于'工匠精神'的高职汽车类创新创业人才培养模式的研究""基于'双创'需求的高职院校新能源汽车技术专业建设的研究""基于工匠培养的'学训研创'一体化培养体系探索与实践"的研究成果，也是湖南省职业院校教育教学改革研究项目"融合'现代学徒制'模式的高职院校'双创'教育路径研究""'工匠'精神融入高职学生职业素养培育路径创新研究"的研究成果，还是湖南省教育科学工作者协会课题"校企深度融合背景下 PDCA 模式在学生创新设计与制造能力培养中的应用研究"的研究成果。

本教材以习近平新时代中国特色社会主义思想为指导，深入贯彻党的二十大精神，设置了素养小课堂栏目"中国梦·大国工匠"，使学生在学习过程中体会到爱国、敬业、持之以恒是工匠精神的最好体现，在潜移默化中培育学生的爱国主义精神、职业道德和工匠精神。

本教材以培养学生认知、选用汽车材料的基本技能为目标，基于工作过程系统化的原则，在对行业企业、同类院校进行调研的基础上，重构课程体系，拟定典型工作任务，重新制定课程标准，让学生具备认知和初步选用汽车用钢铁材料、有色金属及其合金、非金属材料、燃料、润滑材料、工作液、轮胎等汽车应用材料的技能。

本教材涵盖了与汽车相关的所有材料，包括汽车制造所用的汽车工程材料以及汽车使用过程中需要的各种汽车应用材料，并且以汽车制造、使用过程贯穿全部内容，较好地体现了工作过程系统化的原则，便于学生学习和教师教学。

本教材系统介绍了汽车主要构造及汽车材料、汽车用金属材料的性能、汽车用钢铁材料、汽车用有色金属及其合金、汽车用非金属材料、汽车用燃料、汽车用润滑材料、汽车用工作液、汽车轮胎等内容，建议安排 36～48 课时。

本教材由胡幼华（湖南工业职业技术学院）、汪伟芬（南县职业中等专业学校）、熊建武（邵阳通航职业技术学院、湘潭科技职业学院）担任主编，由娄晓（湖南都市职业学院）、鲁荣峰和赵骏（湘潭科技职业学院）、谭补辉（益阳职业技术学院）、李新琼（双牌县职业技术学校）、李博（永州市工商职业中等专业学校）担任副主编，由胡智清（湖南财经工业职业技术学院）、王得胜（宁波富佳实业股份有限公司）担任主审。参与本书编写的还有刘磊（湖南吉利汽车部件有限公司）、莫强（邵阳通航职业技术学院）、尹立群和肖甫德（湖南都市职业学院）、夏凯、刘云飞和孙忠刚（湖南工业职业技术学院）、尹美红（邵阳技师学院）、文婕（醴陵市陶瓷烟花职业技术学校）、黄婷（邵阳市计算机中等专业学校）。胡幼华、汪伟芬、熊建武负责全书的统稿和修改工作。

孙孝文高级工程师（湘潭电机集团股份有限公司、邵阳通航职业技术学院）、陈国平总经理（湖南维德科技发展有限公司）对本教材提出了许多宝贵意见和建议，湖南工业职业技术学院、邵阳通航职业技术学院、湘潭科技职业学院、益阳职业技术学院、湖南都市职业学院、湖南财经工业职业技术学院、南县职业中等专业学校等院校领导和宁波富佳实业股份有限公司、湖南吉利汽车部件有限公司等企业领导，均对本教材给予了大力支持，在此一并表示感谢。

编者在撰写过程中搜集了大量有助于教学的资料（含有关国家标准、行业标准等）和素材，限于篇幅未在书中全部呈现，感兴趣的读者可向作者索取，作者 E-mail：xiongjianwu2006@126.com。

本教材可作为职业院校汽车制造与装配、汽车运用与维护、汽车电子技术、汽车营销、新能源汽车等汽车类专业，工程机械制造与装配、工程机械运用与维护、工程机械营销等工程机械类专业，以及机械设计与制造、模具设计与制造、机电一体化等机械制造类相关专业的教材，还可作为汽车制造与装配、汽车运用与维护、汽车电子技术、汽车营销、工程机械制造与装配、工程机械运用与维护、工程机械营销等工程技术人员和现场管理人员以及职业院校教师的参考资料。

由于时间仓促，编者水平有限，书中难免存在不当之处，恳请广大读者批评指正。

编者

目 录
CONTENTS

第 8 章

汽车用工作液

第 9 章

汽车轮胎

第1章

汽车主要构造及汽车材料

知识点	技能点
汽车材料的类型。 汽车材料的发展趋势。	了解汽车材料的类型及发展趋势。

汽车具有高速、机动、舒适、使用方便等优点，极大地方便了人们的生活，提高了劳动生产率，有效地促进了国民经济的发展，许多国家都把汽车产业作为国家的支柱产业。我国从 1956 年生产出第一辆解放牌汽车，到 2009 年，首次成为世界汽车产销第一大国；2009年，汽车产销量分别为 1 379.1 万辆和 1 364.48 万辆，同比分别增长 48.3％和 46.15％；其中，乘用车产销量分别为 1 038.38 万辆和 1 033.13 万辆，同比分别增长 54.11％和 52.93％；商用车产销量分别为 340.72 万辆和 331.35 万辆，同比分别增长 33.02％和 28.39％。2022年，汽车产销分别达到 2 702.1 万辆和 2 686.4 万辆，同比分别增长 3.4％和 2.1％，与上年相比，产量增速持平，销量增速下降 1.7 个百分点。截至 2022 年，我国汽车产销总量已经连续 14 年稳居全球第一。2001—2022 年中国汽车销量及增长率如图 1.1 所示。

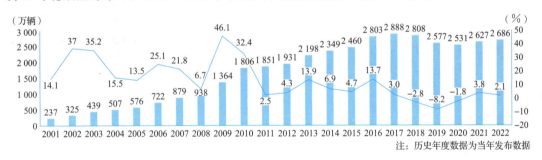

图 1.1　2001—2022 年中国汽车销量及增长率

汽车产业的发展，有力地拉动着一个国家国民经济的综合发展。据统计，每年汽车行业约消耗世界钢铁总产量的 24％、橡胶的 18％、石油的 46％。日本经济高速发展的 15 年间，汽车工业产值增长了 57 倍，从而带动国民经济增长了 36 倍。同时汽车产业的发展，还能有效地促进城市的现代化建设，促进劳动就业。在美国，每 6 个就业岗位就有一个与汽车有关。据专家预测，到 2030 年，我国汽车相关产业从业人数将达 1 亿人以上。汽车产业是一个 1∶10 的产业，即汽车产业 1 个单位的产出，可以带动整个国民经济总体增加10 个单位的产出，可见汽车产业对社会、对人类的巨大贡献。汽车产业对相关产业的带动作用如图 1.2 所示。

1

图 1.2　汽车产业对相关产业的带动作用

1.1　汽车的主要构成

　　我国国家标准《汽车、挂车及汽车列车的术语和定义　第 1 部分：类型》（GB/T 3730.1—2022）对汽车的定义是：由动力驱动、具有四个或四个以上车轮的非轨道承载的车辆，包括与电力线相联的车辆（如无轨电车）。汽车主要用于载运人员或货物、牵引载运人员或货物的车辆或特殊用途的车辆以及专项作业或专门用途。

　　大多数汽车的总体结构及主要机构的构造和作用原理基本上是一致的。常用汽车的总体构造基本上由以下四个部分组成：发动机、底盘、车身、电气设备，如图 1.3 所示。

图 1.3　汽车的总体构造

1.1.1　发动机

　　发动机是汽车的动力装置，是汽车的"心脏"。其作用是使供入其中的燃料燃烧而产生动力，通过底盘传动系驱动汽车行驶。发动机是汽车的动力，现代汽车发动机主要采用的是往复活塞式内燃机，负责将燃料燃烧所产生的热能转化为机械能，一般由两大机构和五大系统组成。两大机构为曲柄连杆机构和凸轮轴配气机构，五大系统为燃料供给系统、润滑系统、冷却系统、点火系统和起动系统。图 1.4 所示为华晨 1.8T 发动机的外形及组成零件。

1.1.2　底盘

　　底盘将汽车各总成、部件连接为一个整体，具有传动、转向、制动等功能。底盘接收发动机发出的动力，使汽车正常行驶。底盘主要包括传动系统（离合器、变速器、传动轴等）、行驶系统（车架、车轮等）、转向系统（转向盘、转向传动装置等）和制动系统（前、后轮制动器、控制、传动装置等）四大系统，如图 1.5 所示。

图 1.4 华晨 1.8T 发动机的外形及组成零件

图 1.5 汽车底盘

1.1.3 车身

车身用以承载驾驶员、乘客和货物。通常，载货汽车车身由驾驶室、车厢等组成，客车、轿车车身则由车身结构件、车身覆盖件、车身外装件、车身内装件和车身附件等总成零件组成。汽车车身如图 1.6 所示。

图 1.6 汽车车身

1.1.4 电气设备

汽车电气设备是汽车的重要组成部分之一，其性能直接影响到汽车的动力性、经济性、可靠性、安全性、排气净化性能及舒适性。汽车电气设备主要包括电源、发动机的起动系和点火系、照明装置、信号装置、电子控制设备等。在现代汽车中，电子技术配置有了飞跃性的发展。目前，在汽车上，尤其是在轿车上较普遍地应用了电子打火、发动机动力输出控制（EPC）、发动机电控喷射系统、防抱死制动系统（ABS）、速度感应式转向系统（SSS）、卫星导航系统（GPS）、安全气囊系统（SRS）、自动诊断装置等，大大提高了轿车的可靠性和安全性能。随着电子技术的不断发展，汽车将更加电子化和智能化。

1.2 汽车材料的应用

通常，一辆汽车由约 2 万个零部件组装而成。汽车上每个零件的生产制造都涉及材料问题。从汽车的设计、选材、加工制造，到汽车的使用、维修和养护无一不涉及材料。据统计，汽车上的零部件采用了 4 000 余种不同的材料加工制造。

以现代轿车用材为例，按照重量来换算，钢材占汽车自重的 55%～60%，铸铁占 5%～12%，有色金属占 6%～10%，塑料占 8%～12%，橡胶占 4%，玻璃占 3%，其他材料（油漆、各种液体等）占 6%～12%。目前，汽车制造用材仍以金属材料为主，塑料、橡胶、陶瓷等非金属材料占有一定的比例。本教材将系统地介绍汽车应用材料的基础知识，帮助学生对汽车上应用的各种工程材料以及汽车在运行过程中使用的各种运行材料有一个大致的了解。

汽车工业的发展一直是与汽车材料及材料加工工艺的发展同步的。现代社会中，人们对汽车的要求从代步、运输逐渐转向多功能。因此，现代汽车要满足安全、舒适、自重轻、污染排放低、能耗小、价格低等要求，首先就要从材料方面考虑。目前，大量新型材料，如高分子材料、复合材料等的迅速发展，为现代汽车的发展提供了必要的条件。此外，复合材料将使传统的以汽油、柴油作为汽车燃料的状况发生根本性的改变。

1.3　汽车应用材料的组成

按照用途来分，汽车应用材料可分为汽车工程材料和汽车运行材料。

1.3.1　汽车工程材料

汽车工程材料主要是指用于机械、车辆、船舶、建筑、化工、能源、仪器仪表、航空航天等工程领域中的材料。它既包括用于制造工程构件和机械零件的材料，也包括用于制造工具的材料和具有特殊性能的材料。一般来讲，汽车工程材料就是汽车制造过程中所使用的材料，包括各种金属材料、非金属材料以及复合材料。

1.3.1.1　金属材料

金属材料是目前汽车上应用最广泛的工程材料。工业上，一般把金属材料分为两大部分：黑色金属和有色金属。黑色金属是指钢铁材料；有色金属是指除钢铁材料以外的所有金属材料，如铝、铜、镁及其合金。按照特性来分，有色金属又可以分为轻金属、重金属、贵金属、稀有金属和放射性金属等多个种类。

钢铁材料在我国汽车工业生产中仍占主流地位。中型载货汽车上钢铁材料约占汽车总重量的 3/4，轿车上钢铁材料则超过总重的 2/3。钢铁材料最大的特点是价格低廉，比强度（强度/密度）高，便于加工，因而得到广泛的应用。汽车用钢铁材料有钢板、结构钢、特殊用途钢、钢管、烧结合金、铸铁及部分复合材料等，主要用于制造车架、车轴、车身、齿轮、发动机曲轴、气缸体、罩板、外壳等零件。

有色金属因具有质轻、导电性好等钢铁材料所不及的特性，在现代汽车上的用量呈逐年增加的趋势。例如：铝合金具有密度低、强度高和耐蚀性好的特性，在轿车的轻量化中占举足轻重的地位。据统计，近十年来轿车上铝及其合金的用量已从占汽车总重的 5% 左右上升至 10% 左右。此外，采用新型镁合金制造的凸轮轴盖、制动器、转向盘等部件，可以减轻重量和降低噪声。在轿车制造行业，采用铝、镁、钛等轻金属代替钢铁材料来减轻汽车自重，已成为轿车轻量化设计的一个重要手段。

1.3.1.2　高分子材料

高分子材料属于有机合成材料，亦称为聚合物。高分子材料可分为天然高分子材料（如蚕丝、羊毛、油脂、纤维素等）和人工合成高分子材料。后者因具有较高的强度、良好的塑性、较强的耐腐蚀性、很好的绝缘性和较轻的质量等特点，成为工程上发展最快、应用最广的一类新型材料。在工程上，根据高分子材料的力学性能和使用状态，一般将其分为塑料、合成纤维、橡胶、胶黏剂和涂料等。

塑料主要指强度、韧性和耐磨性较好的，可用于制造某些零部件的工程塑料。塑料具有价廉、耐腐、降噪、美观、质轻等特点。塑料正式应用于汽车始于 20 世纪 60 年代石油化工工业的兴盛期。现代汽车上许多构件如汽车保险杠、汽车内饰件、高档车用安全玻璃、仪表板等零部件，均采用工程塑料制造。与钢铁材料相比，工程塑料更具有安全性，并且造价低，有利于提升汽车的舒适性和经济性。

按照性能要求如外观、硬度、抗腐蚀性、重量以及成本划分的多达 100 种不同类型和等级的塑料都被用于普通车辆中。比如聚丙烯（PP）用于仪表板、轮圈盖和一些引擎部件中；聚氨酯（PUR）用于座椅；聚乙烯（PE）用于地毯；聚酰胺（PA）用于需要加热并且耐化学品腐蚀的部件中。大规模生产的塑料——ABS 树脂、PP、PUR 和尼龙占了汽车中所使用塑料的 70％，余下的是复合材料和高端塑料。

其他高分子材料在汽车上也有着广泛的应用。汽车的坐垫、安全带、内饰件等多数是由合成纤维制造的。合成纤维是由单体聚合而成具有很高强度的高分子材料，如常见的尼龙、聚酯等；橡胶通常用来制造汽车的轮胎、内胎、防振橡胶、软管、密封带、传动带等零部件；各种胶黏剂起到黏接、密封等作用，并可简化制造工艺；各种车用涂料对车身的防锈、美化及商品价值有不可忽视的作用。

1.3.1.3　陶瓷材料

陶瓷材料属于无机非金属材料，主要为金属氧化物和非金属氧化物。陶瓷材料是人类最早利用自然界原料进行加工制造而成的材料，具有耐高温、硬度高、脆性大等特点。传统的陶瓷多采用黏土等天然矿物质原料烧制，现代陶瓷多采用人工合成的化学原料烧制。典型的工业用陶瓷材料有普通陶瓷、玻璃和特种陶瓷。

普通陶瓷（传统陶瓷）是主要成分为硅、铝氧化物的硅酸盐材料；特种材料（新型材料）是主要成分为高熔点的氧化物、碳化物、氮化物以及硅化物等的烧结材料。近年来，还发展了金属陶瓷，主要指用陶瓷生产方法制取的金属与碳化物或其他化合物复合的粉末制品。陶瓷在汽车上的最早应用是制造火花塞。现代汽车中，陶瓷的用途得到大大的拓展：一部分陶瓷作为功能材料被用于制造各种传感器，如爆燃传感器、氧传感器、温度传感器等；另一部分陶瓷作为结构材料用于替代金属材料制作发动机和热交换器零件。近年来，一些特种陶瓷也用于制造发动机部件或整体、气体涡轮部件等，可以达到提高热效率、降低能耗、减轻自重的目的。

玻璃的主要成分是 SiO_2。汽车上使用的玻璃制品主要为风窗玻璃，要求其具有良好的透明性、耐候性（对气温变化不敏感）、足够的强度和很高的安全性。因此，车用玻璃必须是安全玻璃，主要有钢化玻璃、区域钢化玻璃、普通复合玻璃和 HPR 夹层玻璃等几种类型。其中，HPR（High Penetration Resistance）夹层玻璃是指具有高穿透抗力的夹层玻璃。采用这种玻璃，当车受到撞击时，乘客若撞到车窗玻璃上，玻璃不会被击穿，从而避免了乘客因玻璃碎裂而受伤的危险。在欧美等国家，已规定前风窗玻璃只允许使用 HPR 夹层玻璃。

1.3.1.4　复合材料

复合材料是指由两种或两种以上不同材料组合而成的材料。由于它是由不同性质或不同组织结构的材料以微观或宏观的形式组合而成的，因而不仅保留了组成材料各自的优点，还具有单一材料所没有的优异性能，在强度、刚度、耐蚀性等方面比单纯的金属材料、陶瓷材料和高分子材料都优越。

原则上来说，复合材料可以由金属材料、高分子材料和陶瓷材料中任意两种或几种制备而成。按基本材料的种类来分，复合材料可分为非金属基复合材料和金属基复合材料两大类。非金属基复合材料是指以聚合物、陶瓷、石墨、混凝土为基体的复合材料，其中以纤维增强聚合物基和陶瓷基复合材料最常用。金属基复合材料是指以金属或合金为基体，并以纤维、晶须、颗粒等为增强体的复合材料。按增强体的类别，金属基复合材料可分为纤维增强（包括连续和短切）、晶须增强和颗粒增强等；按金属或合金基体的不同，金属基复合材料可分为铝基、镁基、铜基、钛基、高温合金基、金属间化合物基以及难熔金属基复合材料等。

复合材料是一种新型的、具有很大发展前途的工程材料，起初主要应用于宇航工业，近年来在汽车工业中也逐步得到应用。汽车车顶导流板、风窗框等车身外装板件采用纤维增强复合材料（FRP）制造，具有质轻、耐冲击、便于加工异形曲面、美观等优点；汽车柴油发动机的活塞顶、连杆、缸体等零件采用纤维增强金属（FRM）来制造，可显著提高零件的耐磨性、热传导性、耐热性，并减少热膨胀。

1.3.2　汽车运行材料

汽车运行材料是指汽车在运行过程中所消耗的材料。它包括燃料、润滑油、工作液和轮胎等。这些材料大多属于石油产品。据统计，全球约 46％的石油产品为汽车及相关工业所消耗。

1.3.2.1　燃料

燃料通常是指能够将自身储存的化学能通过化学反应（燃烧）转变为热能的物质。汽车用燃料主要是指汽油和轻柴油。

汽油作为点燃发动机（汽油机）的主要燃料，其使用性能对发动机工作的可靠性、经济性以及使用寿命有极大影响。汽油是从石油中提炼出来的密度小、易于挥发的液体燃料。对于汽油的使用性能，主要从蒸发性、抗爆性、化学稳定性、耐腐蚀性、清洁性等方面考虑，以保证发动机在各种工况下的可靠起动、正常燃烧和平稳运转。

轻柴油（可简称柴油）是车用高速柴油机的燃料。与汽油相比，轻柴油的密度大，易自燃。由于柴油机与汽油机的工作方式不同，对于轻柴油，主要从低温流动性、燃烧性、蒸发性、黏度、腐蚀性和清洁性等方面要求其使用性能。

进入 21 世纪以来，面对环境和能源形势的日趋恶化，世界范围内的环保呼声越来越高，开发使用被称为"绿色能源"的清洁代用燃料成为汽车燃料发展的趋势。

目前，较普遍使用的汽车清洁代用燃料有天然气、液化石油气、电能、氢、太阳能、醇类、醚类和合成燃料等。由于天然气、液化石油气、醇类、醚类和合成燃料的相对分子质量比汽油、柴油小得多，有利于与空气的混合、燃烧，其排放尾气中一氧化碳（CO）、碳氢化合物（HC）、二氧化碳（CO_2）等污染比汽油、柴油低得多。除此之外，人们还正在尝试利用无污染的太阳能、电能驱动汽车。

1.3.2.2　汽车用润滑油

汽车用润滑油主要包括发动机润滑油、车辆齿轮油和汽车润滑脂等。由于汽车可运行的地域辽阔，各地区的气候条件相差很大，因而对车用润滑油的要求比一般的润滑油更高。

汽车发动机润滑油的主要功用是对汽车摩擦零件间（曲轴、连杆、活塞、气缸壁、凸轮轴、气门）进行润滑。除此之外，性能优良的发动机润滑油还应具有冷却、洗涤、密封、防锈和消除冲击负荷的作用。

车辆齿轮油是用于变速器、后桥齿轮传动机构及传动器等传动装置机件摩擦处的润滑油。它可以降低齿轮及其他部件的磨损、摩擦，分散热量，防止腐蚀和生锈，对保证齿轮装置正常运转和延长齿轮使用寿命十分重要。

润滑脂是指稠化了的润滑油。与润滑油相比，润滑脂蒸发损失小，高温高速下的润滑性好，附着能力强，还可起到密封的作用。

1.3.2.3　汽车用工作液

汽车用制动液、液力传动油、发动机冷却液、减振器液及空调制冷剂等，统称为汽车用工作液。

制动液是汽车液压制动系统中传递压力的工作介质，俗称刹车油，是液压油中的一个特殊品种。

发动机冷却液是发动机冷却系统的冷却介质。其中防冻冷却液不仅具有防止散热器冻裂的功能，还具有防腐蚀、防锈、防垢和防"开锅"（高沸点）的功能，可以有效地保护散热器，改善散热效果，提高发动机效率，保障汽车安全行驶。

减振器液是汽车减振器的工作介质，它利用液体流动通过节流阀时产生的阻力起到减振作用。

空调制冷剂是汽车空调器的工作介质，它在空调器的系统中循环达到制冷的目的。

1.3.2.4　轮胎

轮胎的主要作用是支承全车重量，与汽车悬架共同衰减汽车行驶中产生的振荡和冲击，支持汽车的侧向稳定性，保证车轮与路面有良好的附着性能。

汽车轮胎以橡胶为原料制成，世界上生产的橡胶约80％用于制造轮胎。轮胎使用性能的好坏，直接影响着车辆的安全性、行驶稳定性和经济性。随着车辆行驶速度的不断提高，对轮胎的技术和安全要求也更高。掌握轮胎特征，正确使用和养护轮胎，可以延长轮胎的使用寿命，降低汽车的运行成本。

不同类型的轮胎有不同的结构特点和使用性能，按汽车轮胎组成结构，可分为有内胎轮胎和无内胎轮胎；按胎面花纹不同，可分为普通花纹轮胎、越野花纹轮胎和混合花纹轮胎；按胎体帘布层的结构不同，可分为斜交轮胎和子午线轮胎。

1.4   汽车应用材料的展望

一辆汽车有 2 万多个零件，这些零件使用了 4 000 余种不同的材料加工制造，其中 80％左右是金属材料。金属材料之所以在汽车上得到广泛的应用，是因为金属材料具有许多良好的性能。

21 世纪是高新技术的世纪，信息、生物和新材料代表了高新技术发展的方向。对于汽车材料来说，结构材料中钢铁材料所占比例将逐步下降，有色金属、陶瓷材料、复合材料、高分子材料等新型材料的用量将不断上升。在性能可靠的前提条件下，将尽可能多地采用铝合金、复合材料等轻型、新型材料取代钢铁材料，使汽车向轻量化、高效、节能、低噪声、高舒适度、高安全性等方向发展。

为了满足汽车轻量化的要求，汽车上采用了纤维增强聚合物基复合材料（FRP）、铝合金或纤维增强金属基复合材料（FRM）取代原有的钢铁材料；采用新型高强度陶瓷材料制造汽车发动机部件乃至整机；运用碳纤维增强树脂基复合材料（CFRP）制造驱动轴等。此外，汽车运行材料趋向采用绿色环保材料或燃料。

汽车的重量一般为 1.5 吨左右，通常小型的私家车的重量一般为 1.2～1.3 吨。根据具体的车型来确定重量，比较小体积的车辆一般不会超过 1.5 吨，中高级的车型一般为 1.4～1.6 吨，最重的车辆需要在 1.8～2.0 吨。汽车的排气量以及发电机功率、最大扭矩等都会影响汽车的重量。由于全铝车身及新能源电池的影响，根据 JATO 数据，欧洲和美国的汽车平均单车重量在逐步上升，如图 1.7 所示：2001 年至 2022 年间，欧洲汽车的平均重量从 1 329 吨增加到了 1 601 吨，增幅达 21％；在美国，车辆的平均尺寸更大，重量从 2001 年的 1 765 吨增加到了 1 910 吨。

图 1.7   2001—2022 年欧洲和美国的汽车平均单车重量变化（单位：吨）

目前，铝与塑料在乘用车制造中已经是普遍使用的材料，全球单车平均用量都在100千克以上。在一些技术激进的车辆上用量更大，比如奥迪A8甚至A6L都采用了全铝车身，铝制发动机、铝制变速箱壳体以及铝制轮毂等铝制件渗透率逐年提升。近年来由于改性工程塑料材料的性能发展，采用塑料制作车身覆盖件屡见不鲜，尤其是考虑到工程塑料件在撞车事故中可以有效吸收冲击能量，在对于车外部人员安全要求较高的国家，汽车外部车身使用塑料制作已相当普遍。工程塑料未来应用面临的最大难题是如何减轻对环境的危害，欧盟的法规目前要求报废车辆的材料可利用率要达到95%，而且未来还会继续要求提高，受此影响，部分类别的工程塑料会逐步退出汽车制造市场。

几乎所有的汽车零部件中都有先进材料的身影。铝、塑料、高强度钢、钛合金、碳纤维、聚合物复合材料等正在代替铸铁和普通钢制成的部件。大多数汽车制造商正在考虑用高强度钢作为车身面板和车架前端模块的主体结构。目前，碳纤维复合材料已经应用在车身面板上，但北美、欧洲的制造商与亚洲制造商考虑的有所不同，北美和欧洲的汽车制造商主要考虑在车身结构中使用碳纤维，而亚洲的汽车制造商正在探索将碳纤维应用在内部结构中。尽管如此，在北美、欧洲和亚洲地区铝、镁和钛合金已被广泛应用在小型车身部件、动力系统和底盘上。

使用先进材料的汽车其总重量似乎下降不大，但如果考虑到这个总下降量是不同材料有增有减的综合效果，进而分解到车身的每种部件和不同材料，可以发现每种汽车组成材料的减重效果还是相当显著的，如图1.8所示。

图1.8　不同材料减重效果对比

随着科技的不断进步和发展，会有更多的汽车新型材料不断问世，不断应用于汽车行业之中。

······· | 综合训练题1 | ·······

一、填空题

1. 汽车是由_____驱动、具有_____个或_____个以上车轮的非_____的车辆，主要用于载运人员或货物、牵引载运人员或货物的车辆或特殊用途的车辆以及专项作业或专门用途。

2. 常用汽车的总体构造基本上由以下四个部分组成：_____、_____、_____、

_____。

3. 现代汽车发动机主要采用的是_____内燃机，负责将燃料燃烧所产生的热能转化为机械能，一般由_____大机构和_____大系统组成。

4. 现代汽车发动机的两大机构为_____机构和_____机构，五大系统为_____系统、_____系统、_____系统、_____系统和_____系统。

5. _____将汽车各总成、部件连接为一个整体，具有传动、转向、制动等功能。_____接收发动机发出的动力，使汽车正常行驶。

6. 底盘主要包括传动系统（_____、_____、_____等）、行驶系统（_____、_____等）、转向系统（_____、_____等）和制动系统（_____、_____等）四大系统。

二、简答题

1. 简述车身的作用和组成。
2. 简述汽车电气设备的作用和组成。
3. 简述汽车工程材料的类型。
4. 简述汽车运行材料的类型。

🚗 中国梦·大国工匠

陈行行：凭实力证明"我行"

编前语："中国梦·大国工匠篇"大型主题宣传活动由国家互联网信息办公室和中华全国总工会联合开展，中央新闻网站、地方重点新闻网站及主要商业网站共同参与。活动旨在深入学习宣传贯彻习近平新时代中国特色社会主义思想和党的十九大精神，通过采访报道基层工匠典型，弘扬劳模精神和工匠精神，在全网全社会营造劳动光荣的社会风尚和精益求精的敬业风气。

鞠萍姐姐讲大国工匠
故事：陈行行

陈行行在测算零部件精度

核武器的非核零部件加工，具有极强的工作难度。"平时工作每天都上演着各种难度"，没有十二分的热情与耐性，是很难坚持与突破的。加工一个零部件，最快的周期是几个小时，而最慢的需要一年多的时间周期。

"你能做，别人也能做，只有不可替代才有话语权。"这位中国工程物理研究院机械制造工艺研究所加工中心操作工、特聘高级技师、全国五一劳动奖章获得者、全国优秀共青团员、全国技术能手，就是陈行行。

他为自己写下了这样的人生信条：投身国防，扎根岗位，技能成就人生，学习创造未来。

"光说不练假把式，又说又练真功夫"

"比赛是我们技能人员一条快速成长的通道。"从2008年到如今，他先后参加了十余次各级别、各层次的职业技能大赛，比赛不仅让他成长，也让他有幸进入核武器科技事业中从事高精尖产品的加工工作。

在中国工程物理研究院机械制造工艺研究所工会与人事教育处的支持下，经过层层选拔，陈行行成功入选参加第六届全国数控技能大赛。当时研究所设备紧张，没有专门的设备可供他训练，研究所工会与人事教育处寻找到成都两家和绵阳一家合适的四轴加工车间，最后定于绵阳车间来训练。"千锤百炼出深山"，加工车间位于绵阳园艺山的半山腰，训练环境也很艰苦。陈行行为备赛早起，时间紧、任务重，忙起来顾不上吃饭。

"我并不会叫苦不迭，反而乐在其中。"正是有一次次的比赛和高强度训练的压力，才帮助他迅速提升技术水平。比赛中不会有太多的思考时间，"水平越高超，就能在比赛中越突出"。这是比赛吸引他的魅力所在，也是国家选拔人才的最好渠道。最后，第六届全国数控技能大赛中，他荣获加工中心（四轴）赛项职工组第一名，被中华全国总工会授予全国五一劳动奖章。

"平时不是参加比赛，就是在参加比赛的路上。"在学校的时候，没课了他就在机房练习，基本上一天练习十几个小时。工作后，都是挤出下班后或者周末时间来练。家里没有机房，就在电脑上通过仿真软件达到练习的效果。"技术就是一层窗户纸，会了就是会了，受益终身。"

"只要思想不滑坡，办法总比困难多"

陈行行不仅勤奋，更爱琢磨、学习，他的技术水平靠的不是简单的熟能生巧。面对每天上演的一个个难关，知识阅历起到了关键作用，使得他在难关节点上能够及时产生解决问题的灵感。

最早单位引进一批分子泵，里面的动叶轮是分级的。做分级，通俗来讲就是拼接，但效果不是特别好。动叶轮设计多达144片薄壁叶片，最高转速高达每分钟9万转。144片叶片一致性的加工难度可想而知，有没有既能提高效率又能质量达标的办法呢？

深思熟虑之后，陈行行完全推翻了以前的工艺手法，对设备、程序、加工方法进行优化，最终成功做出了整体加工的动叶轮。加工效果非常好，由原来加工需要9个小时，到现在只需要2个小时。效率成倍提高，加工质量更是大幅度提高。

除了练习，去图书馆充实学习是他的第二大事。理论与实际结合，让他攻克一个个难关，体会到知识这种强大力量的价值所在之后，他更加热爱学习。"整个社会都在飞速前进，新知识、新技术日新月异，自己绝不能安于现状，一定要不断学习，终生学习，在数控加工领域永葆创造力和竞争力。"

"知识今天不学，明天就缺。"正是用这种厚积薄发的力量，陈行行把一个个不可能变成现实，也正是这种近乎苛刻的责任意识，才让他啃下了一个又一个"硬骨头"。

部分荣誉奖项

"吾生有涯，而知无涯"

陈行行时刻把感恩放在心上、挂在嘴边，把功劳归功于平台。2011 年陈行行被山东省人力资源和社会保障厅授予山东省技术能手，被山东省总工会授予山东省富民兴鲁劳动奖章，其优异的成绩被中国工程物理研究院机械制造工艺研究所看中。

研究所分一、三、五年的周期培训并考核：一年达到独立操作；三年达到高级工水平；五年达到技师水平。他用仅仅 7 年的时间成长为原本需要 16 年时间训练的技师。那些多年工作、学习和比赛积累的心得经验、窍门绝活，他都毫不保留地分享给其他同事。

他除了做好自己的事情，还兼任着所里数控方面的培训老师，从选材、备课到教学，全部都尽心尽力完成好。经他培训和指导的选手有 3 人分别获国家级技能比赛职工组第 4 名、第 7 名和第 11 名，还有 4 人获四川省级职工组的前 5 名。他还多次应邀在四川省总工会、中机维协（绵阳）和中物院培训中心等单位举办的技能培训班上授课。

用陈行行自己的话说就是："人生只有一次，不拼不精彩，我要凭着实力和勇气，大声说出'我行'。"

资料来源：牛文娴. 陈行行：凭实力证明"我行". 央广网，2018－03－29.

汽车用金属材料的性能

知识点	技能点
金属材料的性能。 金属材料力学性能指标。	掌握金属材料力学性能指标的测试方法和应用。

金属材料是现代机械制造业的基本材料，广泛地应用于工业生产。金属材料的性能直接关系到汽车的制造装配、运行维护、使用寿命和加工成本，是合理选用汽车零部件材料的重要依据。为了正确合理地使用金属材料，必须了解其性能。金属材料的性能分为使用性能和工艺性能两大类。使用性能是指金属材料在使用过程中所表现出的性能，它包括物理性能（如密度、熔点、导热性、导电性、热膨胀性、磁性等）、化学性能（如耐腐蚀性、抗氧化性、化学稳定性等）、力学性能（如强度、塑性、硬度、韧性及疲劳强度等）。使用性能决定了材料的使用范围、安全可靠性和使用寿命。工艺性能是指金属材料在各种加工过程中所表现出的性能，它包括铸造性能、锻压性能、焊接性能、热处理性能、切削加工性能等。

2.1 金属材料的力学性能

金属材料的力学性能是指金属在外力作用下表现出来的性能。表征和判定金属材料力学性能所用的指标和依据，称为金属材料力学性能判据。判据的高低表征了金属材料抵抗各种损伤的能力的大小，也是金属制件设计时选材和进行强度计算的主要依据。

金属材料在加工和使用过程中都会受到外力的作用，这种外力通常称为载荷。载荷按照性质不同，一般可分为静载荷和动载荷（冲击载荷和交变载荷统称为动载荷）。静载荷指载荷的大小和方向不随时间发生变化或变化极缓慢的载荷。例如，汽车在静止状态下，车身自重引起的对车架和轮胎的压力属于静载荷。冲击载荷是指以较高的速度作用于零部件上的载荷。例如，当汽车在不平的道路上行驶时，车身对车架和轮胎的冲击即为冲击载荷。交变载荷指大小与方向随时间发生周期性变化的载荷。运转中的发动机曲轴、齿轮等零部件所承受的载荷均为交变载荷。根据加载形式的不同，外加载荷也可分为压缩载荷、拉伸载荷、扭转载荷、剪切载荷和弯曲载荷等，如图2.1所示。

金属材料在外加载荷作用下，形状和尺寸的变化称为变形。变形一般分为弹性变形和塑性变形。弹性变形是指构件受到外加载荷作用时产生变形，载荷卸除后恢复原状的

（a）压缩　　　　（b）拉伸　　　　　（c）扭转

（d）剪切　　　　　　（e）弯曲

图 2.1　载荷的作用形式

变形。塑性变形是指构件在外加载荷作用下产生变形，且当载荷卸除后不能恢复原状的变形，也称为永久变形。

　　金属材料的力学性能是设计和制造汽车零件的重要依据，也是控制汽车零件质量的重要参数。金属材料的选择离不开对金属力学性能的分析，例如，对于汽车轮胎紧固螺栓材料及规格的选择，就必须能够保证螺栓在使用过程中不会由于承受不住剪切而扭断，从而保证驾乘人员的安全，如图 2.2 所示。金属材料的力学性能主要包括静态力学性能（强度、塑性、硬度）和动态力学性能（韧性、疲劳强度）。

图 2.2　汽车轮胎紧固螺栓材料选择要求

2.1.1　强度与塑性

　　材料受到外力（载荷）作用时，引起尺寸与形状的改变称为变形。金属的变形一般分为弹性变形和塑性变形。物体在外力作用下产生变形后，当外力不大时，一旦去除外力，物体又恢复到原始的形状和尺寸，这种变形称为弹性变形；若外力去除后物体不能恢复到原始的形状和尺寸，这种变形称为塑性变形或永久变形。

　　强度是指金属材料在静载荷作用下，抵抗塑性变形和断裂的能力。塑性是指金属材料在静载荷作用下产生塑性变形而不发生断裂的能力。强度和塑性指标都可以通过拉伸试验测定。

2.1.1.1　拉伸试验

　　拉伸试验是指在静拉伸力作用下，对试样进行轴向拉伸，直至拉断。根据拉伸试验绘制出的拉伸曲线，即可计算出强度和塑性的性能指标。

　　拉伸试验前，将被测金属制成一定形状和尺寸的标准拉伸试样，图 2.3 所示为常用的圆形拉伸试样。将拉伸试样装夹在拉伸试验机（如图 2.4 所示）的两个夹头上，沿轴向缓慢加载进行拉伸，试样逐渐伸长、变细，直至最后拉断。在拉伸试验过程中，拉伸试验机上的自动记录装置可绘出能反映静拉伸载荷 F 与试样轴向伸长量 ΔL 对应关系的拉伸曲线，即 $F - \Delta L$ 曲线。图 2.5 所示为低碳钢的 $F - \Delta L$ 曲线。

　　由图 2.5 所示曲线可以看出，拉伸过程中试样表现出以下几个变形阶段：

　　（1）弹性变形阶段（Op、pe 段）。当载荷不超过 F_p 时，拉伸曲线 Op 为直线段，试样的变形量与外加载荷成正比。如卸除载荷，试样立即恢复原状。在 pe 段，试样仍处于弹性变形阶段，但载荷与变形量不再成正比。

（a）拉伸前　　　　（b）拉伸后　　　（c）拉伸试样的"缩颈"现象

图 2.3　圆形拉伸试样

图 2.4　拉伸试验机　　　　图 2.5　低碳钢的 F－ΔL 曲线

（2）屈服阶段（es 段）。当载荷增加到 F_s 时，拉伸曲线出现平台或锯齿线，表明在载荷不增加或略有减小的情况下，试样却继续伸长，这种现象称为屈服，s 点称为屈服点。

（3）强化阶段（sb 段）。屈服阶段之后，继续增加载荷，试样继续伸长。随着试样塑性变形的增大，材料的变形抗力也逐渐增加，这种现象称为形变强化（或称为加工硬化）。

（4）缩颈阶段（bk 段）。当载荷增加到最大值 F_b 后，试样的直径发生局部收缩，称为"缩颈"。此时变形所需载荷也逐渐降低，伸长部位主要集中于缩颈部位。当载荷达到 F_k 时，试样被拉断。

应该指出，做拉伸试验时，低碳钢等材料在断裂前有明显的塑性变形，这种断裂称为塑性断裂，塑性断裂的断口呈"杯锥"状，这种材料称为塑性材料。铸铁等脆性材料不仅没有屈服现象，而且也不产生缩颈，脆性材料的断口是平整的。

2.1.1.2　强度指标

通过拉伸试验测得的强度指标有屈服强度和抗拉强度。

（1）屈服强度。金属材料开始产生屈服现象时的最低应力称为屈服强度，用符号 R_{eL} 表示。

$$R_{eL} = \frac{F_s}{S_0}(\text{MPa})$$

式中，F_s——试样发生屈服时的最小载荷（N）；

S_0——试样原始横截面积（mm^2）。

除退火和热轧的低碳钢和中碳钢等材料在拉伸过程中有屈服现象以外，汽车上使用的某些金属材料如高碳钢、铸铁等，在拉伸过程中没有明显的屈服现象。铸铁的 F - ΔL 曲线如图 2.6 所示。因此，根据《金属材料　拉伸试验　第 1 部分：室温试验方法》（GB/T 228.1—2021）的规定，当试样卸除载荷后，其标距部分的残余伸长达到规定的原始标距百分比时对应的应力，即作为条件屈服强度 R_r，并附脚标说明规定残余伸长率。例如，$R_{r0.2}$ 表示规定残余伸长率为 0.2% 时的应力。

图 2.6　铸铁的 F - ΔL 曲线

机械零件经常由于过量的塑性变形而失效，因此，在使用过程中不允许零件发生明显的塑性变形，大多数机械零件常根据 R_{eL} 或 $R_{r0.2}$ 作为选材和设计时的依据。

（2）抗拉强度。金属材料在断裂前所能承受的最大应力称为抗拉强度，用符号 R_m 表示。

$$R_m = \frac{F_b}{S_0}(\text{MPa})$$

式中，F_b——试样断裂前所承受的最大载荷（N）；

S_0——试样原始横截面积（mm^2）。

抗拉强度是设计和选材的主要依据之一，是工程技术上的主要强度指标。一般情况下，在静载荷作用下，只要工作应力不超过材料的抗拉强度，零件就不会发生断裂。

在工程上，屈强比 R_{eL}/R_m 是一个有意义的指标。其比值越大，越能发挥材料的潜力。但是为了使用安全，该比值不宜过大，适当的比值一般在 0.65～0.75。另外，比强度 R_m/ρ 也常被提及，它表征了材料强度与密度之间的关系。在考虑汽车轻量化设计的问题时，常常用到这个指标。

2.1.1.3　塑性指标

金属的塑性指标主要由断后伸长率和断面收缩率表示。

（1）断后伸长率。试样拉断后，标距长度的伸长量与原始标距的百分比称为断后伸长率，用符号 A 表示。

$$A = \frac{L_u - L_0}{L_0} \times 100\%$$

式中，L_u——试样拉断后标距的长度（mm）；

L_0——试样的原始标距（mm）。

（2）断面收缩率。试样拉断后横截面积的缩减量与原始横截面积之比称为断面收缩率，用符号 Z 表示。

$$Z = \frac{S_0 - S_u}{S_0} \times 100\%$$

式中，S_u——试样拉断处的最小横截面积（mm^2）；

　　　S_0——试样的原始横截面积（mm^2）。

同一材料的试样长短不同，测得的断后伸长率略有不同，用短试样（$L_0 = 5d_0$）测得的断后伸长率 A 略大于用长试样测得的断后伸长率 $A_{11.3}$。而断面收缩率与试样的尺寸因素无关。

金属材料的 A、Z 值越大，说明材料的塑性越好。塑性好的金属材料易于通过压力加工制成形状复杂的零件，如汽车车身覆盖件、油箱等大多是采用具有良好塑性的冷轧钢板冲压而成。而且用塑性好的金属材料制成的零件，偶尔发生过载时，由于塑性变形能避免发生突然断裂造成的事故。因此，用于汽车制造的材料大多要求有一定的塑性。

目前，金属材料室温拉伸试验方法采用 GB/T 228.1—2021 新标准，本书即采用此标准。但一些书籍或资料的金属材料力学性能数据是按 GB/T 228—2002 规定和标注的，为方便读者学习和阅读，将金属材料强度与塑性的新、旧标准名称和符号对照列于表 2.1。

表 2.1　金属材料强度与塑性的新、旧标准名词和符号对照

GB/T 228.1—2021（新标准）		GB/T 228—2002（旧标准）	
名称	符号	名称	符号
屈服强度	R_e	屈服点	σ_s
上屈服强度	R_{eH}	上屈服点	σ_{sU}
下屈服强度	R_{eL}	下屈服点	σ_{sL}
规定残余伸长强度	R_r，如 $R_{r0.2}$	规定残余伸长应力	σ_r，如 $\sigma_{r0.2}$
抗拉强度	R_m	抗拉强度	σ_b
断后伸长率	A 和 $A_{11.3}$	断后伸长率	δ_5 和 δ_{10}
断面收缩率	Z	断面收缩率	ψ

注：在旧标准 GB/T 228—2002 中，没有对屈服强度规定符号。GB/T 228.1—2010 和 GB/T 228.1—2021 则规定 R_e 作为屈服强度符号，本书采用 R_e 作为屈服强度符号。

2.1.2　硬度

硬度是指金属材料抵抗局部变形或者抵抗其他物质刻划或压入其表面的能力，是重要的力学性能指标之一。通常材料的硬度越高，耐磨性越好，因此，常将硬度值作为衡量材料耐磨性的重要指标。在汽车维修行业中所用的模具、量具、刀具等都要求有足够高的硬度，否则就无法正常工作。

由于测定硬度的试验其设备比较简单，操作方便，且属于非破坏性试验，因此，在实际生产中对一般机械零件，大多通过测试硬度来检测力学性能。零件图中对金属材料力学性能的要求往往只标注硬度值。

测定硬度的方法很多，主要有压入法、划痕法、回跳法。生产中常用的是压入法，即在一定外加载荷作用下，将比工件更硬的压头缓慢压入被测工件表面，使金属局部产生塑性变形，从而形成压痕，然后根据压痕面积大小或压痕深度来确定硬度值。

根据压头和外加载荷的不同，常用的硬度指标有布氏硬度、洛氏硬度和维氏硬度。

2.1.2.1　布氏硬度

布氏硬度是在布氏硬度计（如图 2.7 所示）上测得的，用符号 HBW 表示，其试验原理如图 2.8 所示。使用直径为 D 的淬火钢球或硬质合金球作为压头 1，以规定的试验载荷 F 压入被测金属表面，保持规定时间后卸除载荷，此时在被测金属表面上会留下直径为 d 的球形压痕。计算压痕单位面积上所受的平均压力（即所加载荷与压痕面积的比值），即为该金属的布氏硬度值。

图 2.7　布氏硬度计

图 2.8　布氏硬度试验原理示意图

$$HBW = \frac{F}{S} = 0.102 \frac{2F}{\pi D(D - \sqrt{D^2 - d^2})}$$

从上式可以看出，当载荷 F 和压头直径 D 一定时，布氏硬度值仅与压痕直径 d 的大小有关。d 越小，说明压痕面积越小，布氏硬度值越大，也就是硬度越高。在实际应用中，布氏硬度值不用计算，只需使用读数显微镜测出压痕平均直径 d 的大小，在压痕直径与布氏硬度对照表中，即可查出相应的布氏硬度值。布氏硬度值一般不标注单位。

通常硬度值小于 450 的材料，宜用淬火钢球作压头；硬度值大于 450 的材料，宜用硬质合金球作压头。标注时，习惯上把硬度值写在符号 HBW 之前，后面按以下顺序数字注明试验条件：球体直径、测试时所加载荷（常用千克力 kgf 作单位）、载荷保持的时间（保持 10～15s 时不标注）。例如，某种材料的布氏硬度是 180HBW10/1000/30，表示用直径 10mm 的淬火钢球，在 1 000kgf（9 807N）的载荷作用下，保持 30s 时测得的硬度值为 180；布氏硬度是 530HBW5/750，表示用直径 5mm 的硬质合金球，在 750kgf（7 355N）的载荷作用下，保持 10～15s 时测得的硬度值为 530。

布氏硬度试验应根据被测金属材料的种类和试样厚度，选用不同大小的球体直径 D、施加载荷 F 和保持时间，按表 2.2 所列的布氏硬度试验规范正确选择。按国家标准《金属材料　布氏硬度试验　第 1 部分：试验方法》（GB/T 231.1—2018）的规定，球体直径有 10mm、5mm、2.5mm 和 1mm 四种，试验载荷（单位为 kgf）与球体直径平方的比值（F/D^2）有 30、15、10、5、2.5 和 1 共六种。

表 2.2　布氏硬度试验规范

材料	硬度规范	球体直径 D/mm	F/D^2	保持时间/s
钢、铸铁	＜140	10，5，2.5	10	10～15
	≤140	10，5，2.5	30	10
非铁金属	335～130	10，5，2.5	10	30
	≥130	10，5，2.5	30	30
	＜35	10，5，2.5	2.5	60

　　布氏硬度试验的优点是数据准确、稳定、重复性强；缺点是压痕较大，易损伤零件表面，不能测量太薄、太硬的材料。布氏硬度试验常用来测量退火钢、正火钢、调质钢、铸铁及有色金属的硬度。

2.1.2.2　洛氏硬度

　　洛氏硬度是在洛氏硬度计（如图 2.9 所示）上测得的，用符号 HR 表示，其试验原理如图 2.10 所示。

图 2.9　洛氏硬度计

图 2.10　洛氏硬度试验原理示意图

　　用顶角为 120°的金刚石圆锥体或直径为 1.588mm 的淬火钢球作为压头，先施加初始载荷 F_e（目的是消除因为零件表面不光滑等因素造成的误差），压入金属表面的深度为 h_1（压头到图 2.10 中的 1-1 位置），然后施加主载荷 F_1，在总载荷 $F(F=F_0+F_1)$ 的作用下，压入金属表面的深度为 h_2（压头到图 2.10 中的 2-2 位置），待表头指针稳定后，卸除主载荷，由于金属弹性变形的恢复而使压头回升至 h_3（压头到图 2.10 中的 3-3 位置），压头实际压入金属的深度为 $h=h_3-h_1$，并以压痕深度 h 值的大小衡量被测金属的硬度。显然，h 值越大，被测金属硬度越低；反之则越高。为了适应人们习惯上数值越大，硬度越高的概念，规定用常数 K 减去 $h/0.002$（表示每 0.002mm 的压痕深度为一个硬度单位）作为硬度值，即

$$HR=K-\frac{h}{0.002}$$

式中，K——常数，当用金刚石压头时 K 为 100，用淬火钢球压头时 K 为 130；

　　　　h——卸除主载荷后测得的压痕深度。

实际应用时，可以直接从洛氏硬度计刻度盘上读出洛氏硬度值。

为了能够用一台硬度计测量从软到硬不同金属材料的硬度，洛氏硬度采用了不同的压头和载荷组成不同的硬度标尺，并用字母在 HR 后面加以注明。常用的洛氏硬度标尺有 HRA、HRB、HRC 三种，其中 HRC 应用最为广泛。

洛氏硬度标注时，将所测定的洛氏硬度值写在相应标尺的硬度符号之前，如 75HRA、90HRB、60HRC 等。常用洛氏硬度试验规范及应用举例见表 2.3。

表 2.3　常用洛氏硬度试验规范及应用举例

硬度符号	压头类型	初载荷/kgf(N)	主载荷/kgf(N)	测量范围	应用举例
HRA	金刚石圆锥体	10（98.1）	50（490.30）	20～88	硬质合金、表面淬火层、渗碳层等
HRB	淬火钢球	10（98.1）	90（882.6）	20～100	有色金属、退火、正火钢件等
HRC	金刚石圆锥体	10（98.1）	140（1373）	20～70	淬火钢、调质钢件

洛氏硬度试验操作简便，可以直接从刻度盘上读出硬度值。其压痕较小，基本不损坏零件表面，可直接测量成品和较薄零件的硬度。但由于压痕较小，试验数据不太稳定，所以，需要在不同部位测三点取其算术平均值。

洛氏硬度试验主要适用于测定铜、铝等有色金属及其合金，硬质合金，表面淬火、渗碳件以及退火、正火和淬火钢件的硬度。

2.1.2.3　维氏硬度

由于布氏硬度试验不适合测定硬度较高的金属，洛氏硬度试验虽可用来测定各种金属的硬度，但由于采用了不同的压头和载荷，不同标尺间硬度值彼此没有联系，因此不能直接换算。为了使硬度不同的金属有一个连续一致的硬度标准，制定了维氏硬度试验法。

维氏硬度的试验原理和布氏硬度的基本相似，也是根据压痕单位面积上的载荷大小来计算硬度值。区别在于其压头采用相对面夹角为 136°的金刚石正四棱锥，在规定载荷 F 作用下压入被测金属表面，保持一定时间后卸除载荷，然后再测量压痕投影的两对角线的平均长度 d，如图 2.11 所示。维氏硬度用符号 HV 表示，计算公式为

$$HV = 0.189 \frac{F}{d^2}$$

式中，F——作用在压头上的载荷（N）；

d——压痕两条对角线长度的算术平均值（mm）。

试验时，用测微计测出压痕两条对角线的长度，算出其平均值后，经查询相关标准就可得出维氏硬度值。

维氏硬度标注方法与布氏硬度相同，硬度数值写在符号前面，试验条件写在后面。对

图 2.11　维氏硬度试验原理示意图

于钢及铸铁，试验载荷保持时间为 10～15s 时，可以不标出。例如：640HV30/20，表示用 30kgf（294.2N）试验载荷，保持 20s 测定的维氏硬度值为 640。

维氏硬度试验时所加的载荷小（常用的试验载荷有 5kgf、10kgf、20kgf、30kgf、50kgf、100kgf），压入深度较浅，可测量较薄的材料，也可测量表面淬硬层及经化学热处理的表面层硬度（如渗碳层、渗氮层）。由于维氏硬度值具有连续性，故可测定从很软到很硬的各种金属材料的硬度且准确性高。维氏硬度试验的缺点是操作过程及压痕测量较费时间，生产效率不如洛氏硬度试验高，故不适合成批生产中的常规检验。

对于承受冲击载荷的零件，如冲床的冲头、锻锤的锻杆、发动机曲轴等，不仅要满足在静力作用下的强度、塑性、硬度等性能判据，还必须具备足够的韧性。韧性是指金属在断裂前吸收变形能量的能力。韧性是通过冲击试验测定的。

前面讨论的都是在静载荷作用下测得的力学性能指标。实际上，汽车上大多数零件承受的不是静载荷，而是动载荷（冲击载荷和交变载荷）。汽车起步、加速、紧急制动、停车时，变速器中的齿轮、传动轴，后桥中的半轴、差速器齿轮等零件受到的载荷，即属于冲击载荷。而曲轴、连杆、轴承、弹簧等汽车零件，在工作过程中往往受到大小或方向随时间呈周期性变化的交变载荷。在动载荷作用下测得的力学性能指标主要有冲击韧性和抗疲劳强度。

2.1.3 冲击韧性

冲击载荷引起的应力比静载荷大，因此具有更大的破坏性。对于承受冲击载荷作用的材料，不仅要求具有高的强度和一定的塑性，还必须具备足够的冲击韧性。金属材料抵抗冲击载荷作用而不被破坏的能力称为冲击韧性。目前，工程技术上常用摆锤式一次冲击试验来测定金属承受冲击载荷的能力，如图 2.12 所示。

图 2.12　摆锤式一次冲击试验示意图

2.1.3.1 摆锤式一次冲击试验

首先，将被测金属按照国家标准制成带有 U 形或 V 形缺口（试样上开缺口是为了将试样从缺口处击断，脆性材料不开缺口）的标准试样，如图 2.13 所示。然后，将试样放在冲击试验机的支座上，使缺口背向摆锤。将具有一定质量的摆锤升起到一定高度 h_1，使之自由落下将试样击断。在惯性的作用下，击断试样后的摆捶会继续升至一定高度 h_2。根据能量守恒原理，击断试样所消耗的功 $A_K = mg(h_1 - h_2)$，A_K 又称为冲击吸收功，其值可以从试验机的刻度盘上直接读出。A_K 与试样缺口处横截面积 S 的比值，称为该材料的冲击韧性，用符号 a_k 表示，单位为 J/cm^2，即

$$a_k = \frac{A_K}{S}(J/cm^2)$$

冲击韧性值越大，表明材料的韧性越好，受到冲击时不易断裂。冲击韧性值的大小受很多因素影响，不仅与试样形状、表面粗糙度、内部组织有关，还与试验时的环境温度有关。

（a）U形缺口　　　　　　　　（b）V形缺口

图 2.13　冲击试样

有些金属材料在室温时并不显示脆性，在较低温度下则可能发生脆断。温度对冲击吸收功的影响如图 2.14 所示。由图 2.14 可见，冲击吸收功的值随着试验温度的下降而减小。材料在低于某温度时，A_K 值急剧下降，使试样的断口由韧性断口过渡为脆性断口。因此，这个温度范围称为韧脆转变温度范围。金属的韧脆转变温度越低，说明金属的低温抗冲击性能越好。韧脆转变温度是衡量金属冷脆倾向的指标。例如非合金钢的韧脆转变温度约为−20℃，因此在较寒冷（低于−20℃）地区使用的非合金钢构件，如车辆、桥梁、运输管道等在冬天容易发生脆断现象。因而在选择金属材料时，应考虑其工作条件的最低温度必须高于它的韧脆转变温度。

2.1.3.2　小能量多次冲击试验

在实际工作中，金属经过一次冲击就断裂的情况极少，许多零件在工作时都经受着小能量的多次冲击。在多次冲击下导致金属产生裂纹、裂纹扩张和瞬时断裂，其破坏是每次冲击损伤积累发展的结果，因此需要采用小能量多次冲击作为衡量这些零件承受冲击抗力的指标。

小能量多次冲击试验如图 2.15 所示。试验时试样受到试验机锤头能量的多次冲击，测定被测试样在一定冲击能量下，最后产生断裂的冲击次数，即为金属材料的多次冲击抗力。

图 2.14　温度对冲击吸收功的影响　　　　图 2.15　小能量多次冲击试验

金属的韧性通常用冲击韧性和断裂韧性来衡量。韧性越低，表明金属发生脆性断裂的倾向越大。当冲击能量低，冲击次数较多时，材料多次冲击抗力取决于材料的强度；当冲击能量较高，冲击次数较少时，材料的冲击抗力主要取决于塑性和韧性。

汽车发动机中的活塞、活塞销、曲轴、连杆等零件在工作中受到冲击载荷的作用，所以应采用韧性好的材料制造。

2.1.4　疲劳强度

许多机械零件，如发动机曲轴、齿轮、弹簧及滚动轴承等，在工作中受到大小和方向都随时间作周期性变化的载荷作用，即使应力远远低于材料的屈服强度，但经过一定循环次数后，也可能突然断裂，这种现象称为疲劳断裂。疲劳断裂与在静载荷作用下的断裂不同，不管是脆性材料还是塑性材料，疲劳断裂都是突然发生的，事先均无明显的塑性变形，所以疲劳断裂具有很大的危险性。例如，汽车的板弹簧或前轴突然发生疲劳断裂，就会造成车毁人亡的重大交通事故。据统计，损坏的机械零件中有 80% 以上是由于金属的疲劳造成的。因此，在设计这种受力条件下工作的零部件，选用材料时必须考虑材料抵抗疲劳破坏的能力。

材料的疲劳强度可以通过疲劳试验机测定，如图 2.16 所示。将光滑的标准试样的一端固定并使试样旋转，在另一端施加载荷。在试样旋转过程中，试样工作部分的应力将承受周期性的变化，从拉应力到压应力，循环往复，直至试样断裂。疲劳曲线示意图如图 2.17 所示，曲线表明，材料承受的交变应力越大，其断裂前能承受的循环次数越少；反之，循环次数越多。当材料承受的交变应力低于某一值时，经过无数次循环，试样都不会产生疲劳断裂。工程上规定，材料经过无限次交变载荷作用而不发生断裂的最大应力，称为疲劳强度，用符号 σ_{-1} 表示，单位为 MPa。

图 2.16　疲劳试验示意图

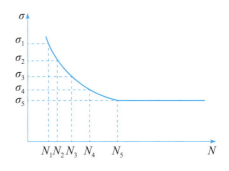

图 2.17　疲劳曲线示意图

实际上，金属材料不可能做无限次交变载荷试验。工程上规定，黑色金属经受 107 次、有色金属经受 108 次交变载荷作用而不产生断裂的最大应力，即为该材料的疲劳强度。

影响金属疲劳强度的因素很多，如零件外形、表面质量、受力状态与周围介质等。因此，在进行设计时尽量避免尖角、缺口和截面突变等容易引起应力集中的结构，降低零件的表面粗糙度或者采用表面淬火、喷丸等处理方法，均可有效地提高零件的疲劳强度。在汽车的维修、保养过程中，应及时排除隐患，以保证车辆的安全运行。

2.2　金属材料的工艺性能

汽车上大多数零件是采用金属材料制造的，金属材料的工艺性能是指金属材料在加工过程中所表现出来的性能。工艺性能对于保证汽车产品质量、降低成本、提高生产效率起着十分重要的作用，是汽车的设计、制造、修理及选择汽车零件材料必须认真考虑的因素。按照工艺方法，金属材料的工艺性能主要包括铸造性能、锻压性能、焊接性能、热处理性能和切削加工性能等。

2.2.1 铸造性能

金属材料铸造成型获得优质铸件的能力称为铸造性能。金属材料可以通过铸造制成各种零件，如汽车上的曲轴、凸轮轴、气缸体、气缸套、转向器壳体等都是铸造而成的。

铸造性能主要包括流动性、收缩性、偏析性及吸气性等。流动性是指熔融金属的流动能力。流动性好的金属容易充满铸型，获得外形完整、尺寸精确、轮廓清晰的铸件。收缩是指铸件在凝固和冷却过程中，其体积和尺寸减小的现象。铸件收缩不仅影响尺寸，还会使铸件产生缩孔、缩松、内应力、变形和开裂等缺陷，故铸造用金属材料的收缩率越小越好。偏析是指金属凝固后，铸锭或铸件化学成分和组织的不均匀现象。偏析会使铸件各部分的力学性能有很大的差异，降低铸件质量。

设计铸件时，必须考虑材料的铸造性能。铸造性能好，则可以铸造出结构复杂、形状精确、强度较高的铸件，并且可以简化工艺过程，提高产品合格率。在常用的金属材料中，铸造铝合金、灰铸铁和青铜等具有良好的铸造性能。

2.2.2 锻压性能

锻压是指对金属坯料施加外力，使其产生塑性变形，改变其形状、尺寸，改善性能，使金属材料在冷热状态下压力加工成形的工艺。按重量百分比计，汽车上约70%的零件是由锻压加工方法制造的，如汽车的车体外板就是冷轧钢板经过压力加工成形的。

金属的锻压性能是指金属材料对采用压力加工方法成形的适应能力，是衡量材料通过塑性加工获得优质零件难易程度的工艺性能。金属的锻压性能越好，表明该金属越适合于塑性加工方法成形；锻压性能越差，说明该金属越不宜选用塑性加工方法成形。

锻压性能的优劣常用金属的塑性和变形抗力来综合衡量。塑性越高，变形抗力越小，则该金属的锻压性能越好；反之则差。不同成分的金属，其锻压性能不同。例如，低碳钢具有良好的锻压性能；铸铁的锻压性能则很差，根本不能采用锻压工艺加工；铜合金和铝合金在室温状态下就有良好的锻压性能。

2.2.3 焊接性能

金属材料对焊接加工的适应性称为焊接性能，也就是在一定的焊接工艺条件下，获得优质焊接接头的难易程度。焊接性能好的金属，可用一般的焊接方法和焊接工艺进行焊接，焊缝中不易产生气孔、夹杂或裂纹等缺陷，其强度与母材相近，并且焊接接头具有良好的力学性能。焊接性能差的金属材料要采用特殊的焊接方法和焊接工艺才能进行焊接。不同成分的金属，其焊接性能不同。

2.2.4 热处理性能

金属材料适应各种热处理工艺的性能，称为热处理性能。热处理工艺性包括淬透性、淬硬性、淬火变形开裂倾向、表面氧化脱碳倾向、过热和过烧的敏感倾向及回火脆性倾向等。各种金属材料由于化学成分及内部组织结构的不同，其热处理性能也不同，在热处理过程中出现的淬透性、变形开裂倾向等也不同。因此，应根据不同的材料、不同的工件形状，选择不同的热处理工艺，来满足其性能要求。

2.2.5　切削加工性能

切削加工性能是指金属材料接受切削加工的难易程度。金属材料的切削加工性主要与材料本身的化学成分、组织状态、硬度、韧性及导热性有关。一般金属材料具有适当的硬度（170～230HBS）和足够的脆性时，对刀具磨损小，切削量大，切屑易于折断脱落，加工表面粗糙度和精度也高。工件硬度过高，刀具易磨损，切削加工困难；硬度过低，容易黏刀，且不易断屑，加工后表面粗糙。所以，硬度过高或过低、韧性过大的材料，其切削加工性能较差。

| 综合训练题2 |

一、名词解释

1. 金属材料的力学性能
2. 强度
3. 塑性
4. 硬度
5. 冲击韧性
6. 疲劳强度
7. 铸造性能
8. 锻压性能
9. 焊接性能
10. 热处理性能
11. 切削加工性能

二、填空题

1. 载荷按照性质不同一般可分为_____和_____。

2. 金属材料在载荷作用下，形状和尺寸的变化称为变形。变形一般分为_____变形和_____变形。

3. 金属材料的力学性能主要包括_____、_____、_____、_____、_____等。

4. 拉伸低碳钢时，试样的变形可分为_____、_____、_____和_____四个阶段。

5. 通过拉伸试验测得的强度指标主要有_____强度和_____强度，分别用符号_____和_____表示。

6. 金属材料的塑性也可通过拉伸试验测定，主要的指标有_____和_____，分别用符号_____和_____表示。

7. 洛氏硬度采用了不同的压头和载荷组成不同的硬度标尺，常用的洛氏硬度标尺有_____、_____和_____三种，其中_____应用最为广泛。

8. 530HBW5/750，表示用直径_____的硬质合金球，在_____kgf（_____N）

的载荷作用下，保持_____s时测得的硬度值为_____。

9. 工程技术上常用_____来测定金属承受冲击载荷的能力。

10. 材料经过无限次_____载荷作用而不发生断裂的最大应力，称为疲劳强度，用符号_____表示。

三、选择题

1. 拉伸试验时，试样在断裂前所能承受的最大应力称为材料的（　　）。

A. 屈服强度　　　　　　　　B. 抗拉强度　　　　　　　　C. 弹性极限

2. 测定淬火钢件的硬度，一般常选用（　　）来测试。

A. 布氏硬度计　　　　　　　B. 洛氏硬度计　　　　　　　C. 维氏硬度计

3. 金属材料的（　　）越好，其压力加工性能越好。

A. 强度　　　　　　　　　　B. 塑性　　　　　　　　　　C. 硬度

4. 运转中的发动机曲轴、齿轮等零部件所承受的载荷均为（　　）。

A. 静载荷　　　　　　　　　B. 冲击载荷　　　　　　　　C. 交变载荷

四、简答题

1. 什么是强度、塑性？衡量它们的指标各有哪些？分别用什么符号表示？

2. 什么是硬度？常用的硬度测定方法有哪几种？布氏硬度试验、洛氏硬度试验各适用于测定哪些材料的硬度？

3. 什么是冲击韧性？可以用什么符号表示？

4. 什么叫金属的疲劳？疲劳强度用什么符号表示？

5. 什么是金属材料的工艺性能？工艺性能包括哪些内容？

6. 有一标准低碳钢拉伸试样，直径为10mm，标距长度为100mm，在载荷为21 000N时屈服，拉断试样前的最大载荷为30 000N，拉断后的标距长度为133mm，断裂处最小直径为6mm，试计算其屈服强度、抗拉强度、断后伸长率和断面收缩率。

7. 下列工件应采用什么试验方法测定硬度？

（1）铸铁轴承座毛坯；（2）黄铜轴套；（3）硬质合金刀片；（4）耐磨工件的表面硬化层。

8. 金属的疲劳断裂是怎样发生的？如何提高零件的疲劳强度？

🚗 **中国梦·大国工匠**

回顾"焊将"高凤林：外企8倍年薪挖不动，只在闲时焊接东风导弹

从东方红一号的冉冉升空到载人航天的神舟五号，再到月面取土工程，伟大的中国航天人用50年的时间，走完了发达国家近百年人类探索太空的旅程。

为了中华民族再次崛起的梦想中，在这沧桑的半个世纪当中有冲破艰难险阻，不远万里归来的钱学森；有敢为人先，不惧生死的杨利伟；也有那些默默耕耘，深藏功与名的幕后英雄。被誉为"大国工匠"的高凤林就是这样一位默默付出的"东风"焊工。

鞠萍姐姐讲大国工匠故事：高凤林

精益求精的中国焊工

高凤林出生在河北的一个普通家庭，年幼时的他和其他的男孩子没什么区别，总是对那些看似笨重又极其灵活的大型机械，充满了想要探究其奥秘的好奇。

1978 年刚刚打开吸引外资大门的中国，迫切需要一群年轻又富有创造力的机械制造和加工人才，高凤林的父母似乎早已看到了技术对于新中国建设的重要性，于是将 16 岁的高凤林送进了技工焊接学校。

在这两年的短暂学习生涯中，高凤林不断总结着自己在焊接上的问题，一次又一次的练习磨炼了他的心性，也让他掌握了熟练的焊接技术，重重的打磨为他日后创造的辉煌埋下了伏笔。

毕业以后，高凤林凭借着优良的成绩被安排进了 211 厂的 14 车间。在车间，他从最为基础的焊接工作做起，不断打磨着自己的技术。"干一行就要爱一行"，这应该是对于高凤林最为恰当的评价。

在枯燥乏味的焊接工作中，高凤林并没有把焊接当作一个普普通通的工作，而是将焊接视为毕生追求的事业。在 14 车间的数年间，高凤林在完成手头的工作之余，总是喜欢对着他的成品思考。

"是不是有更好的方法""是不是能补足其中焊接的漏洞""能不能采用其他的焊接方式"，这些问题总是萦绕在高凤林的脑海当中。正是这种专注的精神和勤于思考的性格，让他逐渐成为 14 车间中最为出色的焊接师傅。

攻坚克难的焊接能手

随着时光的流逝，高凤林的焊接技术达到了炉火纯青的地步。荣誉和赞誉的到来也为他敞开了一扇迎难而上的大门，在旁人眼里似乎没有他解决不了的问题，也似乎没有他不能焊接的材料。

"长二捆"运载火箭的研制到了至关重要的环节，但支撑火箭的大梁还是没有攻克焊接的难题。由于新材料的使用，焊接成了师傅们最头疼的问题。在关键时刻高凤林站了出来，他带着班组加班加点地试验，在新材料上焊接了无数密密麻麻的焊点。正是这种对于事业的执着，对于国家荣誉的无私奉献，使得问题得以圆满解决，火箭在他所焊接的大梁的支撑下腾空而起，飞向遥远的天际。

数年间，在高凤林的带领下他的班组克服了诸多焊接上的难题，为中华民族的探月工程打下了坚实的基础。完美的焊接技术不仅成功地帮助国家航天事业当中的运载火箭一次又一次完美升空，也帮助其他国家实现了运送卫星的计划。而高凤林也成了航天事业当中攻坚克难的能手，他所要做的不仅是成熟技术的进一步传承，更是新型焊接技术的探索。

在国家的一次重点航天任务中，由于新技术的发展和新科技的运用，当时焊接的技术已经满足不了新科研项目的发展。对于新材料的运用和超高强度的焊接要求，相关部门已经研究了一年多，却始终没有突破性的进展。在领导的几番研究之下，重担再次落到了高凤林的肩上。对于新的使命，他没有退缩，继续迎难而上。通过对新材料夜以继日地研究，高凤林仅用了三天的时间就生产出了合格的产品。为了保证项目迅速落地，在一个半月的披星戴月当中，他为新项目做出了所有需要的产品，并保证了 100% 的合格率。这些都源于他多年来经验的总结和对焊接事业的追求。

高凤林总是这样在幕后默默付出着，为国家的航天事业挥洒着汗水，只要祖国需要，总是能看到他熟悉的背影。

名震海外的大国工匠

2006 年，16 个国家发起了一项反物质探测器的项目。项目一开始按照科学家们的计划顺利进行着，然而当低温超导磁铁如何制造的问题出现时，国内外的专家都陷入了困境，无论哪方面提出的方案都无法满足要求。

就在此时，作为项目参与人的丁肇中想到了一个人，就是为中国航天事业默默付出了20 多年的高凤林。在丁肇中的引荐之下，高凤林来到了制造现场，并凭借着多年的经验直指问题所在。在高凤林的指导之下，国际联盟不断修改着制造方案，最终生产出了合格的超导磁铁。而高凤林也得到了国际航天组织的认可，成为举世瞩目的"焊将"。

2018 年，正值 56 岁的高凤林获得了"大国工匠"的称号，短短的四个字恰当地总结了他这些年来走过的风风雨雨和在航天事业上留下的痕迹。

作为中华全国总工会副主席的高凤林曾在一次采访中说道"岗位不同，作用不同，仅此而已"，鲜明地表达了他甘于淡泊的人生态度。他也开玩笑说，他的主要工作是火箭焊接，作为国之利器的东风导弹只是他闲来无事才去焊接的，更显示出了他豁达和潇洒的一面。

资料来源：寻欢历史.回顾"焊将"高凤林：外企8倍年薪挖不动，只在闲时焊接东风导弹.百家号，2023 - 07 - 06.

汽车用钢铁材料

知识点	技能点
铁碳合金相图的含义和应用。 铁碳合金的成分、组织和性能之间的关系。 常用钢铁热处理方法和选用原则。 常用碳钢、合金钢、铸铁的分类、性能、牌号及应用。	了解汽车常用钢铁材料的性能要求和失效形式，以及常用钢铁热处理方法和选用原则。 熟悉汽车上使用的钢铁材料。 学会汽车常用零部件选用钢铁材料的方法。

由于钢铁材料具有良好的使用性能和工艺性能，并且加工方便，因此是汽车制造工业中应用最广泛的材料。尽管近年来为节省能源，实现汽车轻量化，不少制造零件用的钢铁材料被有色金属和其他材料所替代，但钢铁材料仍是汽车用材的主体，其使用量超过汽车用材总量的 60%。

汽车用钢品种主要包括钢板、优质钢（齿轮钢、轴承钢、弹簧钢等特殊钢）、型钢、带钢、钢管、金属制品等。汽车工业的发展，对钢铁材料提出了更高的要求。汽车用钢中的板材（包括热轧钢板、冷轧钢板和镀层板）是生产汽车的主要原材料，各种钢材在汽车总重量中所占比例为 70% 左右，其中钢板占 52%，优质钢（齿轮钢、轴承钢及弹簧钢等）占 31%，带钢占 6.5%，型钢占 6%，钢管占 1%，金属制品及其他占 5%，如图 3.1 所示。

图 3.1 汽车用钢品种占比

3.1 铁碳合金相图

钢铁材料的基本组成元素是铁和碳，故称为铁碳合金。不同成分的铁碳合金，在不同的温度下具有不同的组织，因而表现出不同的性能。铁碳合金相图是研究平衡条件下，铁碳合金的成分、温度和组织之间关系的图形，是制定钢铁材料各种加工工艺、掌握材料的性能和合理选材的重要依据。

3.1.1 铁碳合金的基本相及组织

在铁碳合金中，铁与碳两组元素在液态下可以无限互溶，在固态下碳可以溶解在铁的晶格中形成固溶体，也可与铁发生化学反应形成金属化合物。铁碳合金的基本相有铁素体、奥氏体和渗碳体，另外还有由两种基本相组成的多相组织珠光体和莱氏体。

3.1.1.1 铁素体

铁素体是碳溶于 $\alpha-Fe$ 中所形成的间隙固溶体，用符号 F 表示。由于体心立方晶格的间隙较小，所以碳在 $\alpha-Fe$ 中的溶解度很小，在 727℃ 时 $\alpha-Fe$ 中最大溶碳量仅为 0.021 8%。随着温度的降低，$\alpha-Fe$ 中溶碳量减少，在 600℃ 时约为 0.005 7%，室温下仅为 0.000 8%。由于铁素体的溶碳量极少，因此铁素体在室温下的性能与纯铁相似，即具有良好的塑性、韧性，而强度、硬度较低。

铁素体在显微镜下呈明亮的多边形晶粒组织，如图 3.2 所示。铁素体在 770℃ 以下具有磁性。

3.1.1.2 奥氏体

奥氏体是碳溶于 $\gamma-Fe$ 中所形成的间隙固溶体，用符号 A 表示，无磁性。由于面心立方晶格的间隙较大，所以碳在 $\gamma-Fe$ 中的溶解度也较大，在 1 148℃ 时溶碳量最大，达到 2.11%。随着温度的降低，溶碳量逐渐减少，在 727℃ 时溶碳量为 0.77%。奥氏体的强度、硬度不高，但塑性、韧性较好，因此生产中，常将钢加热到奥氏体状态进行压力加工。

奥氏体是一个高温相，存在于 727℃ 以上。奥氏体的显微组织也呈明亮的多边形，但晶界较平直，并且晶粒内常出现孪晶（图 3.3 中晶粒内的平行线），如图 3.3 所示。

图 3.2 铁素体的显微组织

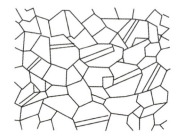

图 3.3 奥氏体的显微组织

3.1.1.3 渗碳体

铁和碳所形成的金属化合物称为渗碳体，用化学式 Fe_3C 表示。渗碳体具有复杂的斜方晶格结构，如图 3.4 所示。其含碳量为 6.69%，具有很高的硬度（相当于 800HBW），塑性和韧性几乎为零，脆性很大。在铁碳合金中，渗碳体常以片状、粒状或网状等形式与固溶体共存，它是钢中的主要强化相，其数量、大小、分布和形态对钢的性能有很大影响。

渗碳体在 230℃ 以下具有弱磁性，230℃ 以上失去磁性。

3.1.1.4 珠光体

珠光体是由铁素体和渗碳体相间排列而成的层片状的机械混合物，如图 3.5 所示，用 P 表示。珠光体含碳量为 0.77%，其力学性能介于铁素体和渗碳体之间，强度较高，硬度适中，有一定的塑性。

图 3.4　渗碳体的晶体结构

图 3.5　珠光体的显微组织

3.1.1.5　莱氏体

莱氏体是奥氏体和渗碳体的机械混合物，用 L_d 表示。莱氏体硬度很高，塑性很差。莱氏体的含碳量为 4.3%，存在于 727℃ 以上。在 727℃ 以下，莱氏体是由珠光体和渗碳体组成的机械混合物，称为低温莱氏体或变态莱氏体，用 L_d' 表示。低温莱氏体的显微组织可以看成是在渗碳体的基体上分布着颗粒状的珠光体，如图 3.6 所示。

铁碳合金的基本相及组织的力学性能见表 3.1。

图 3.6　莱氏体的显微组织

表 3.1　铁碳合金的基本相及组织的力学性能

名称	符号	R_m/MPa	HBW	A/%	A_k/J
铁素体	F	230	80	50	160
奥氏体	A	400	220	50	50
渗碳体	Fe_3C	30	800	≈0	≈0
珠光体	P	750	180	20~25	24~32
莱氏体	L_d'	—	700	—	—

3.1.2　铁碳合金相图

由于碳的质量分数 $w_C > 6.69\%$ 的铁碳合金脆性很大，加工困难，没有实用价值，而且 Fe_3C 又是一个稳定的化合物，可以作为一个独立的组元，因此铁碳合金相图实际上是碳的质量分数在 0~6.69% 的 $Fe-Fe_3C$ 相图，如图 3.7 所示。

3.1.3　铁碳合金相图分析

为便于研究，在分析铁碳合金相图时，将图 3.7 中左上角（包晶转变）部分予以简化，简化后的 $Fe-Fe_3C$ 相图如图 3.8 所示。

图 3.7　Fe－Fe₃C 相图

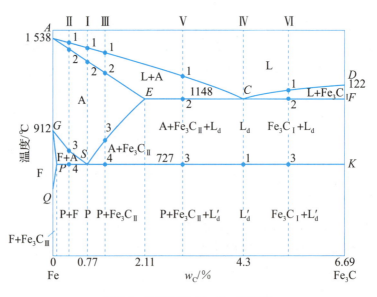

图 3.8　简化后的 Fe－Fe₃C 相图

3.1.3.1 Fe‑Fe₃C 相图中的特性点

Fe‑Fe₃C 相图中各主要特性点的温度、成分和含义见表 3.2。

表 3.2 Fe‑Fe₃C 相图中各主要特性点的温度、成分和含义

特性点	温度/℃	w_C/%	含义
A	1 538	0	纯铁的熔点
C	1 148	4.3	共晶点
D	1 227	6.69	渗碳体的熔点
E	1 148	2.11	碳在奥氏体（γ‑Fe）中的最大溶解度，也是钢与铸铁的成分分界点
F	1 148	6.69	共晶渗碳体的成分
G	912	0	纯铁的同素异构转变点
K	727	6.69	共析渗碳体的成分
P	727	0.021 8	碳在铁素体（α‑Fe）中的最大溶解度
S	727	0.77	共析点
Q	600	0.005 7	600℃时碳在 α‑Fe 中的溶解度

3.1.3.2 Fe‑Fe₃C 相图中的特性线

（1）ACD 线为液相线，任何成分的铁碳合金在此线以上均为液相，用 L 表示。液态铁碳合金缓慢冷至 AC 线，开始结晶出奥氏体，缓冷至 CD 线结晶出渗碳体。从液态中析出的渗碳体称为一次渗碳体，表示为 Fe_3C_I。

（2）AECF 线为固相线，液态合金冷却至此线全部结晶为固相。

（3）ECF 线为共晶线，凡是 $w_C>2.11\%$ 的铁碳合金，缓冷至此线（1 148℃）时，均发生共晶转变，从具有共晶成分的液相中，同时结晶出奥氏体和渗碳体的机械混合物，即莱氏体。

（4）PSK 线为共析线，又称为 A_1 线。凡是 $w_C>0.021\,8\%$ 的铁碳合金，缓冷至此线（727℃）时，均发生共析转变，从具有共析成分的奥氏体中，同时析出铁素体和渗碳体的机械混合物，即珠光体。

（5）ES 线为碳在 γ‑Fe 中的溶解度曲线，又称为 A_{cm} 线。当奥氏体由高温缓冷至 ES 线时，碳在奥氏体中的溶解度达到饱和，随着温度的下降，溶解度减小，多余的碳将以渗碳体的形式从奥氏体中析出。从奥氏体中析出的渗碳体称为二次渗碳体，表示为 Fe_3C_{II}。

（6）PQ 线为碳在 α‑Fe 中的溶解度曲线。在 727℃时碳在 α‑Fe 中的溶解度最大，为 0.021 8%。随着温度的降低，溶解度减小，多余的碳将以渗碳体的形式从铁素体中析出。从铁素体中析出的渗碳体称为三次渗碳体，表示为 Fe_3C_{III}。

（7）GS 线是冷却时奥氏体向铁素体转变的开始线，又称为 A_3 线；GP 线为冷却时奥氏体向铁素体转变的终了线。

3.1.3.3 铁碳合金的分类

铁碳合金根据其在 Fe‑Fe₃C 相图中的位置可分为以下几种。

（1）工业纯铁为 $w_C \leqslant 0.0218\%$ 的铁碳合金。

（2）钢为 $0.0218\% < w_C \leqslant 2.11\%$ 的铁碳合金。根据其室温组织不同又可分为：

1）亚共析钢，$0.0218\% < w_C < 0.77\%$；

2）共析钢，$w_C = 0.77\%$；

3）过共析钢，$0.77\% < w_C \leqslant 2.11\%$。

（3）白口铸铁为 $2.11\% < w_C \leqslant 6.69\%$ 的铁碳合金，称为白口铸铁。根据其室温组织不同又可分为：

1）亚共晶白口铸铁，$2.11\% < w_C < 4.3\%$；

2）共晶白口铸铁，$w_C = 4.3\%$；

3）过共晶白口铸铁，$4.3\% < w_C \leqslant 6.69\%$。

3.1.4 典型铁碳合金的平衡结晶过程及室温组织

3.1.4.1 共析钢

图 3.8 中的合金 Ⅰ 为共析钢。当液态合金缓慢冷却到与液相线 AC 相交的 1 点时，开始从液相中结晶出奥氏体。随着温度的下降，奥氏体量逐渐增多，其成分沿 AE 线变化，而剩余液相逐渐减少，成分沿 AC 线变化。冷却至 2 点时，液相全部结晶为与原合金成分相同的奥氏体。在 2～S 点温度范围内为单一的奥氏体。待冷却至 S 点时，奥氏体将发生共析转变，同时析出 P 点成分的铁素体和 K 点成分的渗碳体，转变成铁素体和渗碳体层片相间的机械混合物，即珠光体。在 S 点以下继续冷却时，铁素体成分沿 PQ 线变化，将析出三次渗碳体，三次渗碳体与共析渗碳体混在一起，不易分辨，且数量极少，可忽略不计。因此共析钢在室温的组织是珠光体，如图 3.5 所示。共析钢在冷却过程中的组织转变情况如图 3.9 所示。

（a）1点以上　　（b）1～2点　　（c）2～S点　　（d）S点以下

图 3.9　共析钢在冷却过程中的组织转变情况

3.1.4.2 亚共析钢

图 3.8 中的合金 Ⅱ 为亚共析钢。亚共析钢在 3 点以上温度冷却过程与共析钢在 S 点以上相似。当缓慢冷却至与 GS 线相交的 3 点时，开始从奥氏体中析出铁素体，随着温度的降低，铁素体量逐渐增多，其成分沿 GP 线变化，而奥氏体量逐渐减少，成分沿 GS 线向共析成分接近。当冷却至与 PSK 线相交的 4 点时，剩余奥氏体达到共析成分，将在共析温度下发生共析转变而形成珠光体。温度继续下降，从铁素体中析出极少量三次渗碳体可

忽略不计。因此亚共析钢在室温的组织是铁素体＋珠光体。亚共析钢在冷却过程中的组织转变情况，如图 3.10 所示。

（a）1点以上　（b）1~2点　（c）2~3点　（d）3~4点　（e）4点以下

图 3.10　亚共析钢在冷却过程中的组织转变情况

所有亚共析钢的室温组织都是铁素体＋珠光体，但随着碳的质量分数的增加，组织中珠光体的量增多，铁素体的量减少。图 3.11 所示是不同成分亚共析钢的室温组织，图中白色部分为铁素体，黑色部分为珠光体。

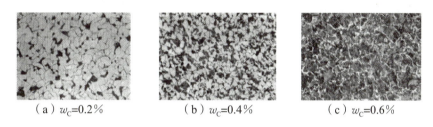

（a）$w_C=0.2\%$　　　　（b）$w_C=0.4\%$　　　　（c）$w_C=0.6\%$

图 3.11　不同成分亚共析钢的室温组织

3.1.4.3　过共析钢

图 3.8 中的合金Ⅲ为过共析钢。过共析钢在 3 点以上温度冷却过程与共析钢在 S 点以上相似。当缓慢冷却至与 ES 线相交的 3 点时，奥氏体中的溶碳量达到饱和，随着温度的降低，多余的碳以二次渗碳体的形式析出，并以网状形式沿奥氏体晶界分布。随着温度的降低，二次渗碳体量逐渐增多，而奥氏体量逐渐减少，奥氏体成分沿 ES 线向共析成分接近。当冷却至与 PSK 线相交的 4 点时，剩余奥氏体达到共析成分，将在共析温度下发生共析转变而形成珠光体。温度继续下降，组织不再变化。因此过共析钢在室温的组织是珠光体和二次渗碳体。过共析钢在冷却过程中的组织转变情况如图 3.12 所示。

（a）1点以上　（b）1~2点　（c）2~3点　（d）3~4点　（e）4点以下

图 3.12　过共析钢在冷却过程中的组织转变情况

所有过共析钢的室温组织都是珠光体＋网状二次渗碳体，但随着碳的质量分数的增加，组织中二次渗碳体的量逐渐增多，珠光体的量逐渐减少，当 $w_C=2.11\%$ 时，二次渗碳体的量达到最大，其值为 22.6%。图 3.13 所示是过共析钢的室温组织，图中呈片状黑白相间的部分为珠光体，白色网状为二次渗碳体。

图 3.13 过共析钢的室温组织（碱性苦味酸钠腐蚀）

3.1.4.4 共晶白口铸铁

图 3.8 中的合金 Ⅳ 为共晶白口铸铁。当共晶白口铸铁缓慢冷却至 C 点时将发生共晶转变，即从液态合金中同时结晶出 E 点成分的奥氏体和 F 点成分的渗碳体的机械混合物，即莱氏体。在 C 点以下继续冷却时，莱氏体中奥氏体将析出二次渗碳体，随着温度的下降，二次渗碳体的量不断增多，而奥氏体的量不断减少，其成分沿 ES 线向共析成分接近。当温度下降至与 PSK 线相交的 1 点时，奥氏体达到共析成分，将发生共析转变析出珠光体，二次渗碳体保留到室温。因此共晶白口铸铁在室温的组织是珠光体和渗碳体（共晶渗碳体＋二次渗碳体）组成的两相组织，即低温莱氏体，如图 3.6 所示。共晶白口铸铁冷却过程中的组织转变情况，如图 3.14 所示。

（a）C 点以上　（b）在 C 点时　　（c）$C \sim 1$ 点　　（d）1 点以下

图 3.14 共晶白口铸铁冷却过程中的组织转变情况

3.1.4.5 亚共晶白口铸铁

图 3.8 中的合金 Ⅴ 为亚共晶白口铸铁。当亚共晶白口铸铁缓慢冷却至与 AC 线相交的 1 点时，开始从液相中结晶出奥氏体。随着温度的下降，奥氏体量逐渐增多，其成分沿 AE 线变化，而剩余液相量逐渐减少，其成分沿 AC 线向共晶成分接近。当冷却至与共晶线 ECF 相交的 2 点时，剩余液相达到共晶成分，将发生共晶转变形成莱氏体，此时的组织为奥氏体＋莱氏体。随着温度的继续下降，奥氏体的成分将沿着 ES 线向共析成分接近，并不断从先结晶出来的奥氏体和莱氏体中的奥氏体析出二次渗碳体。当温度下降至与 PSK 线相交的 3 点时，奥氏体达到共析成分，将发生共析转变析出珠光体，二次渗碳体保留到室温。因此亚共晶白口铸铁室温的组织是珠光体＋二次渗碳体＋低温莱氏体，亚共晶白口铸铁冷却过程中的组织转变情况如图 3.15 所示，随着碳的质量分数增加，低温莱氏体的量增多，珠光体的量减少。亚共晶白口铸铁的显微组织如图 3.16 所示，图中黑色块状或树枝状为珠光体，珠光体周围白色网状为二次渗碳体，黑白相间的基体为低温莱氏体。

（a）1点以上　　（b）1~2点　　（c）在2点时　　（d）2~3点　　（e）3点以下

图3.15　亚共晶白口铸铁冷却过程中的组织转变情况

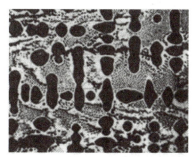

图3.16　亚共晶白口铸铁的显微组织

3.1.4.6　过共晶白口铸铁

图3.8中的合金Ⅵ即为过共晶白口铸铁。当过共晶白口铸铁缓慢冷却至与CD线相交的1点时，开始从液相中结晶出一次渗碳体。随着温度的下降，一次渗碳体量逐渐增多，剩余液相量逐渐减少，其成分沿CD线向共晶成分接近。当冷却至与共晶线ECF相交的2点时，剩余液相达到共晶成分，将发生共晶转变形成莱氏体，此时的组织由莱氏体和一次渗碳体组成。随着温度的继续下降，合金的组织变化与共晶、亚共晶白口铸铁基本相同，即冷却至3点时莱氏体转变成低温莱氏体，继续冷却合金组织不再变化。过共晶白口铸铁室温组织是低温莱氏体+一次渗碳体。过共晶白口铸铁冷却过程中的组织转变情况如图3.17所示，随着碳的质量分数增加，一次渗碳体的量增多，低温莱氏体的量减少。过共晶白口铸铁的显微组织如图3.18所示，图中白色条状为一次渗碳体，基体为低温莱氏体。

（a）1点以上　　（b）1~2点　　（c）在2点时　　（d）2~3点　　（e）3点以下

图3.17　过共晶白口铸铁冷却过程中的组织转变情况

图3.18　过共晶白口铸铁的显微组织

3.1.5 铁碳合金的成分、组织、性能间的关系

3.1.5.1 铁碳合金的成分与组织间的关系

由上述分析可知，随着碳的质量分数的提高，铁碳合金在室温下的平衡组织依次为：$F+Fe_3C_{III} \rightarrow F+P \rightarrow P \rightarrow P+Fe_3C_{II} \rightarrow P+Fe_3C_{II}+L'_d \rightarrow L'_d \rightarrow L'_d+Fe_3C_I$。任何成分的铁碳合金在室温均是由铁素体和渗碳体两相组成的，并且随着碳的质量分数的增加，铁素体的相对量减少，而渗碳体的相对量增加。铁碳合金的成分与组织组成物和相组成物相对量的关系归纳于图 3.19 中。

钢铁分类 组织与相 项目	工业纯铁	钢		白口铸铁	
		亚共析钢	过共析钢	亚共晶白口铸铁	过共晶白口铸铁
成分及组织特征	$\omega_c=0.0218\%$ $\omega_c=0.77\%$ $\omega_c=2.11\%$ $\omega_c=4.3\%$ $\omega_c=6.69\%$ 高温固态组织为单相固溶体 组织中有共晶莱氏体				
组织组成物相对量	100%F $\quad$ Fe_3C_{II} $\quad$ P $\quad$ L'_d $\quad$ Fe_3C_I 0				
相组成相对量	F $\quad$ Fe_3C 0				

图 3.19　铁碳合金的成分与组织组成物和相组成物相对量的关系

3.1.5.2 铁碳合金的成分与性能间的关系

在铁碳合金中，渗碳体是一种强化相，所以渗碳体数量越多，分布越均匀，则铁碳合金的强度、硬度越高，塑性、韧性越低；但当渗碳体分布在晶界或作为基体存在时，铁碳合金的塑性和韧性将大大下降，强度也随之降低。图 3.20 所示是铁碳合金中碳的质量分数对钢力学性能的影响，从图中可以看出，当 $w_c<0.9\%$ 时，随着碳的质量分数的增加，钢的强度和硬度直线上升，而塑性和韧性却不断降低；当 $w_c>0.9\%$ 时，由于二次渗碳体不断在晶界析出并形成完整的网状，不仅使钢的塑性、韧性进一步下降，强度也开始明显下降。因此，在机械制造中，为了保证钢既具有足够高的强

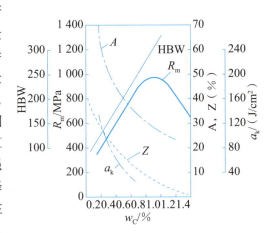

**图 3.20　铁碳合金中碳的质量分数
对钢力学性能的影响**

度，同时又具有一定的塑性和韧性，钢中碳的质量分数一般不超过 1.3%～1.4%。

对于 $w_c>2.11\%$ 的白口铸铁，由于组织中含有大量硬而脆的渗碳体，难以切削加工，因此在机械制造中很少直接应用。

3.1.5.3　铁碳相图的应用

Fe－Fe$_3$C 相图表明了钢铁材料的成分、组织与性能的变化规律，为生产中的选材及制定加工工艺提供了重要依据。

1. 在选材方面的应用

由 Fe－Fe$_3$C 相图可知，不同成分的铁碳合金，其室温组织不同，导致其力学性能也不同。因此，可根据零件的不同性能要求来合理地选择材料。例如，要求塑性、韧性好的金属构件（如汽车上的机油盘、气缸盖罩），应选碳的质量分数较低的钢；要求强度、硬度、塑性和韧性都较高的机械零件（如汽车曲轴），则应选用碳的质量分数为 0.25％～0.60％的中碳钢；对于汽车上承受交变载荷的弹簧，要求具有较高的弹性和韧性，则需选用碳的质量分数为 0.60％～0.85％的中高碳钢；对于要求有高硬度、高耐磨性的切削刀具和测量工具，应选用碳的质量分数为 0.7％～1.3％的高碳钢。

2. 在制定热加工工艺方面的应用

（1）铸造方面。铸造生产中，可以根据 Fe－Fe$_3$C 相图确定钢铁材料的浇注温度，一般为液相线以上 50～100℃。由相图可知，共晶成分的合金结晶温度最低，结晶区间最小，流动性好，体积收缩小，易获得组织致密的铸件，所以通常选择共晶成分的合金作为铸造合金。

（2）锻压方面。相图可以作为确定钢的锻造温度范围的依据。通常把钢加热到单相奥氏体区，钢的塑性好，变形抗力小，易于成型。一般始锻温度控制在固相线以下 100～200℃，而终锻温度控制在 GS 线以上，过共析钢应在稍高于 PSK 线以上。

（3）焊接方面。在焊接工艺上，焊缝及周围热影响区受到不同程度的加热和冷却，组织和性能会发生变化，相图可作为研究变化规律的理论依据。铁碳合金的焊接性与碳的质量分数有关，随着碳的质量分数的增加，钢的脆性增加，塑性下降，导致钢的冷裂倾向增加，焊接性能变差。碳的质量分数越高，焊接性越差，故焊接用钢主要是低碳钢或低碳合金钢。

（4）热处理方面。在热处理工艺上，相图是制定各种热处理工艺加热温度的重要依据。例如，钢的退火、正火、淬火加热温度都是依据铁碳相图来确定的。

3.2　钢的热处理

钢的热处理是通过加热、保温和冷却等工序改变钢的内部组织结构，从而获得预期性能的工艺。其目的是改善和提高材料的性能，充分发挥材料的性能潜力，延长其使用寿命。因此，热处理在机械制造业有着重要的地位和作用。

根据加热和冷却方式的不同，热处理一般分为普通热处理和表面热处理。普通热处理又称为整体热处理，主要包括退火、正火、淬火和回火；表面热处理包括表面淬火和化学热处理。尽管热处理的种类很多，但都由加热、保温和冷却三个阶段组成，因此要掌握各种热处理方法对钢的组织和性能的影响，就必须研究钢在加热、保温和冷却过程中的组织转变规律。图 3.21 所示为最基本的热处理工艺曲线。

图 3.21　最基本的热处理工艺曲线

3.2.1　钢在加热和冷却时的组织转变

热处理工艺中加热和冷却的目的都是使钢的组织发生转变。在铁碳相图中，A_1、A_3、A_{cm} 线都是平衡状态的相变温度（又称临界点），而在实际生产中加热和冷却过程不可能非常缓慢，因此往往造成相变点的实际位置比平衡状态时有所偏离，即加热时实际转变温度略高于平衡相变点，而冷却时略低于平衡相变点。为了使两者有所区别，通常将加热时的实际相变点用 A_{c1}、A_{c3}、A_{ccm} 表示；冷却时的实际相变点用 A_{r1}、A_{r3}、A_{rcm} 表示，如图 3.22 所示。

图 3.22　钢在加热或冷却时各临界点的实际位置

3.2.1.1　钢在加热时的组织转变

对钢进行热处理时首先要加热，其目的是获得均匀而细小的奥氏体组织，通常将这种加热转变称为钢的奥氏体化。加热时奥氏体化的程度及晶粒大小，对其冷却转变过程及最终的组织和性能都有极大的影响。因此，了解奥氏体的形成规律，是掌握热处理工艺的基础。

以共析钢为例，其室温平衡组织为珠光体，当把共析钢加热到 A_{c1} 点以上温度时，就要发生珠光体向奥氏体转变。这一转变是由成分悬殊、晶格类型截然不同的两相混合物（F＋Fe$_3$C）转变成另一种晶格类型的单相奥氏体（A）的过程。因此，在此过程中必然进行晶格的改组和铁碳原子的扩散，并遵循形核和长大的基本规律。该过程可归纳为奥氏体晶核的形成、奥氏体晶核的长大、残余渗碳体的溶解和奥氏体成分均匀化四个阶段，如图 3.23 所示。

（a）A晶核形成　　（b）A晶核长大　　（c）残余Fe$_3$C溶解　　（d）A成分均匀化

图 3.23　共析钢奥氏体形成过程

由以上分析可知，热处理的保温阶段不仅是为了让工件热透，也是为了获得均匀的奥氏体组织，以便冷却后获得良好的组织和性能。

　　亚共析钢和过共析钢的奥氏体形成过程与共析钢基本相同，但其完全奥氏体化的过程有所不同。亚共析钢加热到 A_{c1} 以上温度时还存在有铁素体，这部分铁素体只有继续加热到 A_{c3} 以上时才能完全转变为奥氏体；过共析钢只有在加热温度高于 A_{ccm} 时，才能获得单一的奥氏体组织。

　　加热时形成奥氏体晶粒的大小直接影响到冷却转变产物的晶粒大小和力学性能。奥氏体晶粒越细小，其冷却转变产物也越细小，力学性能越高。因此在加热时，为了获得均匀而细小的奥氏体晶粒，必须选取合适的加热温度，并严格控制保温时间。

3.2.1.2　钢在冷却时的组织转变

　　冷却过程是热处理的关键工序，其冷却方式不同，冷却后的组织和性能也不同。热处理生产中有等温冷却和连续冷却两种方式。等温冷却是将奥氏体化后的钢迅速冷却至 A_{r1} 以下某一温度并保温，使其在该温度下发生组织转变，然后再冷却至室温的热处理工艺，如图 3.24 中曲线 1 所示；连续冷却是指将奥氏体化的钢自加热温度连续冷却至室温的热处理工艺，如图 3.24 中曲线 2 所示。

图 3.24　两种冷却方式示意图

1. 过冷奥氏体的等温转变

　　奥氏体在 A_1 温度以上是稳定的，能够长期存在而不发生转变，一旦冷却到 A_{r1} 温度以下就处于不稳定状态，即将发生转变。把在 A_{r1} 温度以下暂存的、不稳定的奥氏体称为过冷奥氏体。过冷奥氏体在不同温度下的等温转变产物可以用等温转变曲线来确定。

　　（1）过冷奥氏体等温转变曲线的建立。

　　现以共析钢为例来说明过冷奥氏体等温转变曲线的建立。首先，将共析钢制成若干小圆形薄片试样，加热至奥氏体化后，分别迅速放入 A_{r1} 以下不同温度的恒温盐浴槽中进行等温转变；其次，分别测出在各温度下过冷奥氏体转变开始时间、终了时间以及转变产物量；最后，将其画在温度—时间坐标图上，并把各转变开始点和终了点分别用光滑曲线连接起来，便得到共析钢过冷奥氏体等温转变曲线，如图 3.25(a) 所示。由于曲线与字母 C 相似，故又称为 C 曲线。

　　图 3.25(b) 中左边曲线为过冷奥氏体等温转变开始线，右边曲线为过冷奥氏体等温转变终了线。A_1 线以上是稳定的奥氏体区。A_1 线以下、转变开始线左边的区域为过冷奥氏体区；转变终了线以右的区域是转变产物区；两线之间是过冷奥氏体和转变产物共存区。由纵坐标到转变开始线之间的水平距离表示过冷奥氏体等温转变前所经历的时间，称为孕育期。孕育期越长，表示过冷奥氏体越稳定。对于共析钢，过冷奥氏体在 550℃附近等温时，孕育期最短，即过冷奥氏体最不稳定，转变速度最快，这里被形象地称为 C 曲线的"鼻尖"。C 曲线的下部有两条水平线，上边一条是马氏体转变开始线，用 M_s 表示；下边一条是马氏体转变终了线，用 M_f 表示。

（a）共析钢等温转变曲线的建立

（b）共析钢等温转变曲线

图 3.25　共析钢过冷奥氏体等温转变曲线

（2）过冷奥氏体等温转变产物的组织形态及性能。

1）珠光体转变。共析钢在 A_{r1} ～550℃区间进行等温时，过冷奥氏体的转变产物为珠光体型组织，它是由铁素体与渗碳体组成的层片相间的机械混合物。等温温度越低，铁素体和渗碳体的片层间距越小。根据片层的厚薄不同，珠光体型组织又可细分为三种，见表 3.3。

表 3.3　珠光体型组织的形态和性能

等温温度	组织名称	符号	片层间距	硬度（HRC）
A_{r1}～650℃	珠光体	P	＞0.4μm	10～20
650～600℃	索氏体	S	0.2～0.4μm	20～30
600～550℃	托氏体	T	＜0.2μm	30～40

实际上这三种组织都是珠光体，其差别只是珠光体的片层间距不同，等温温度越低，片层间距越小，强度、硬度越高，塑性、韧性越好。

2）贝氏体转变。共析钢在 550℃～M_s 区间进行等温时，过冷奥氏体的转变产物为贝氏体。贝氏体是含过饱和碳的铁素体和碳化物组成的机械混合物，用符号 B 表示。根据形成温度和组织形态，可将贝氏体分为上贝氏体和下贝氏体，其显微组织如图 3.26 所示。

（a）上贝氏体显微组织

（b）下贝氏体显微组织

图 3.26　贝氏体的显微组织

共析钢在 550～350℃ 区间等温，将形成黑色羽毛状的上贝氏体。上贝氏体强度很低，脆性很大，基本没有实用价值。在 350℃～M_s 区间等温，形成黑色竹叶状的下贝氏体。下贝氏体具有较高的强度、硬度和良好的塑性、韧性。因此生产中常用等温淬火的方法来获得下贝氏体组织，以获得良好的综合力学性能。

　　3）马氏体转变。马氏体转变是在 M_s～M_f 连续冷却过程中进行的。当过冷奥氏体被快速冷却至 M_s 以下时，转变产物是马氏体。马氏体是碳在 α-Fe 中的过饱和固溶体。

　　马氏体的组织形态主要与碳含量有关。当碳含量低于 0.2% 时，可获得板条状的马氏体，它具有较高的强度、硬度和较好的塑性、韧性；当碳含量大于 1.0% 时，得到针片状马氏体，它具有很高的硬度，但塑性差，脆性大；当碳含量在 0.2%～1.0% 时，得到板条马氏体和针片状马氏体的混合组织。图 3.27 所示为板条马氏体和针片状马氏体的显微组织。

（a）板条马氏体的显微组织　　　（b）针片状马氏体的显微组织

图 3.27　板条马氏体和针片状马氏体的显微组织

2. 过冷奥氏体的连续冷却转变

　　在实际生产中，过冷奥氏体大多是在连续冷却中转变的，因此研究过冷奥氏体连续冷却时的组织转变规律有着重要的意义。

　　共析钢的连续冷却转变曲线如图 3.28 所示。由图 3.28 可见，连续冷却转变曲线只有 C 曲线的上半部分，因此连续冷却时只发生珠光体和马氏体转变，而不会发生贝氏体转变。图中 P_s 线为过冷奥氏体向珠光体转变的开始线；P_f 线为过冷奥氏体向珠光体转变的终了线；KK' 线为过冷奥氏体向珠光体转变的终止线，它表示冷却曲线与 KK' 线相交时，过冷奥氏体即停止向珠光体转变，剩余部分一直冷却至 M_s 线以下发生马氏体转变。v_k 是过冷奥氏体在连续冷却过程中不发生分解，全部转变为马氏体的最小冷却速度，也称为马氏体临界冷却速度；v'_k 是获得全部珠光体型组织的最大冷却速度。

图 3.28　共析钢的连续
冷却转变曲线

3.2.2　钢的普通热处理

3.2.2.1　钢的退火和正火

　　在机械制造过程中，退火和正火经常作为预先热处理，安排在铸造、锻造和焊接之后或粗加工之前，用以消除前一工序所造成的某些组织缺陷及内应力，为随后的切削加工及热处理做好组织准备，也可用于性能要求不高的机械零件的最终热处理。

1. 钢的退火

退火是将钢加热到适当温度，保温一定时间，然后缓慢冷却（一般是随炉冷却，也可埋砂冷却或灰冷）的热处理工艺。

根据钢的成分和退火目的不同，退火常分为完全退火、等温退火、球化退火、扩散退火和去应力退火等。各类退火的工艺特点及适用范围见表 3.4。

表 3.4　各类退火的工艺特点及适用范围

退火的分类	加热温度	冷却方式	目的	适用范围
完全退火	$A_{c3}+30\sim50℃$	随炉冷却至 600℃ 以下，出炉空冷	消除残余应力，改善组织，细化晶粒，降低钢的硬度，为切削加工和最终热处理做准备	亚共析钢的铸、锻、焊接件的预备热处理
等温退火	$A_{c3}(A_{c1})+30\sim50℃$	快速冷却至 A_{r1} 以下某一温度，等温一定时间，出炉空冷	与完全退火相同，但等温退火可缩短生产周期，提高生产效率	合金钢工件
球化退火	$A_{c1}+30\sim50℃$	经充分保温后，随炉冷却至 600℃ 出炉空冷	使珠光体中的片状渗碳体和网状二次渗碳体球化，变成在铁素体基体上弥散分布着粒状渗碳体的组织，即球状珠光体；降低硬度，改善切削加工性，为后续热处理做组织准备	具有共析或过共析成分的碳钢或合金钢
扩散退火	固相线以下 $100\sim200℃$	长时间保温后，随炉冷却	消除铸件中的偏析，使钢的化学成分和组织均匀化	质量要求高的合金钢铸锭或铸件
去应力退火	A_{c1} 以下某一温度（一般为 $500\sim650℃$）	随炉冷却至 $200\sim300℃$ 出炉空冷	消除铸件、锻件、焊接件、冷冲压件以及机加工工件的残余应力，稳定工件尺寸，减少变形	所有钢件

2. 钢的正火

正火是将钢加热到 A_{c3}（或 A_{ccm}）以上 $30\sim50℃$，保温一定时间，然后出炉在空气中冷却的热处理工艺。

正火和退火的主要区别是正火的冷却速度稍快，得到的组织较细小，强度和硬度有所提高，操作简便，产生周期短，成本较低。正火主要应用于以下几个方面。

（1）改善低碳钢和低碳合金钢的切削加工性能。由于正火后的组织为细珠光体，其硬度有所提高，从而改善了切削加工中的"黏刀"现象，降低工件的表面粗糙度。

（2）消除网状渗碳体。根据过共析钢可消除网状二次渗碳体的特点，为球化退火做组织准备。

（3）作为中碳钢零件的预先热处理。通过正火可以消除钢中粗大的晶粒，进而消除内应力，为最终热处理做组织准备。

（4）作为普通结构件的最终热处理。对于某些大型或结构复杂的普通零件，当淬火有可能产生裂纹时，往往用正火代替淬火、回火作为这类零件的最终热处理。

退火和正火加热温度范围及热处理工艺曲线如图 3.29 所示。

（a）退火和正火加热温度范围　　　　　（b）热处理工艺曲线

图 3.29　退火和正火加热温度范围及热处理工艺曲线

3.2.2.2　钢的淬火

淬火是将钢加热到 A_{c3}（或 A_{c1}）以上 30～50℃，保温一定时间，然后以大于马氏体临界冷却速度快速冷却，以获得马氏体或下贝氏体组织的热处理工艺，其目的是提高钢的硬度和耐磨性。淬火必须与适当的回火工艺相配合，才能使钢具有不同的力学性能，以满足各类零件或加工模具的使用要求，淬火是强化钢材最重要的工艺方法。

（1）淬火加热温度的确定。

淬火加热温度应以获得均匀而细小的奥氏体晶粒为原则。钢的成分不同，其淬火加热温度也不同。碳钢的淬火加热温度范围如图 3.30 所示。一般亚共析钢的淬火加热温度为 $A_{c3}+30\sim50℃$。共析钢及过共析钢为 $A_{c1}+30\sim50℃$。对于合金钢，由于合金元素对奥氏体化有延缓作用，加热温度应比碳钢高，尤其是高合金钢淬火加热温度远高于 A_{c1}，同样能获得均匀而细小的奥氏体晶粒，这与合金元素在钢中的作用有关。

（2）淬火冷却介质。

为了保证淬火后获得马氏体组织，淬火冷却速度必须大于马氏体临界冷却速度，但过快的冷却速度必然产生较大的淬火内应力，导致工件产生变形或裂纹，所以，淬火时在获得马氏体组织的前提下，尽量选用较缓和的冷却介质。理想的冷却介质应保证在 C

图 3.30　碳钢的淬火加热温度范围

曲线"鼻尖"附近快冷，以避免过冷奥氏体发生转变；在C曲线"鼻尖"以上或以下温度缓冷，以降低工件的热应力和组织应力。图3.31所示为理想的淬火冷却速度，但到目前为止，还没有找到完全理想的淬火冷却介质。

生产中常用的淬火冷却介质有水、油、盐或碱的水溶液。

1）水及水溶液。水在650～500℃需要快冷时，冷却速度相对较小；而在300～200℃需要慢冷时，冷却速度又相对较大，容易引起工件的变形和开裂。为了提高水在650～500℃的冷却能力，常在水中加入5%～10%的盐或碱，制成盐或碱的水溶液。盐水、碱水常用于形状简单、截面尺寸较大的碳钢工件的淬火。

图3.31　理想的淬火冷却速度

2）油。常用的淬火油有机械油、变压器油、柴油、植物油等。其优点是在300～200℃冷却较缓慢，有利于减小工件的变形；缺点是在650～550℃冷却也较慢，不利于淬硬，所以油一般用于合金钢和尺寸较小的碳钢工件的淬火。

为了减小零件淬火时的变形，盐浴或碱浴也可作为淬火介质，用于形状复杂、尺寸较小、变形要求严格的工件的分级淬火和等温淬火。

（3）常用的淬火方法。常用的淬火方法有单介质淬火、双介质淬火、分级淬火和等温淬火等，如图3.32所示。

1）单介质淬火。将钢加热到淬火温度，保温一定时间，放入一种淬火介质中一直冷却至室温的淬火方法，如图3.32中线1所示。例如碳钢在水中、合金钢在油中淬火。此方法操作简便，容易实现机械化和自动化，但水冷易变形，油冷不易淬硬。单介质淬火适用于形状简单的碳钢和合金钢工件。

图3.32　常用的淬火方法

2）双介质淬火。将钢加热到淬火温度，保温一定时间，先浸入冷却能力强的淬火介质中，待零件冷却到稍高于M_s温度时，再立即转入冷却能力弱的介质中冷却到室温的淬火方法，如图3.32中线2所示。例如碳钢的水-油淬火、合金钢的油-空气淬火等。此方法能有效地防止淬火变形和裂纹，但要求操作工人有较高的技术水平。双介质淬火适用于形状复杂的高碳钢和尺寸较大的合金钢工件。

3）分级淬火。将钢加热到淬火温度后，先浸入温度稍高于M_s点的盐浴或碱浴槽中，短时保温，待工件整体达到介质温度后取出空冷，以获得马氏体组织的淬火方法，如图3.32中线3所示。分级淬火比双介质淬火容易控制，能有效减少工件的变形和开裂，适用于形状复杂、尺寸较小的工件。

4）等温淬火。将钢加热到淬火温度后，快冷至下贝氏体转变温度区间等温，使奥氏体转变为下贝氏体组织的淬火方法，如图3.32中线4所示。等温淬火时内应力及变形很小，能获得较高的综合力学性能，但生产周期长，效率低，主要用于形状复杂、尺寸要求精确、强韧性要求高的小型工件。

（4）钢的淬透性。钢淬火的目的是获得马氏体组织，但并非任何钢种、任何成分的钢在淬火时都能在整个截面上得到马氏体，这是由淬火冷却时表面与心部冷却速度有差异所致。显然只有冷却速度大于临界冷却速度的部分才有可能获得马氏体。

钢的淬透性是指钢在淬火时获得淬硬层深度的能力，其大小通常用规定条件下淬硬层的深度来表示。淬硬层越深，其淬透性越好。凡是能增加过冷奥氏体稳定性，即使 C 曲线右移，减小钢的临界冷却速度的因素，都能提高钢的淬透性。反之，则降低淬透性。所以，钢的化学成分和奥氏体化条件是影响其淬透性的基本因素。

淬透性与淬硬性是两个完全不同的概念。淬硬性是指钢在淬火后所能达到的最高硬度的能力。淬硬性主要取决于马氏体的含碳量，合金元素对淬硬性没有显著影响，但对淬透性却有很大影响。因此，淬透性好的钢，其淬硬性不一定高。

3.2.2.3 钢的回火

回火是将淬火后的钢重新加热到 A_1 以下某一温度，保温一定时间后冷却到室温的热处理工艺。淬火后的工件不宜直接使用，必须及时进行回火。回火决定了钢的组织和性能，是重要的热处理工序，其目的是减少或消除淬火应力，防止工件变形开裂，稳定工件尺寸及获得必需的力学性能。

（1）回火的种类和应用。生产中根据回火温度不同分为低温回火、中温回火和高温回火三类。淬火后进行高温回火，称为调质。回火的工艺特点及应用范围见表3.5。

表 3.5　回火的工艺特点及应用范围

回火工艺	回火温度/℃	回火组织及硬度	特点	用途
低温回火	100～250	回火马氏体（58～64HRC）	保持了淬火马氏体的高硬度和高耐磨性，内应力和脆性有所降低	主要用于工具、滚动轴承及表面处理件
中温回火	350～500	回火托氏体（38～50HRC）	具有较高的弹性和一定的韧性	主要用于各种弹性零件，如弹簧和热作模具
高温回火	500～650	回火索氏体（25～35HRC）	具有较好的综合力学性能，即强度、硬度、塑性、韧性都比较好	广泛用于汽车、拖拉机轴类零件、齿轮和高强度螺栓、连杆等

（2）回火脆性。淬火钢回火时，随着温度的升高，通常强度、硬度降低，而塑性、韧性提高。但在某些温度范围内钢的韧性有下降的现象，这种现象称为回火脆性。按回火脆性的温度范围，可分为低温回火脆性和高温回火脆性。

1）低温回火脆性。淬火钢在250～350℃回火时出现的回火脆性，称为低温回火脆性或第一类回火脆性。几乎所有的钢都存在这类脆性，这类回火脆性是不可逆的，因此，一般应避免在此温度范围内回火。

2）高温回火脆性。一些合金钢，尤其是含 Cr、Mn、Ni 等合金元素的钢，淬火后在

450～650℃回火时也会产生回火脆性，称为高温回火脆性或第二类回火脆性。这类回火脆性是可逆的，生产中可采用快速冷却或在钢中加入 W、Mo 等合金元素来有效抑制这类回火脆性。

3.2.3 钢的表面热处理

生产中很多机械零件要求其表面具有较高的强度、硬度和耐磨性，心部则要求具有足够的塑性和韧性。这种情况可以通过表面热处理，仅使工件表面强化，来满足以上性能要求。表面热处理是指为改变工件表面的组织和性能，仅对工件表层进行的热处理工艺，包括表面淬火和化学热处理。

3.2.3.1 钢的表面淬火

表面淬火是指在不改变钢的化学成分及心部组织的情况下，利用快速加热，将表层加热到奥氏体化温度后进行淬火，使表层获得硬而耐磨的马氏体组织，而心部组织仍然不变的热处理工艺。目前生产中广泛应用的是感应加热表面淬火和火焰加热表面淬火。

1. 感应加热表面淬火

（1）感应加热表面淬火的原理。如图 3.33 所示，将工件放入铜管制成的感应器（线圈）中，并通入一定频率的交流电，在感应器周围将产生一个频率相同的交变磁场，于是在工件表面就会产生频率相同、方向相反的感应电流，这个电流在工件内形成回路，称为涡流。涡流在工件内分布是不均匀的，表层电流密度大，心部电流密度小，这种现象称为"集肤效应"。由于钢本身具有电阻，因而集中于工件表层的涡流将产生电阻热使工件表层迅速加热到淬火温度，然后立即喷水快速冷却，工件表层即被淬硬，从而达到表面淬火的目的。

图 3.33　感应加热表面淬火的原理

感应加热表面淬火后，要进行 180～200℃ 的低温回火，以降低淬火应力，保持高硬度高耐磨性。

（2）感应加热表面淬火的种类及应用范围。根据所用电流频率的不同，可分为高频感应加热、中频感应加热和工频感应加热三种，见表 3.6。

表 3.6　感应加热表面淬火的种类及应用范围

感应加热的种类	常用频率	淬硬深度	应用范围
高频感应加热	200～300kHz	0.5～2mm	淬硬层要求较薄的中小模数齿轮和中小尺寸的轴类零件
中频感应加热	2.5～8kHz	2～10mm	大、中模数齿轮和较大直径的轴类零件
工频感应加热	50Hz	10～20mm	大直径零件如轧辊、火车车轮等

（3）感应加热表面淬火的特点。与普通淬火相比，感应加热表面淬火具有加热速度快、加热温度高、淬火质量好、生产效率高等特点，但感应加热设备较贵，维修调整较困难，形状复杂的零件不易制作感应器，不适于单件生产。

感应淬火最适宜的钢种是中碳钢和中碳合金钢，也可用于高碳工具钢、低合金工具钢及铸铁等。一般表面淬火前应对工件进行正火或调质，以保证心部有良好的力学性能。

2. 火焰加热表面淬火

火焰加热表面淬火是利用氧-乙炔或煤气-氧的混合气体燃烧的火焰，将工件表层快速加热到淬火温度，然后立即喷水快速冷却的热处理工艺，如图 3.34 所示。火焰加热表面淬火的淬硬层深度一般为 2～8mm。

图 3.34　火焰加热表面淬火示意图

火焰加热表面淬火具有操作简便、设备简单、成本低等优点，但也有加热温度不够均匀、淬火质量较难控制的缺点，适用于单件、小批生产以及大型零件的表面淬火。

3.2.3.2　钢的化学热处理

化学热处理是将工件置于一定温度的活性介质中，使一种或几种元素渗入工件的表层，以改变其化学成分、组织和性能的热处理工艺。与表面淬火相比，化学热处理不仅改变表层的组织，还改变其化学成分，获得一般表面淬火达不到的特殊性能（如耐热性、耐蚀性以及减磨性等），从而提高钢的使用性能，延长使用寿命。

化学热处理的方法很多，目前最常用的方法有渗碳、渗氮和碳氮共渗等。

（1）钢的渗碳。渗碳是将工件在渗碳介质中加热并保温，使碳原子渗入工件表层的化学热处理工艺。

1）渗碳的目的及应用。渗碳用钢为低碳钢和低碳合金钢。渗碳的目的是提高工件表层碳的质量分数，经淬火和低温回火后，提高工件表面的硬度和耐磨性，而心部仍然保持良好的塑性和韧性。渗碳一般用于在较大冲击载荷和在严重磨损条件下工作的零件，如汽车变速齿轮、活塞销、摩擦片、套筒等。

2）渗碳方法。根据渗碳剂的不同，渗碳方法可分为固体渗碳、液体渗碳和气体渗碳三种，常用的是气体渗碳。图 3.35 所示是气体渗碳示意图，即将工件置于密封的井式气体渗碳炉中，加热到 930℃ 左右，滴入容易分解和气化的有机液体（煤油、甲醇、苯等）并保温一定时间，使渗碳介质在高温下分解出活性碳原子，并被工件表面吸收，被吸收的活性碳原子由表面逐渐向工件内部扩散，形成具有一定深度的渗碳层。渗碳后，渗层深度可达 0.2～2.5mm，表层碳的质量分数以 0.85%～1.05% 为最佳。

图 3.35　气体渗碳示意图

3）渗碳件的热处理及性能。工件渗碳后必须进行淬火和低温回火才能达到预期的性能。经渗碳、淬火、低温回火处理后，工件表面硬度可达 58～64HRC，耐磨性较好，心部硬度可达 30～45HRC，具有较高的强度、韧性和一定的塑性。

（2）钢的渗氮。渗氮也称氮化，是将工件在渗氮介质中加热并保温，使氮原子渗入工件表层的化学热处理工艺。其目的是提高工件表面的硬度、耐磨性、疲劳强度和耐腐蚀性。

常用的渗氮方法有气体渗氮和离子渗氮两种。气体渗氮是将工件置于通入氨气的井式渗氮炉中，加热到 500～570℃，使氨气分解出活性氮原子，活性氮原子被工件表面吸收，并向内部逐渐扩散形成具有一定深度的渗氮层。渗氮层深度一般为 0.1～0.6mm，其渗氮时间为 40～70h，故气体渗氮生产周期很长。

与渗碳相比，气体渗氮工件表面硬度更高，可达到 1 000～1 200HV（相当于 69～72HRC）。渗氮温度较低，且渗氮后不需要进行其他热处理即可达到较高的硬度，因此渗氮件变形较小。渗氮层的耐磨性、耐腐蚀性、热硬性及疲劳强度均高于渗碳层，但渗氮层薄而脆，渗氮周期较长，生产效率低。因此渗氮主要应用于耐磨、耐高温、耐腐蚀的精密零件，如精密齿轮、精密机床主轴、汽轮机阀门及阀杆、发动机气缸和排气阀等。

（3）钢的碳氮共渗。碳氮共渗是在一定温度下，同时将碳、氮原子渗入工件表层的化学热处理工艺。以中温气体碳氮共渗和低温气体碳氮共渗应用较为广泛。

中温气体碳氮共渗实质上是以渗碳为主的共渗工艺。零件经共渗后须进行淬火及低温回火。中温气体碳氮共渗主要用于低碳及中碳结构钢零件，如汽车和机床上的各种齿轮、蜗轮、蜗杆和轴类零件等。

低温气体碳氮共渗实质上是以渗氮为主的共渗工艺。与一般渗氮相比渗层脆性较小，故又称软氮化。这种工艺生产周期短，成本低，零件变形小，不受钢材限制，常用于汽车、机床上的小型轴类、齿轮以及模具、量具和刀具等。

3.3　碳素钢

碳素钢简称碳钢，通常指碳的质量分数小于 2.11% 的铁碳合金。其具有较好的力学性能和工艺性能，而且冶炼方便、价格低廉，因此是制造各种机器、工程结构、量具和刀具等最主要的材料，在汽车零件制造中也得到广泛的应用。图 3.36 所示为常见碳素钢制造的汽车零件。

3.3.1　常规杂质对钢性能的影响

实际生产中使用的碳钢，不单纯是铁碳合金，还包含有锰、硅、硫、磷等常规杂质元素，它们对钢的性能有一定影响。

3.3.1.1　锰

锰是炼钢时用锰铁脱氧而残留在钢中的。锰大部分溶于铁素体，形成置换固溶体，因

（a）低碳钢制造的油底壳

（b）低碳钢制造的气缸盖罩

（c）中碳钢制造的连杆

（d）中碳钢制造的曲轴

图 3.36 常见碳素钢制造的汽车零件

此具有固溶强化的作用。锰还能和钢中的硫形成高熔点（1 620℃）的 MnS，从而减轻硫的有害影响。同时，锰还能增加珠光体的相对质量分数，并使珠光体细化，从而提高钢的强度。因此，锰是钢中的有益元素。碳钢中，锰的质量分数一般在 0.25%～0.80%。当钢中锰的质量分数较小时，对钢的性能影响不明显。

3.3.1.2 硅

硅是炼钢时用硅铁脱氧而残留在钢中的，其脱氧能力比锰强。硅能溶于铁素体，也具有固溶强化的作用，但同时降低了钢的韧性和塑性。碳钢中，硅的质量分数一般在 0.17%～0.37%。当钢中硅的质量分数较小时，对钢的性能影响不明显。硅也是钢中的有益元素。

3.3.1.3 硫

硫是炼钢时由矿石和燃料带入钢中的，难以除尽。硫在钢中常以 FeS 的形式存在，而 FeS 和硫能形成熔点较低（985℃）的共晶体分布在晶界上，当钢加热到 1 000～1 200℃进行热加工时，共晶体将熔化，而使钢材变得极脆，这种现象称为热脆。

硫对钢的焊接性能有不良影响，会导致焊缝的热裂现象。对于铸钢件，硫的质量分数高时，也会出现热裂现象。因此，硫是钢中的有害元素，必须严格控制钢中硫的质量分数，一般小于 0.05%。

3.3.1.4 磷

磷也是炼钢时由矿石带入钢中的。极少量的磷就能显著降低钢的塑性与韧性，在低温时更为严重，这种在低温时使钢严重变脆的现象，称为冷脆。因此，磷也是钢中的有害元素，钢中磷的质量分数一般小于 0.045%。

在某些情况下，硫、磷对钢也有有利的一面。如易切钢就是含硫、磷较高的钢。由于硫、磷含量较高，钢的塑性、韧性差，切削加工时切屑易碎断，不易磨损刀具，因此适宜高速切削。再如，在炮弹钢中加入较多的磷，可使炮弹爆炸时碎片增多，提高杀伤力。

汽车应用材料

3.3.2 碳钢的分类

3.3.2.1 按碳的质量分数分类

（1）低碳钢：是指碳的质量分数 $w_C \leq 0.25\%$ 的钢。

（2）中碳钢：是指碳的质量分数 $0.25\% < w_C \leq 0.60\%$ 的钢。

（3）高碳钢：是指碳的质量分数 $w_C > 0.60\%$ 的钢。

3.3.2.2 按钢的质量分类

根据钢中有害元素硫、磷的质量分数可分为如下几种。

（1）普通碳素钢：$w_S < 0.055\%$，$w_P < 0.045\%$。

（2）优质碳素钢：$w_S < 0.040\%$，$w_P < 0.040\%$。

（3）高级优质碳素钢：$w_S < 0.030\%$，$w_P < 0.035\%$。

（4）特级优质碳素钢：$w_S < 0.025\%$，$w_P < 0.030\%$。

3.3.2.3 按钢的用途分类

（1）碳素结构钢：用于制造汽车零件和工程构件，多为低碳钢和中碳钢。

（2）碳素工具钢：用于制造刀具、量具和模具，多为高碳钢。

此外，按炼钢的脱氧程度分类，可分为镇静钢（脱氧程度完全）、沸腾钢（脱氧程度不完全）和半镇静钢（脱氧程度不十分完全）等。

3.3.3 碳钢的牌号、性能和用途

3.3.3.1 普通碳素结构钢

国家标准《碳素结构钢》（GB/T 700—2006）规定，普通碳素结构钢的牌号由代表屈服强度的字母、屈服强度数值、质量等级符号、脱氧方法符号四部分按顺序组成。其中，质量等级符号 A、B、C、D 表示钢材的不同质量等级，A 级钢硫、磷质量分数最高，D 级钢硫、磷质量分数最低，即 A、B、C、D 表示钢材质量依次提高；脱氧方法符号 F、b、Z、TZ 表示钢材的不同脱氧方法，F 表示沸腾钢，b 表示半镇静钢，Z 表示镇静钢，TZ 表示特殊镇静钢。例如 Q235AF 表示屈服强度为 235MPa 的 A 级沸腾钢。常用普通碳素结构钢的牌号、化学成分及力学性能见表 3.7。

由于普通碳素结构钢碳的质量分数较低，而硫、磷等有害元素含量较多，故强度不够高。但这类钢塑性、韧性好，焊接性能优良，冶炼方便，价格便宜，使用时一般不进行热处理。普通碳素结构钢一般作为工程用钢，广泛应用于建筑、桥梁、船舶、车辆等工程，也可用于制造不重要的机器零件。如汽车传动轴间支架，发动机前后支架，后视镜支架，3、4、5 挡同步器锥盘，差速器螺栓锁片，车轮轮辐，驻车制动操纵杆棘爪和齿板等要求不高的汽车零件，都是由普通碳素结构钢制造的。常用普通碳素结构钢在汽车上的应用见表 3.8。

表 3.7　常用普通碳素结构钢的牌号化学成分及力学性能

牌号	等级	化学成分（%）不大于					力学性能											
							屈服强度 R_{eL}（MPa）						抗拉强度 R_m（MPa）	断后伸长率 A/%				
		C	Mn	Si	S	P	钢材厚度（直径）/mm							钢材厚度（直径）/mm				
							≤16	>16~40	>40~60	>60~100	>100~150	>150		≤40	>40~60	>60~100	>100~150	>150
Q195	—	0.12	0.50	0.30	0.050	0.045	195	185	—	—	—	—	315~430	33	—	—	—	—
Q215	A	0.15	1.20	0.30	0.050	0.045	215	205	195	185	175	165	335~450	31	30	29	27	26
	B				0.045	0.045												
Q235	A	0.22	1.40	0.30	0.050	0.045	235	225	215	205	195	185	370~500	26	25	24	22	21
	B	0.20			0.045	0.045												
	C	0.18			0.040	0.040												
	D	0.17			0.035	0.035												
Q275	A	0.24	1.50	0.35	0.050	0.045	275	265	255	245	225	215	410~540	22	21	20	18	17
	B	0.21			0.045	0.045												
	C	0.22			0.040	0.040												
	D	0.20			0.035	0.035												

表 3.8　常用普通碳素结构钢在汽车上的应用

牌号	应用举例
Q235A	传动轴中间轴承支架、发动机支架、后视镜支架、油底壳甲醛板、车轮轮辐等
Q235AF	机油滤清器法兰、发动机连接板、前钢板弹簧夹箍、后视镜支架等
Q235B	同步器锥盘、差速器螺栓锁片、驻车制动操纵杆棘爪和齿板等
Q235BF	消声器后支架、放水龙头手柄夹持架、百叶窗叶片等

3.3.3.2　优质碳素结构钢

优质碳素结构钢是应用极为广泛的机械制造用钢。与普通碳素结构钢相比，其硫、磷等有害元素含量较少，因而强度较高，塑性和韧性较好，经过热处理后还可以进一步调整和改善其力学性能，因此，常用于制造较重要的机械零件。国家标准《优质碳素结构钢》（GB/T 699—2015）规定，优质碳素结构钢的牌号用两位数字表示，数字表示钢中平均碳的质量分数的万分之几。如牌号 45 表示其平均碳的质量分数为万分之 45，即 0.45%。对于较高含锰量（w_{Mn}＝0.70%～1.00%）的优质碳素结构钢，则在对应牌号后加 Mn 表示，如 45Mn、65Mn 等。若为沸腾钢，则在对应牌号后加 F 表示，如 08F、10F 等。

常用优质碳素结构钢的牌号、化学成分及力学性能见表 3.9。

表 3.9　常用优质碳素结构钢的牌号、化学成分及力学性能

牌号	化学成分/%					力学性能					钢材交货状态硬度 HBS≤	
	C	Si	Mn	S	P	R_{el}/MPa	R_m/MPa	A/%	Z/%	A_K/J	热轧钢	退火钢
						不小于						
08F	0.05～0.11	≤0.03	0.25～0.50	≤0.040	≤0.040	175	295	35	60	—	131	—
10F	0.07～0.14	≤0.07	0.25～0.50	≤0.040	≤0.040	185	315	33	55	—	137	—
10	0.07～0.14	0.17～0.37	0.35～0.65	≤0.035	≤0.040	205	335	31	55	—	137	—
15	0.12～0.19	0.17～0.37	0.35～0.65	≤0.040	≤0.040	225	375	27	55	—	143	—
20	0.17～0.24	0.17～0.37	0.35～0.65	≤0.040	≤0.040	245	410	25	55	—	156	—
25	0.22～0.30	0.17～0.37	0.50～0.80	≤0.040	≤0.040	275	450	23	50	71	170	—
30	0.27～0.35	0.17～0.37	0.50～0.80	≤0.040	≤0.040	295	490	21	50	63	179	—
35	0.32～0.40	0.17～0.37	0.50～0.80	≤0.040	≤0.040	315	530	20	45	55	189	—
40	0.37～0.45	0.17～0.37	0.50～0.80	≤0.040	≤0.040	335	570	19	45	47	217	187
45	0.42～0.50	0.17～0.37	0.50～0.80	≤0.040	≤0.040	355	600	16	40	39	241	197
50	0.47～0.55	0.17～0.37	0.50～0.80	≤0.040	≤0.040	375	630	14	40	31	241	207
55	0.52～0.60	0.17～0.37	0.50～0.80	≤0.040	≤0.040	380	645	13	35	—	255	217
60	0.57～0.65	0.17～0.37	0.50～0.80	≤0.040	≤0.040	400	675	12	35	—	255	229
65	0.62～0.70	0.17～0.37	0.50～0.80	≤0.040	≤0.040	410	695	10	35	—	255	229
70	0.67～0.75	0.17～0.37	0.50～0.80	≤0.040	≤0.040	420	715	9	30	—	269	229
75	0.72～0.80	0.17～0.37	0.50～0.80	≤0.040	≤0.040	880	1080	7	30	—	285	241
80	0.77～0.85	0.17～0.37	0.50～0.80	≤0.040	≤0.040	930	1080	6	30	—	285	241
85	0.82～0.90	0.17～0.37	0.50～0.80	≤0.040	≤0.040	980	1130	6	30	—	302	255

续表

牌号	化学成分/%					力学性能						
	C	Si	Mn	S	P	R_{eL} /MPa	R_m /MPa	A /%	Z /%	A_K /J	钢材交货状态硬度 HBS≤	
						不小于					热轧钢	退火钢
15Mn	0.12~0.19	0.17~0.37	0.70~1.00	≤0.040	≤0.040	245	410	26	55	—	163	
20Mn	0.17~0.24	0.17~0.37	0.70~1.00	≤0.040	≤0.040	275	450	24	50	—	197	
25Mn	0.22~0.30	0.17~0.37	0.70~1.00	≤0.040	≤0.040	295	490	22	50	71	207	
30Mn	0.27~0.35	0.17~0.37	0.70~1.00	≤0.040	≤0.040	315	540	20	45	63	217	187
35Mn	0.32~0.40	0.17~0.37	0.70~1.00	≤0.040	≤0.040	335	560	19	45	55	229	197
40Mn	0.37~0.45	0.17~0.37	0.70~1.00	≤0.040	≤0.040	355	590	17	45	47	229	207
45Mn	0.42~0.50	0.17~0.37	0.70~1.00	≤0.040	≤0.040	375	620	15	40	39	241	217
50Mn	0.47~0.55	0.17~0.37	0.70~1.00	≤0.040	≤0.040	390	645	13	40	31	255	217
60Mn	0.57~0.65	0.17~0.37	0.70~1.00	≤0.040	≤0.040	410	695	11	35	—	269	229
65Mn	0.62~0.70	0.17~0.37	0.70~1.00	≤0.040	≤0.040	430	735	9	30	—	285	229
70Mn	0.67~0.75	0.17~0.37	0.70~1.00	≤0.040	≤0.040	450	785	8	30	—	285	229

　　由表 3.9 可知，优质碳素结构钢中的低碳钢，强度、硬度不高，但是塑性、韧性以及焊接性能良好，常用于制作各种冲压件、焊接件和强度要求不高的零件，如发动机油底壳、油箱、车身外壳、离合器盖、变速叉、轮胎螺栓和螺母等；中碳钢具有较高的强度和硬度，切削加工性能良好，经过热处理后具有良好的综合力学性能，常用于制作受力较大的汽车零件，如曲轴齿轮、飞轮齿轮、万向节叉、离合器从动盘、连杆等；高碳钢具有高的强度、硬度和良好的弹性，常用于制作各种弹性件和耐磨件，如气门弹簧、离合器压盘弹簧、活塞销卡簧、空气压缩机阀片、弹簧垫圈等。

　　常用优质碳素结构钢在汽车上的应用见表 3.10。

表 3.10　常用优质碳素结构钢在汽车上的应用

牌号	种类	主要性能	应用举例
08F，10F，15F	低碳沸腾钢	强度、硬度很低，焊接性能良好	驾驶室外壳、油底壳、油箱、离合器盖等冲压件
10，15，20，25	低碳钢	强度、硬度低，塑性、韧性和焊接性能良好	轮胎螺栓、螺母、发动机气门调整螺钉、离合器调整螺栓、曲轴箱调整螺栓、离合器分离杠杆、风扇叶片、驻车制动杆等
30，35，40，45，50，55	中碳钢	综合力学性能良好	曲轴正时齿轮、半轴螺栓锥形套、机油泵齿轮、连杆螺母、气缸盖定位销、气门推杆、同步器锁销、变速杆、凸轮轴、曲轴、离合器踏板轴及分离叉、离合器从动盘等
60，65，70	高碳钢	经热处理后有较高的强度、硬度和弹性	气门弹簧、转向纵拉杆弹簧、离合器压盘弹簧、活塞销卡簧、拖曳钩弹簧等

3.3.3.3　碳素工具钢

　　碳素工具钢的牌号是用"碳"字汉语拼音首位字母 T 加上数字表示。数字表示钢中平均碳的质量分数的千分之几。如牌号 T8、T12 分别表示其平均碳的质量分数为 0.8% 和 1.2%。若是高级优质碳素工具钢，则在数字后面加符号 A，如 T10A。详见国家标准《工模具钢》（GB/T 1299—2014）。由于碳素工具钢的热硬性（即在高温时仍保持切削所需硬度的能力）较差，热处理变形较大，因此，仅适用于制造不太精密的模具、木工工具和金属切削的低速手用刀具，如锉刀、锯条、手用丝锥等。

常用碳素工具钢的牌号、化学成分及用途见表 3.11。

表 3.11　常用碳素工具钢的牌号、化学成分及用途

| 牌号 | 化学成分/% | | | 硬度 | | 用途举例 |
	C	Si	Mn	供应状态 HB（不大于）	淬火后 HRC（不小于）	
T7 T7A	0.65～0.74			187	62	承受冲击，韧性较好、硬度适当的工具，如扁铲、手钳、大锤、螺钉旋具、木工工具等
T8 T8A	0.75～0.84			187	62	承受冲击，要求较高硬度的工具，如冲头、压缩空气工具、木工工具等
T9 T9A	0.85～0.94	≤0.35	≤0.40	192	62	韧性中等，硬度要求较高的工具，如冲头、木工工具、凿岩工具等
T10 T10A	0.95～1.04			197	62	不受剧烈冲击，要求高硬度、高耐磨性的工具，如车刀、刨刀、丝锥、钻头、手锯条等
T12 T12A	1.15～1.24			207	62	不受冲击，要求高硬度、高耐磨性的工具，如锉刀、刮刀、精车刀、螺钉旋具、量具等
T13 T13A	1.25～1.35			217	62	不受冲击，要求更耐磨的工具，如刮刀、剃刀等

3.3.3.4　铸钢

铸钢是冶炼后直接铸造成型的钢种。在实际生产中，一些形状复杂、在工艺上又很难用锻压方法成型，而且要求有较高的强度和塑性，并承受冲击载荷的大型零件，通常采用铸钢制造，如汽车的变速箱壳、机车车辆的车钩和联轴器等。铸钢的铸造性能比铸铁差，但力学性能比铸铁好。随着铸造技术的进步，铸钢件在组织、性能、精度和表面粗糙度等方面都已接近锻钢件，可以不经切削加工或只需少量切削加工后使用，能大量节约钢材，降低成本，因此得到了更加广泛的应用。

铸钢的牌号有两种表示方法：用力学性能表示时，用"铸"和"钢"两字汉语拼音首位字母 ZG 后加两组数字表示，第一组数字表示屈服强度的最低值，第二组数字表示抗拉强度的最低值。例如 ZG200-400，表示 $R_{eL} \geqslant 200MPa$，$R_m \geqslant 400MPa$ 的铸钢；用化学成分表示时，在"ZG"后面的一组数字表示铸钢中碳的平均质量分数的万分之几，其后面排列的是各主要合金元素符号及质量分数。如 ZG37SiMn2MoV 钢，表示其碳的平均质量

分数为 0.37%，锰的平均质量分数为 2%，硅、钼、钒的平均质量分数均小于 1.5%。低合金铸钢是在碳素铸钢基础上，提高锰、硅的含量，以发挥其合金化的作用，另外还添加铬、钼等合金元素。常用牌号有 ZG40Cr、ZG40Mn 和 ZG35CrMo 等。低合金铸钢的综合力学性能明显优于碳素铸钢，大多数用于承受较重载荷、冲击和摩擦的机械零件，如各种高强度齿轮、高速列车车钩等。为充分发挥低合金铸钢的性能，通常对其进行退火、正火、调质和表面强化热处理。详见国家标准《铸钢牌号表示方法》（GB/T 5613—2014）。

铸钢主要有碳素铸钢和低合金铸钢两大类。碳素铸钢按用途分为一般工程用碳素铸钢和焊接结构用碳素铸钢，见表 3.12。

表 3.12 碳素铸钢的牌号、力学性能与用途

种类	牌号	对应旧牌号	力学性能（≥）					应用举例
			R_{eL} /MPa	R_m /MPa	A/%	Z/%	A_K/J	
一般工程用碳素铸钢	ZG200 - 400	ZG15	200	400	25	40	30	良好的塑性、韧性和焊接性能，用于受力不大、要求高韧性的零件
	ZG230 - 450	ZG25	230	450	22	32	25	一定的强度、较好的韧性和焊接性能，用于受力不大、要求高韧性的零件
	ZG270 - 500	ZG35	270	500	18	25	22	较高的强韧性，用于受力较大且有一定韧性要求的零件，如连杆、曲轴
	ZG310 - 570	ZG45	310	570	15	21	15	较高的强度和较低的韧性，用于载荷较高的零件，如大齿轮、制动轮
	ZG340 - 640	ZG55	340	640	10	18	10	高的强度、硬度和耐磨性，用于齿轮、棘轮、联轴器叉头等
焊接结构用碳素铸钢	ZG200 - 400H	ZG15	200	400	25	40	30	由于碳的质量分数偏下限，故焊接性能优良，其用途基本与 ZG200 - 400、ZG230 - 450、ZG270 - 500 相同
	ZG230 - 450H	ZG20	230	450	22	35	25	
	ZG275 - 485H	ZG25	275	485	20	35	22	

常用铸造碳钢在汽车上的应用见表 3.13。

表 3.13 常用铸造碳钢在汽车上的应用

牌号	应用举例
ZG270 - 500	机油管法兰、化油器活接头、车门限制器限制块等
ZG310 - 570	进排气歧管压板、风扇过渡法兰、前减振器下支架、变速叉、起动爪等
ZG340 - 640	齿轮、棘轮等

3.4 合金钢

汽车上一些受力复杂的重要零件，如变速器齿轮、半轴、活塞销、气门等，如果采用碳素钢制造，并不能满足其性能要求。因此，在汽车制造中还广泛应用了合金钢。所谓合金钢，是指在碳素钢的基础上，为了改善钢的某些性能，在冶炼时有目的地加入一些合金元素炼成的钢。常用的合金元素有硅（Si）、锰（Mn）、铬（Cr）、镍（Ni）、钨（W）、钼（Mo）、钒（V）、硼（B）、铝（Al）、钛（Ti）和稀土元素（RE）等。

合金钢和碳素钢相比有许多优点：在相同的淬火条件下，能获得更深的淬硬层；具有良好的综合力学性能；具有良好的耐磨性、耐腐蚀性和耐高温性等特殊性能。但合金钢冶炼成本高，价格昂贵，焊接和热处理工艺性也较为复杂。虽然如此，为保证使用的可靠性，汽车上的重要零件大多采用合金钢制造。常见的用合金钢制造的汽车零件如图 3.37 所示。

（a）变速器齿轮　（b）减速器齿轮　　（c）活塞销　　　（d）十字轴

（e）半轴　　　　（f）气门　　　（g）气门弹簧　（h）圆锥滚子轴承

图 3.37　常见的用合金钢制造的汽车零件

3.4.1　合金钢的分类及牌号

3.4.1.1　合金钢的分类

合金钢的分类方法很多，可以按照用途、合金元素的含量、合金元素的种类和金相组织进行分类，常见的分类方法有以下几种。

1. 按合金钢的用途分类

（1）合金结构钢。用来制造各种重要机械零件和工程结构。

（2）合金工具钢。用来制造各种重要的加工工具，如刃具、量具和模具等。

（3）特殊性能钢。用来制造具有特殊性能要求的结构件和机械零件。

2. 按合金元素的含量分类

（1）低合金钢。合金元素总含量小于 5%。

（2）中合金钢。合金元素总含量为 5%～10%。

（3）高合金钢。合金元素总含量大于 10%。

此外，按合金元素的种类分类，有锰钢、铬钢、硅锰钢等。按正火后的组织不同分为珠光体钢、马氏体钢、铁素体钢等。

3.4.1.2　合金钢的牌号

合金钢的牌号采用"数字＋合金元素符号＋数字"的方法表示。

1. 合金结构钢

合金结构钢牌号的前两位数字表示钢中碳的平均质量分数，以万分数计。合金元素符号后面的数字表示该元素的平均质量分数，若合金元素的平均质量分数小于 1.5%，一般不标出。例如：60Si2Mn，表示碳的平均质量分数为 0.60%，硅的平均质量分数为 2%，锰的平均质量分数小于 1.5% 的合金结构钢。详见国家标准《合金结构钢》（GB/T 3077—2015）。

2. 合金工具钢

合金工具钢牌号的前一位数字表示钢中碳的平均质量分数，以千分数计。若碳的平均质量分数超过 1%，一般不标出。合金元素平均质量分数的表示方法同合金结构钢。例如：9SiCr，表示碳的平均质量分数为 0.9%，硅和铬的平均质量分数均小于 1.5% 的合金工具钢；Cr12MoV，表示碳的平均质量分数大于 1%，铬的平均质量分数为 12%，钼和钒的平均质量分数均小于 1.5% 的合金工具钢。高速钢的碳的平均质量分数的表示方法有所不同，虽然其碳的质量分数小于 1%，但也不标出。例如：W18Cr4V。详见国家标准《工模具钢》（GB/T 1299—2014）。

3. 滚动轴承钢

滚动轴承钢牌号的表示方法与合金工具钢基本相同，要注意的是铬元素后面的数字是表示含铬量的千分之几，并在牌号前冠上字母 G。例如，GCr15SiMn 表示铬的平均质量分数为 1.5%，硅和锰的平均质量分数均小于 1.5% 的滚动轴承钢。

4. 特殊性能钢

特殊性能钢牌号的表示方法与合金工具钢基本相同，只是当碳的平均质量分数小于 0.1% 时，用 0 表示；碳的平均质量分数小于 0.03% 时，用 00 表示。例如：0Cr13，表示碳的平均质量分数小于 0.1%，铬的平均质量分数为 13% 的特殊性能钢；00Cr30Mo2，表示碳的平均质量分数小于 0.03%，铬的平均质量分数为 30%，钼的平均质量分数为 2% 的特殊性能钢。

3.4.2　合金结构钢

合金结构钢是在优质或高级优质碳素结构钢的基础上加入适量合金元素的钢，按其用途可分为工程用钢和机械制造用钢两大类。工程用钢主要用于制造汽车大梁等各种工程构件，工程用钢的合金元素含量较少，所以又称为低合金结构钢，常用的有低合金高强度结构钢。机械制造用钢主要用于制造各种机械零件，按其用途和热处理特点不同，又分为合金渗碳钢、合金调质钢、合金弹簧钢和滚动轴承钢等。

3.4.2.1　低合金高强度结构钢

低合金高强度结构钢的碳的质量分数在 0.12%~0.25%，合金元素的含量一般小于 3%，其成分特点为低碳、低合金元素含量，所加入的合金元素主要有锰、钒、钛等。由于合金元素的存在，低合金高强度结构钢比相同含碳量的碳素钢的强度高 30%~50%，并且具有良好的塑性、韧性、耐腐蚀性和焊接性，还具有比碳素钢更低的韧脆转变温度（一般为 -30° 左右），这对北方高寒地区使用的构件及运输工具，具有十分重要的意义。

低合金高强度结构钢一般经热轧，在空气中冷却后而成，加工成构件后不需要热处理就可以直接使用。用低合金高强度结构钢替代碳素钢可以提高构件强度，减轻构件重量，延长使用寿命。低合金高强度结构钢广泛用于制造桥梁、船舶、车辆和高压容器等。

低合金高强度结构钢的牌号表示方法与碳素结构钢相同，常用低合金高强度结构钢的牌号、力学性能及用途见表3.14，常用低合金高强度结构钢在汽车上的应用见表3.15。

表3.14　常用低合金高强度结构钢的牌号、力学性能及用途

牌号	质量等级	力学性能				相当于旧牌号	用途举例
		R_{eL}/MPa	R_m/MPa	A/%	A_K/J		
Q295	A B	295	390～570	23 23	— 34（20°）	09MnV 09MnVNb 09Mn2 12Mn	车辆冲压件，建筑金属构件，输油管，储油罐，低压锅炉汽包，低、中压容器，有低温要求的金属构件
Q345	A B C D E	345	470～630	21 21 22 22 22	— 34（20°） 34（0°） 34（−20°） 27（−40°）	12MnV 14MnNb 16Mn 18Nb 16MnRE	各种大型船舶，铁路车辆，桥梁，管道，锅炉，压力容器，石油储罐，起重及矿山机械，建筑结构
Q390	A B C D E	390	490～650	19 19 20 20 20	— 34（20°） 34（0°） 34（−20°） 27（−40°）	15MnV 15MnTi 16MnNb	中、高压汽包，中、高压石油化工设备，大型船舶、桥梁，车辆及其他承受较高载荷的大型焊接结构
Q420	A B C D E	420	520～680	18 18 19 19 19	— 34（20°） 34（0°） 34（−20°） 27（−40°）	15MnVN 14MnVTiRE	中、高压锅炉及压力容器，大型船舶，车辆，电站设备
Q460	C D E	460	550～720	17 17 17	34（0°） 34（−20°） 27（−40°）	14MnMoV 18MnMoNb	中温高压容器（＜120℃），锅炉，化工、石油高压厚壁容器（＜100℃），鸟巢

注：表中各牌号试样尺寸为厚度（直径）小于16mm。

表3.15　常用低合金高强度结构钢在汽车上的应用

牌号	应用举例
Q295A	水箱固定架底板、风扇叶片、车架横梁等
Q345B	车架纵梁、车架横梁、油箱托架、车架角撑、蓄电池固定厚板等
Q390B	车架前横梁、车架中横梁、前保险杠、车架角撑等

3.4.2.2　合金渗碳钢

合金渗碳钢是用于制造渗碳零件的钢。这类钢中碳的平均质量分数在0.10%～0.25%。通过渗碳处理使表面达到高碳（$w_C = 0.85\% \sim 1.05\%$），而心部仍是较低的含碳量，使这类钢经热处理后可以达到"表硬心韧"的性能，即能保证钢的表面具有高的强度和硬度，而心部具有足够的塑性和韧性。钢中常加入铬、镍、锰、硼等合金元素以提高钢的强度和淬透性，加入钒、钛等元素用以细化晶粒，提高渗碳层的耐磨性。

汽车上有许多零件是在高速、重载荷、强烈冲击和剧烈摩擦的状态下工作的，如变速齿轮、万向节十字轴、活塞销和气门挺杆等。它们的表面要求具有高硬度、高耐磨性，心部则要求具有高的强度和韧性，因而这些零件大多采用合金渗碳钢制造。

合金渗碳钢种类很多，在汽车上用量也很大，以15Cr、20Cr、18CrMnTi、20CrMnTi及20MnTiB的使用最为广泛。近几年，含硼的渗碳钢（20Mn2B、20MnVB）在汽车中也被广泛采用，并用来代替20CrMnTi以节约贵重合金元素铬。

常用合金渗碳钢的牌号、力学性能及用途见表3.16，常用合金渗碳钢在汽车上的应用见表3.17。

表 3.16　常用合金渗碳钢的牌号、力学性能及用途

牌号	热处理工艺				力学性能（不小于）					用途举例
	渗碳/℃	第一次淬火温度/℃	第二次淬火温度/℃	回火温度/℃	$R_{eL}/$ MPa	$R_m/$ MPa	$A/\%$	$Z/\%$	A_K/J	
20Mn2		850 水、油	—		590	785	10	40	47	代替 20Cr 等
15Cr		880 水、油	780 水、820 油		490	735	11	45	55	船舶主机螺钉、活塞销、凸轮、机车小零件及心部韧性高的渗碳零件
20Cr		880 水、油	780 水、820 油		540	835	10	40	47	机床齿轮、齿轮轴、蜗杆、活塞销及气门顶杆等
20MnV		880 水、油	—		590	735	10	40	55	代替 20Cr 等
20CrMnTi	900～950	880 油	870 油	200 水、空气	853	1080	10	45	55	汽车、拖拉机的齿轮，凸轮，是 Cr-Ni 钢的代用品
20Mn2B		880 油	—		885	1080	10	50	55	代替 20Cr、20CrMnTi 等
12CrNi3		860 油	780 油		685	930	11	50	71	大齿轮、轴
20CrMnMo		850 油	—		885	1175	10	45	55	代替含镍较高的渗碳钢作大型拖拉机齿轮、活塞销等大截面渗碳件
20MnVB		860 油	—		885	1080	10	45	55	代替 20CrMnTi、20CrNi 等
12Cr2Ni4		860 油	780 油		835	1080	10	50	71	大齿轮、轴
20Cr2Ni4		880 油	780 油		1080	1175	10	45	63	大型渗碳齿轮、轴及飞机发动机齿轮
18Cr2Ni4WA		950 空气	850 空气		835	1175	10	45	78	坦克齿轮及高速柴油机、飞机发动机曲轴、齿轮

注：表中各牌号力学性能试验用试样尺寸为厚度（直径）15mm。

表 3.17 常用合金渗碳钢在汽车上的应用

牌号	应用举例
15Cr	活塞销、气门挺杆及调整螺栓、气门弹簧座等
20CrMnTi	变速齿轮、齿套、半轴齿轮、万向节和差速器十字轴等
15MnVB	变速轴、变速齿轮、齿套、钢板弹簧中心螺栓等
20MnVB	减速器齿轮、万向节十字轴、差速器十字轴、传动轴十字轴等

3.4.2.3 合金调质钢

在汽车结构中某些重要零件，如发动机的连杆、汽车底盘的万向节和半轴等，都在多种载荷下工作，承受载荷情况较为复杂。因此，既要求零件具有良好的综合力学性能（良好的强韧性配合），又要求有较高的韧性。这类零件通常由合金调质钢制造。

合金调质钢中碳的平均质量分数一般在 0.25%～0.50%，属于中碳钢。钢中常加入铬、锰、镍、硼等合金元素以增加钢的淬透性，提高钢的强度，其中镍还可以提高钢的韧性。加入钨、钼、钒、钛等合金元素可细化晶粒，提高钢的回火稳定性。

40Cr 钢是最常用的合金调质钢，其强度比 40 钢提高 20%，并具有良好的塑性，常用于制造转向节、气缸盖螺栓等。为节约铬元素，也可用 40MnB 或 40MnVB 代替。合金调质钢的热处理是调质（淬火＋高温回火），如果要求零件表面有较高的硬度和耐磨性，可以在调质后进行表面热处理。

常用合金调质钢的牌号、力学性能及用途见表 3.18，常用合金调质钢在汽车上的应用见表 3.19。

表 3.18 常用合金调质钢的牌号、力学性能及用途

牌号	热处理工艺				力学性能（不小于）					用途举例
	淬火		回火		R_{eL}/ MPa	R_m/ MPa	A/%	Z/%	A_K/J	
	温度/℃	介质	温度/℃	介质						
40Mn	840	水	600	水、油	335	590	15	45	47	轴、曲轴、连杆、螺栓、螺母、万向接头轴
40Cr	850	油	520	水、油	785	980	9	45	47	汽车后半轴、机床齿轮、花键轴、顶尖套、曲轴、连杆、转向节臂
45Mn2	840	油	550	水、油	735	885	10	45	47	轴、蜗杆、连杆等
40MnB	850	油	500	水、油	785	980	10	45	47	汽车转向轴、半轴、蜗杆
40MnVB	850	油	520	水、油	785	980	10	45	47	半轴、转向节臂、转向节主销
35SiMn	900	水	570	水、油	735	885	15	45	47	除要求低温（－20℃）、韧性很高的情况外，可全面代替 40Cr 作调质件

续表

牌号	热处理工艺				力学性能（不小于）					用途举例
	淬火		回火		R_{eL}/ MPa	R_m/ MPa	A/%	Z/%	A_K/J	
	温度/℃	介质	温度/℃	介质						
40CrNi	820	油	520	水、油	785	980	10	45	55	重型机械齿轮、轴、燃气轮机叶片、转子和轴
40CrMn	840	油	550	水、油	835	980	9	45	47	在高速、高载荷下工作的轴、齿轮、离合器
35CrMo	850	油	550	水、油	835	980	12	45	63	主轴、大电机轴、曲轴、锤杆
30CrMnSi	880	油	520	水、油	885	1080	10	45	39	高压鼓风机叶片、联轴器、砂轮轴、齿轮、螺栓、螺母、轴套
38CrMoAlA	940	水、油	640	水、油	835	980	14	50	71	氮化件如镗杆、蜗杆、高压阀门、精密齿轮、精密丝杠等
37CrNi3	820	油	500	水、油	980	1130	10	50	47	活塞销、凸轮轴、齿轮、重要螺栓、拉杆
25Cr2Ni4WA	850	油	550	水	930	1080	11	45	71	截面 200mm 以下要求淬透的大截面重要零件
40CrNiMoA	850	油	600	水、油	835	980	12	55	78	重型机械中高载荷的轴类，如汽轮机轴、锻压机的偏心轴、压力机曲轴、航空发动机轴
40CrMnMo	850	油	600	水、油	785	980	10	45	63	8t 卡车的后桥半轴、齿轮轴、偏心轴、齿轮、连杆等

表 3.19 常用合金调质钢在汽车上的应用

牌号	应用举例
40Cr	发动机支架固定螺栓、差速器壳螺栓、气缸盖螺栓、减振器销、水泵轴、连杆盖、曲轴、连杆等
40MnB	半轴、水泵轴、变速器轴、转向节、转向臂、传动轴花键、万向节叉、气缸盖螺栓、连杆螺栓等
45Mn2	进气门、半轴套管、钢板弹簧 U 形螺栓等
50Mn2	离合器从动盘、减振盘等

3.4.2.4 合金弹簧钢

合金弹簧钢是制造弹簧和弹性元件的专用钢。弹簧是汽车、机械和仪表中的重要零件，它是利用弹性变形时所储存的能量，缓和机械设备的振动和冲击作用。例如，汽车、拖拉机和机车上的板弹簧，除承受静载荷外，还要承受因地面不平所引起的冲击载荷和振动。此外，弹簧还可储存能量使其他机件完成预先规定的动作，如气阀弹簧等。

合金弹簧钢中碳的平均质量分数比调质钢高，一般为 $0.46\%\sim0.70\%$。钢中常加入锰、硅、铬等合金元素，以提高钢的强度和弹性极限。有重要用途的弹簧钢还加入少量的钼、钨、钒等合金元素，以提高韧性和回火稳定性。

弹簧是汽车的重要构件，具有能量储存、自动控制、缓冲平衡、固定复位、安全减振等作用。通常一辆汽车上装有 50～60 种、100 多件弹簧，用于悬架、发动机、离合器、制动器等重要部位。

常用合金弹簧钢的牌号、力学性能及用途见表 3.20，常用合金弹簧钢在汽车上的应用见表 3.21。

表 3.20　常用合金弹簧钢的牌号、力学性能及用途

牌号	热处理工艺		力学性能（不小于）				用途举例
	淬火温度/℃	回火温度/℃	$R_{el.}$/MPa	R_m/MPa	A/%	Z/%	
65Mn	830，油	540	430	750		30	气阀弹簧、离合器弹簧、摇臂轴定位弹簧
55Si2Mn	870，油	480	1 200	1 300	6	30	汽车、拖拉机、机车上的减震板簧和螺旋弹簧
60Si2Mn	870，油	480	1 200	1 300	5	25	同 55Si2Mn
55SiMnVB	860，油	460	1 226	1 373	5	30	代替 60Si2Mn 钢制作汽车板簧和其他中等截面的板簧和螺旋弹簧
50CrVA	850，油	500	1 150	1 300	10	40	用作高载荷重要弹簧及工作温度低于 300℃ 的阀门弹簧、活塞弹簧、安全阀弹簧等

表 3.21　常用合金弹簧钢在汽车上的应用

牌号	应用举例
65Mn	气门弹簧、制动室复位弹簧、摇臂轴定位弹簧、离合器压紧弹簧
55Si2Mn	钢板弹簧
60Si2Mn	钢板弹簧、牵引钩弹簧
55SiMnVB	钢板弹簧

3.4.2.5　滚动轴承钢

滚动轴承钢用来制造各种滚动轴承元件，如轴承内、外套圈和滚动体（滚珠、滚柱、滚针），属于专用结构钢。滚动轴承工作时承受很大的局部交变载荷，滚动体与套圈间接触应力较大，易使轴承工作表面产生接触疲劳破坏和磨损。因此，要求轴承钢具有高的硬

度、耐磨性、弹性极限和接触疲劳强度以及足够的韧性和耐蚀性。

滚动轴承钢中碳的平均质量分数较高，一般为 $0.95\%\sim1.15\%$，以保证钢有高的硬度和耐磨性。钢中常加入 $0.45\%\sim1.65\%$ 的铬，用以提高钢的淬透性和耐磨性，对于大型轴承用钢还加入硅、锰等合金元素，使钢具有足够的韧性和疲劳强度。滚动轴承钢对硫、磷含量要求严格（$w_S<0.025\%$，$w_P<0.030\%$），因此它是一种高级优质钢，但其牌号后面没有符号 A。

滚动轴承钢除用于轴承外，还用于制造其他耐磨零件，如汽车的油泵柱塞、喷油嘴、针阀等，也可制造形状复杂的工具、冲压模具和精密量具。常用滚动轴承钢的牌号、热处理及用途见表 3.22。

表 3.22　常用滚动轴承钢的牌号、热处理及用途

牌号	热处理			用途举例
	淬火温度/℃	回火温度/℃	回火后硬度/HRC	
GCr9	810～830	150～170	62～66	直径＜20mm 的滚珠、滚柱及滚针
GCr15	825～845	150～170	62～66	中、小型轴承
GCr15SiMn	820～840	150～170	≥62	大型轴承或特大轴承的滚动体和内外套
GSiMnV	780～810	150～170	≥62	可代替 GCr15S 钢
GSiMnVRe	780～810	150～170	≥62	可代替 GCr15 及 GCr15SiMn 钢
GSiMnMoV	770～810	165～175	≥62	可代替 GCr15SiMn 钢

3.4.2.6　超高强度钢

超高强度钢是指屈服强度大于 1 400MPa，抗拉强度大于 1 500MPa，兼有适当韧性的合金钢。它是在合金调质钢的基础上加入多种合金元素而形成和发展起来的。我国常用的超高强度钢有 30CrMnTiNi2A、4Cr5MoVSi 等。主要用作航空、航天工业的结构材料，如飞机主梁、起落架、发动机结构零件等。

3.4.3　合金工具钢

碳素工具钢经热处理后能达到很高的硬度和耐磨性。但因其淬透性低，淬火变形倾向大，热硬性差，因此仅适用于制造尺寸较小、形状简单、精度低的模具、量具和低速手用刀具。合金工具钢是在碳素工具钢的基础上加入适量合金元素制成的。合金元素的加入，提高了钢的强度、淬透性和热硬性，减小了变形开裂倾向。因此，尺寸较大、形状复杂、精度要求高的模具、量具以及切削速度较高的刀具，都采用合金工具钢来制造。合金工具钢按其用途不同，可分为合金刃具钢、合金模具钢和合金量具钢。

3.4.3.1　合金刃具钢

合金刃具钢主要用于制造各种切削工具，如车刀、铣刀等。刀具在切削过程中承受着高温、高压和强烈的摩擦。因此，要求合金刃具钢必须具有高的硬度、耐磨性、热硬性以及足够的强度和韧性。

合金刃具钢分为低合金刃具钢和高速钢两种。

1. 低合金刃具钢

低合金刃具钢中碳的平均质量分数为 0.80%～1.50%，合金元素平均质量分数为 3%～5%。钢中常加入铬、锰、硅、钨、钒等合金元素，以提高钢的淬透性、回火稳定性和耐磨性。但由于钢中合金元素加入量较少，这类钢的工作温度一般不超过 300℃，主要用于制造切削速度较低、尺寸较大或形状复杂的切削刀具。

常用的低合金刃具钢有 9SiCr、CrWMn 和 9Mn2V 等。其中 9SiCr 钢有较高的硬度和耐磨性，常用于制造丝锥、板牙、铰刀等。CrWMn 钢的硬度高于 9SiCr 钢，可达到 64～66HRC，且热处理变形小，所以，常用于制造较精密的刀具，如长丝锥、长铰刀等。

低合金刃具钢的热处理为球化退火，淬火后低温回火。

2. 高速钢

高速钢是一种高碳、高合金元素含量的刃具钢，它以高速切削而得名。这类钢热处理后具有高的热硬性，在其切削温度高达 600℃时，仍能保持高硬度（60HRC 以上）和高耐磨性。高速钢还具有很高的淬透性，在空气中冷却也能淬硬，并且刃口锋利，故又称为"锋钢"，主要用于制造重要的形状复杂的高速切削刀具。

高速钢中碳的平均质量分数为 0.70%～1.65%，较高的含碳量主要保证其具有高硬度和高耐磨性。钢中常加入钨、钼、铬、钒等合金元素，其总量超过 10%，从而大大提高了钢的淬透性和回火稳定性，使高速钢在高速、高温下进行切削时仍有很高的热硬性和耐磨性。

常用的高速钢有 W18Cr4V、W6Mo5Cr4V2 等。其中 W18Cr4V 钢是发展最早、应用最广泛的高速工具钢，其热硬性高，过热和脱碳倾向小，但韧性较差，主要用于制造中速切削刀具或结构复杂低速切削的刀具，如拉刀、齿轮刀具等。W6Mo5Cr4V2 钢可作为 W18Cr4V 钢的代用品，与 W18Cr4V 钢相比，其热硬性稍差，但韧性和耐磨性较高，主要用于制造耐磨性和韧性配合较好的刀具，尤其适宜制作麻花钻头等薄刃刀具。

高速钢的热处理为高温（1 270～1 280℃）淬火后，再进行三次高温（560℃）回火。

3.4.3.2 合金模具钢

合金模具钢按使用条件不同，分为冷作模具钢、热作模具钢和塑料模具钢。

1. 冷作模具钢

冷作模具钢用于制造在冷态下变形或分离的模具，如冷冲模、冷镦模、冷挤压模等。冷作模具工作时承受很大的压力、弯曲力、冲击载荷和摩擦，因此要求模具工作部分有高的硬度（50～60HRC）、耐磨性、强度和韧性。

冷作模具钢中碳的平均质量分数为 1.0%～2.0%，较高的含碳量是为了保证其具有高硬度和高耐磨性。钢中常加入铬、钨、钼、钒等合金元素，以提高钢的耐磨性、淬透性和回火稳定性。

目前广泛应用的是 Cr12 型钢，如 Cr12、Cr12MoV、Cr12Mo1V1 等。Cr12 型钢具有很高的硬度（约 1820HV）和耐磨性、较高的强度和韧性、热处理变形小等特点，主要用于制作大截面、形状复杂、变形要求严格的冷作模具。截面较大、形状较复杂、淬透性要求较高的冷作模具可以选用低合金工具钢 9SiCr、9Mn2V 或 GCr15 钢制造。

2. 热作模具钢

热作模具钢是用来制造使加热的金属或液体金属成型的模具，如热锻模、热挤压模、压铸模等。热作模具工作时承受强烈摩擦、较高温度和大的冲击载荷以及强烈的冷热循环，导致模具易出现崩裂、磨损、塌陷、龟裂等失效现象。因此，要求热作模具钢在高温下应具有高的热硬性、耐磨性、高的抗氧化能力、高的热强性和足够的韧性。此外，对尺寸较大的热作模具，还要求有高的淬透性，以保证模具整体性能均匀，且热处理变形要小。

热作模具钢中碳的平均质量分数为 $0.3\%\sim0.6\%$，以保证有良好的强度、硬度和韧性配合。加入镍、铬、钼、锰、硅等合金元素，可提高其强度、韧性、淬透性、抗热疲劳性及回火稳定性。

5CrMnMo 和 5CrNiMo 是最常用的热作模具钢，它们有较高的强度、耐磨性和韧性，优良的淬透性及良好的抗热疲劳性能，主要用于制作大中型热锻模。根据我国资源情况，应尽可能采用 5CrMnMo 钢。对于在静压下使金属变形的热挤压模、压铸模，常选用高温性能较好的 3Cr2W8V 钢或 4Cr5W2VSi 钢制作。

3. 塑料模具钢

塑料模具包括塑料模和胶木模等，它们都用来在不超过 200℃ 的低温加热状态下，将细粉或颗粒状塑料压制成形。塑料模具在工作时，持续受热、受压，并受到一定程度的摩擦和有害气体的腐蚀，因此，塑料模具钢主要要求在 200℃ 时具有足够的强度和韧性，并具有较高的耐磨性和耐腐蚀性。

目前常用的塑料模具钢主要为 3Cr2Mo，用于中型塑料模具。其 $w_C=0.3\%$ 可保证热处理后获得良好的强韧性配合及较高的硬度和耐磨性；加入铬、钼等合金元素，可提高淬透性，减小变形。

3.4.3.3 合金量具钢

合金量具钢用来制作各种测量工具，如卡尺、千分尺、块规、塞规等。量具工作时主要受摩擦、磨损，承受外力很小，因此，要求量具用钢要有高的硬度（62～65HRC）、高的耐磨性和良好的尺寸稳定性。

合金量具钢中碳的平均质量分数较高，一般为 $0.9\%\sim1.5\%$，以保证其具有高的硬度和耐磨性。加入铬、钨、锰等合金元素，可提高淬透性，减小变形。

最常用的合金量具钢为碳素工具钢和低合金刃具钢。碳素工具钢 T10A、T12A 常用于尺寸小、形状简单、精度要求不高的量具，如样板、塞规等。低合金刃具钢 9SiCr、CrWMn 和 9Mn2V 等因含有少量合金元素，热处理变形小，适合制作形状复杂、精度要求高的量具。汽车模具如图 3.38 所示。

（a）汽车零件冲模　　　　（b）汽车零件注塑模

图 3.38　汽车模具

3.4.4 特殊性能钢

3.4.4.1 不锈钢

不锈钢是指在腐蚀介质中具有高抗腐蚀能力的钢。按其合金元素的不同，常用的有铬不锈钢和铬镍不锈钢。

（1）铬不锈钢的合金元素以铬为主，其含量一般大于13％，大量铬使钢表面形成一层致密的氧化膜，将钢与外部介质隔离，避免金属继续被腐蚀。铬不锈钢中碳的平均质量分数一般为0.1％～0.4％，以保证钢有一定的强度、硬度和耐磨性，但碳的平均质量分数过高，会降低钢的耐腐蚀性。

铬不锈钢一般是在弱腐蚀条件下工作的，其主要牌号有1Cr13、2Cr13和3Cr13、4Cr13等。随着碳的平均质量分数的增加，钢的强度、硬度提高，而耐腐蚀性相应减弱。1Cr13、2Cr13钢中碳的平均质量分数较低，具有良好的耐腐蚀性和塑性、韧性，适用于制造承受冲击载荷的耐腐蚀零件，如汽轮机叶片、水压机阀等。3Cr13、4Cr13钢中碳的平均质量分数较高，淬火后能获得较高的强度、硬度，常用于制造轴承、弹簧、医疗器械等耐磨零件。

（2）铬镍不锈钢中碳的平均质量分数较低，钢中的合金元素以铬和镍为主，其铬含量为18％左右，镍含量为8％～11％。铬镍不锈钢由于存在大量的铬、镍元素，不仅使钢表面形成氧化膜，提高钢的耐腐蚀性，还使钢热处理后能获得单一组织，防止电化学腐蚀的产生，并具有良好的塑性、焊接性和低温韧性。铬镍不锈钢的主要牌号有1Cr18Ni9、1Cr18Ni9Ti、2Cr18Ni9等，主要用于制造在各种强腐蚀介质中工作的零件，如吸收塔、管道、化工容器等。此外，由于铬镍不锈钢是单一组织，没有磁性，还可以用作仪器、仪表中的防磁零件。

不锈钢在汽车上可用于制作空气压缩机阀片、化油器针阀、外装饰件等。常见不锈钢制造的汽车零件如图3.39所示。

（a）阀片　　　　　　　　　　　（b）针阀

图3.39　常见不锈钢制造的汽车零件

3.4.4.2 耐热钢

耐热钢是指在高温下不易发生氧化并具有较高强度的钢，包括抗氧化钢和热强钢两类。

1. 抗氧化钢

抗氧化钢是指在高温下有良好的抗氧化能力，并具有一定强度的钢，主要用于在高温下工作，而强度要求不高的零件。这类钢常加入足够的铬、硅、铝等合金元素，使钢在高温下与氧接触时表面形成致密的高熔点氧化膜，严密地覆盖在钢的表面，以隔绝高温氧化性气体对钢的继续腐蚀。

常用的抗氧化钢有 3Cr18Mn12Si2N、3Cr11Ni25Si2、2Cr20Mn9Ni2Si2N、1Cr13SiAl 等，其最高工作温度可达 1 000℃，用于制造各种加热炉内结构件，如加热炉底板、马弗罐、加热炉传送带料盘等。

2. 热强钢

热强钢是指在高温下有良好的抗氧化能力，并具有较高强度的钢。这类钢常加入铬、镍、钨、钼、硅等合金元素，以提高钢的高温强度和高温抗氧化能力。

常用的热强钢有 15CrMo、4Cr9Si2、4Cr10Si2Mo 钢等。15CrMo 钢是典型的锅炉用钢，适于制造在 500℃ 以下长期工作的零件。4Cr9Si2、4Cr10Si2Mo 钢常用于制造汽车发动机排气阀。汽车上用耐热钢制造的零件有发动机的进排气门、涡流室镶块、涡轮增压器转子、排气净化装置等。国产汽车的气门用钢主要有 4Cr10Si2Mo、45Cr9Si3、8Cr20Si2Ni 等。

3.4.4.3 耐磨钢

耐磨钢是指在强烈的冲击和巨大的压力下才能产生硬化的钢。其碳的平均质量分数为 1.0%～1.3%，锰的平均质量分数为 11%～14%，因锰的平均质量分数高，故又称高锰耐磨钢。

耐磨钢经热处理后塑性和韧性好，硬度并不高。当它受到强烈的冲击和挤压时，表面因塑性变形而迅速产生硬化，硬度大大提高，从而具有高的耐磨性。当表面磨损后，新露出的表面又因受到冲击和挤压而提高耐磨性。耐磨钢不宜切削加工，但有良好的铸造性能，所以一般都采用铸造成型。

常用耐磨钢的牌号为 ZGMn13，广泛应用于制造在强烈冲击和严重磨损条件下工作的零件，如拖拉机履带、挖掘机铲齿、铁路道岔等。

3.5 铸铁

铸铁是含碳量大于 2.11%（一般为 2.5%～4.0%）的铁碳合金。它是以铁、碳、硅为主要组成元素，并比碳钢含有较多的锰、硫、磷等杂质的多元合金。

铸铁在汽车制造业应用很广，据统计，汽车的铸铁用量占整车金属重量的 50% 以上。汽车发动机的气缸体、气缸盖、活塞环，以及变速箱的外壳、后桥壳等零件大部分由铸铁制造。铸铁之所以能得到广泛应用，是因为其生产工艺简单、成本低，同时具有良好的铸造性能、切削加工性能、耐磨性和减振性。特别是采用了球化和变质处理，使铸铁的力学性能有了很大提高，很多原来用碳素钢、合金钢制造的零件，目前已被铸铁所代替，从而使铸铁的应用更为广泛。常见铸铁制造的汽车零件如图 3.40 所示。

（a）灰铸铁制造的变速器壳　　（b）合金铸铁制造的气缸体　　（c）球墨铸铁制造的驱动桥壳　　（d）合金铸铁制造的凸轮轴

图 3.40　常见铸铁制造的汽车零件

3.5.1 铸铁的石墨化

铸铁中石墨的形成过程称为石墨化。铸铁中的碳以两种形式存在，即化合态的渗碳体（Fe_3C）和游离态的石墨（C）。碳究竟以哪种形式存在，取决于化学成分和冷却速度。

3.5.1.1 影响石墨化的因素

1. 化学成分

铸铁中影响石墨化的元素主要是碳、硅、锰、硫、磷。其中，碳和硅是强烈促进石墨化的元素，铸铁中碳和硅的质量分数越高，石墨化程度就越充分。锰是阻碍石墨化的元素，但锰能和硫化合形成硫化锰，减弱了硫对石墨化的不利影响。从某种意义上说，锰是间接促进石墨化的元素。所以，铸铁中允许有适量的锰。硫是强烈阻碍石墨化的元素，硫还会降低铁水的流动性，引起铸铁产生热裂，所以，铸铁中硫含量越低越好。磷也是促进石墨化的元素，但作用不强烈，且磷的存在对铸铁的性能有不利影响，应严格控制磷含量。

2. 冷却速度

铸铁在结晶过程中，冷却速度对石墨化影响很大。冷却速度越慢，越有利于石墨化。影响冷却速度的因素主要有造型材料的性能、浇注温度的高低、铸件壁厚的大小等。

由于石墨化程度的不同，铸铁的组织常见有以下几种。

石墨化非常充分时，铸铁的最终组织为铁素体基体上分布着石墨（F＋C）；石墨化比较充分时，铸铁的最终组织为珠光体基体上分布着石墨或铁素体与珠光体基体上分布着石墨（P＋C 或 F＋P＋C）；石墨化不太充分时，铸铁的最终组织为莱氏体与珠光体基体上分布着石墨；当石墨化未进行时，铸铁的最终组织为莱氏体、珠光体和渗碳体。图 3.41 所示为化学成分（碳、硅含量）和冷却速度（壁厚）对石墨化的影响。可见，铸件壁越薄，碳、硅含量越低，越易形成白口组织（即碳以化合态的渗碳体的形式存在）。

图 3.41 化学成分和冷却速度对石墨化的影响

3.5.1.2 铸铁的分类

根据石墨化程度及试样断口色泽的不同，铸铁可分为白口铸铁、灰口铸铁和麻口铸铁。

1. 白口铸铁

白口铸铁中的碳全部或大部分以化合态渗碳体的形式存在，因其断口呈白亮色，故称白口铸铁。白口铸铁硬度高，脆性大，很难切削加工，故很少直接用来制造机械零件，主要用作炼钢原料及可锻铸铁的毛坯。有时也利用它硬而耐磨的特性铸造出表面有一定深度的白口层，中心为灰口铸铁的铸件，称为冷硬铸铁件。冷硬铸铁应用于一些耐磨的零件，如犁铧及球磨机的磨球等。EQ1092 发动机中的气门挺杆，为了得到表层的高硬度和耐磨性，常用激冷的方法使表层获得白口铸铁的组织，而心部由于冷却速度较慢仍为灰口铸铁组织。

2. 灰口铸铁

灰口铸铁中碳主要以石墨的形式存在，因其断口呈暗灰色而得名。灰口铸铁由于有一定的力学性能和良好的切削加工性能，因此是工业生产中应用最广泛的一种铸铁。

根据石墨形态不同，灰口铸铁又分为灰铸铁、球墨铸铁、可锻铸铁和蠕墨铸铁，石墨形状分别为片状、球状、团絮状及蠕虫状，如图 3.42 所示。

（a）灰铸铁　　　　　（b）球墨铸铁　　　　　（c）可锻铸铁　　　　　（d）蠕墨铸铁
（片状石墨）　　　　　（球状石墨）　　　　　（团絮状石墨）　　　　　（蠕虫状石墨）

图 3.42　灰口铸铁中石墨的形状

3. 麻口铸铁

碳一部分以石墨的形式存在，另一部分以渗碳体的形式存在，断口呈灰白相间的麻点。这类铸铁脆性大、硬度高、难以加工，工业上很少应用。

此外，为了进一步提高铸铁的性能或得到某种特殊性能，向铸铁中加入一种或多种合金元素（Cr、Cu、W、Al、B 等），得到合金铸铁（特殊性能铸铁），如耐磨铸铁、耐热铸铁、耐蚀铸铁等。

3.5.2　灰铸铁

3.5.2.1　灰铸铁的组织和性能

灰铸铁的组织是碳钢的基体加片状石墨。按基体组织不同，灰铸铁分为铁素体灰铸铁、铁素体-珠光体灰铸铁和珠光体灰铸铁三类。

灰铸铁的性能取决于基体的组织和石墨的形态。由于石墨的强度极低，因此可以把铸铁看成是布满裂纹和孔洞的钢。一方面，石墨的存在不仅破坏了金属基体的连续性，还减少了金属基体承受载荷的有效截面，使实际应力大大增加；另一方面，在石墨尖角处易造成应力集中，使尖角处的应力远大于平均应力。所以，灰铸铁的抗拉强度、塑性和韧性远低于钢。石墨片的数量越多、尺寸越大、分布越不均匀，对力学性能的影响就越大。但石墨的存在对灰铸铁的抗压强度影响不大，因为抗压强度主要取决于灰铸铁的基体组织，灰铸铁的抗压强度与钢相近。因此，灰铸铁"抗压不抗拉"。

片状石墨虽然降低了灰铸铁的抗拉强度、塑性和韧性，但它使灰铸铁具有一系列优良性能，如良好的铸造性能，优良的切削加工性能，良好的耐磨性、减振性和低的缺口敏感性。

三种不同基体的灰铸铁中，铁素体灰铸铁的强度、硬度和耐磨性最低，但塑性较好；

珠光体灰铸铁的强度、硬度、耐磨性较高，但塑性较差；铁素体-珠光体灰铸铁的性能介于以上两者之间。

3.5.2.2 灰铸铁的变质处理（孕育处理）

灰铸铁组织中因有片状石墨的存在，故它的力学性能较差。为了改善灰铸铁的组织，提高其力学性能，可对灰铸铁进行变质处理。

灰铸铁的变质处理就是在浇注前向铁水中加入少量变质剂（硅铁或硅钙合金），改变铁水的结晶条件，以获得细小的珠光体基体和细小均匀分布的片状石墨组织。经变质处理后的灰铸铁称为变质铸铁或孕育铸铁。灰铸铁经变质处理后强度有较大的提高，塑性和韧性也得到改善，常用于制造要求力学性能较高、截面尺寸较大的铸件。

3.5.2.3 灰铸铁的牌号及用途

灰铸铁的牌号用"HT＋数字"表示，其中HT代表"灰铁"二字，后面的数字表示其最小抗拉强度值。如HT250表示最小抗拉强度为250MPa的灰铸铁。常用灰铸铁的牌号与用途见表3.23。

表 3.23　常用灰铸铁的牌号与用途

牌号	铸铁类别	铸件壁厚/mm	铸件最小抗拉强度/MPa	适用范围及用途举例
HT100	铁素体灰铸铁	2.5～10	130	适用于载荷小、对摩擦磨损无特殊要求的零件，如盖、外罩、油盘、手轮、支架、底板、重锤等
		10～20	100	
		20～30	90	
		30～50	80	
HT150	铁素体-珠光体灰铸铁	2.5～10	175	适用于承受中等应力的零件，如普通机床上的支柱、底座、齿轮箱、刀架、床身、轴承座、工作台、皮带轮等
		10～20	145	
		20～30	130	
		30～50	120	
HT200	珠光体灰铸铁	2.5～10	220	适用于承受大载荷的重要零件，如汽车、拖拉机的气缸体、气缸盖、制动轮等
		10～20	195	
		20～30	170	
		30～50	160	
HT250		4.0～10	270	适用于承受大应力、重要的零件，如联轴器盘、油缸、阀体、泵体、泵壳、化工容器及活塞等
		10～20	240	
		20～30	220	
		30～50	200	
HT300	孕育铸铁	10～20	290	适用于承受高载荷、高气密性和要求耐磨的重要零件，如剪床、压力机等重型机床的床身、机座、机架以及受力较大的齿轮、凸轮、衬套和大型发动机的气缸体、气缸套、气缸盖、油缸、泵体、阀体等
		20～30	250	
		30～50	230	
HT350		10～20	340	
		20～30	290	
		30～50	260	

由于灰铸铁具有以上一系列性能特点，且生产成本比钢低得多，因此被广泛地用来制作各种受力不大或以承受压应力为主和要求减振性好的机床床身与机架、结构复杂的壳体与箱体、承受摩擦的缸体与导轨等。灰铸铁是汽车制造工业中应用最多的一种铸铁。在汽车上多用于不镶缸套的整体缸体、缸盖等零件的制造，还可用于制造飞轮、飞轮壳、变速箱壳及盖、离合器壳及压板、进排气支管、制动鼓以及液压制动总泵和分泵的缸体。灰铸铁在汽车上的应用见表 3.24。

表 3.24 灰铸铁在汽车上的应用

牌号	应用举例
HT150	进排气歧管、变速器壳体、水泵叶轮
HT200	凸轮轴正时齿轮、飞轮壳、气缸体、气缸盖、气门导管、制动蹄等
HT250	气缸体、飞轮、曲轴带轮等

3.5.2.4 灰铸铁的热处理

灰铸铁的热处理只能改变基体的组织，而不能改变石墨的形状、大小、数量和分布情况。所以，灰铸铁的热处理一般只用于消除铸件内应力和白口组织，稳定尺寸，提高工件表面硬度和耐磨性。

1. 去应力退火

在热处理炉中，将铸件加热到 500～600℃，保温一段时间后随炉缓冷至 150～200℃以下出炉空冷，用于消除铸件在凝固过程中因冷却不均匀而产生的铸造应力，防止铸件在加工和使用过程中产生变形和裂纹。有时把铸件在露天场地放置数月甚至一年以上，使铸造应力得到松弛，这种方法称为自然时效。大型灰铸铁件常常用此法来消除铸造应力。

2. 消除铸件白口的高温退火

铸件在冷却过程中由于表层及薄壁处冷却速度较快，出现白口组织，使铸件硬度和脆性增加，造成切削加工困难并影响正常使用。消除白口的高温退火工艺是：在热处理炉中，将铸件加热到 800～950℃，保温 1～3h，然后随炉冷却到 400～500℃出炉后空冷，使 Fe_3C 分解为铁素体和石墨。

3. 表面淬火

对于用灰铸铁制造的机床导轨表面和内燃机气缸套内壁等摩擦工作表面，需要有较高的硬度和耐磨性。可以采用表面淬火的方法来提高表面硬度，延长使用寿命。常用的方法有火焰加热表面淬火、高（中）频感应加热表面淬火和接触电阻加热表面淬火。

3.5.3 可锻铸铁

可锻铸铁俗称玛铁或玛钢，它是由白口铸铁经长时间的高温石墨化退火而获得的具有团絮状石墨组织的铸铁。因其塑性优于灰铸铁而得名，实际上可锻铸铁并不能进行锻造加工。

3.5.3.1 可锻铸铁的组织及性能

可锻铸铁的组织一般为铁素体基体加团絮状石墨或珠光体基体加团絮状石墨。铁素体基体的可锻铸铁因其断口呈黑色，故称黑心可锻铸铁。

汽车应用材料

可锻铸铁因基体组织不同，其性能也不相同。黑心可锻铸铁具有较高的塑性和韧性，珠光体可锻铸铁则具有较高的强度、硬度和耐磨性，但塑性和韧性低于黑心可锻铸铁。

由于可锻铸铁中的石墨呈团絮状，因此，极大程度地减轻了对金属基体的割裂作用和应力集中现象，所以其强度比灰铸铁高很多，塑性和韧性也有较大的提高。

3.5.3.2　可锻铸铁的牌号及用途

可锻铸铁的牌号是由 KTH 或 KTZ 和两组数字组成的。其中 KT 是可锻铸铁的代号，H 表示黑心可锻铸铁，Z 表示珠光体可锻铸铁；代号后面的两组数字分别表示最低抗拉强度值（MPa）和最低断后伸长率的百分数。例如牌号 KTH300 - 06 表示最低抗拉强度为300MPa，最低断后伸长率为 6％的黑心可锻铸铁。

由于可锻铸铁既有较好的铸造性能，又有较高的强度及一定的塑性和韧性，因此主要用于制造形状复杂、强度和韧性要求较高的薄壁零件，如汽车的后桥壳、差速器壳、轮毂、制动踏板、供排水系统和煤气管道的管件接头及阀门壳体等。因为当铸件壁较厚、尺寸较大时，其心部的冷却速度不够快，铁水浇注时难以获得整个截面的白口组织，所以仅适用于薄壁和小型零件。

虽然可锻铸铁的力学性能比灰铸铁好，但它所用的原料是白口铸铁，成本较高，且仅适用于薄壁和小型零件，所以，随着球墨铸铁的发展，原来使用可锻铸铁制造的零件逐渐被球墨铸铁替代。

常用可锻铸铁的牌号、力学性能及用途举例见表 3.25，可锻铸铁在汽车上的应用见表 3.26。

表 3.25　常用可锻铸铁的牌号、力学性能及用途举例

种类	牌号	力学性能（不小于）			适用范围及用途举例
		R_m/MPa	A/%	硬度/HBS	
黑心可锻铸铁	KTH300 - 06	300	6	不大于150	适用于在冲击载荷和静载荷作用下，要求气密性好的零件，如管道配件、中低压阀门等
	KTH330 - 08	330	8		适用承受中等冲击载荷和静载荷的零件，如机床扳手、车轮壳、钢丝绳轧头等
	KTH350 - 10	350	10		适用于在较高的冲击、振动及扭转负荷下工作的零件，如汽车的后桥壳、差速器壳、前后轮毂、转向节壳、管道接头等
	KTH370 - 12	370	12		
珠光体可锻铸铁	KTZ450 - 06	450	6	150～250	适用于承受较高载荷、耐磨损，并要求有一定韧性的重要零件，如曲轴、凸轮轴、连杆、车轮、摇臂、活塞环、万向节叉、棘轮、扳手等
	KTZ550 - 04	550	4	180～230	
	KTZ650 - 02	650	2	210～260	
	KTZ700 - 02	700	2	240～290	

表 3.26　可锻铸铁在汽车上的应用

牌号	应用举例
KTH350 - 10	后桥壳、差速器壳、减速器壳、轮毂、钢板弹簧吊架、制动蹄片等
KTZ450 - 06	曲轴、凸轮轴、连杆、车轮活塞环、发动机摇臂等

3.5.4　球墨铸铁

球墨铸铁是在灰铸铁的铁水中加入球化剂（稀土镁合金）和孕育剂（硅铁），进行球化和孕育处理后得到的具有球状石墨的铸铁。

3.5.4.1　球墨铸铁的组织及性能

球墨铸铁的组织可看成是碳钢的基体加球状石墨。按基体组织不同，常用的球墨铸铁有铁素体球墨铸铁、铁素体-珠光体球墨铸铁、珠光体球墨铸铁、马氏体球墨铸铁和贝氏体球墨铸铁等。

由于球墨铸铁中石墨呈球状，对基体的割裂作用和引起的应力集中现象减至最小，因此基体的强度利用率高。在所有铸铁中，球墨铸铁的力学性能最高，与相应组织的铸钢相似；冲击疲劳抗力高于中碳钢；屈强比是钢的两倍。但球墨铸铁的塑性和韧性均低于铸钢。

球墨铸铁的力学性能与基体组织和石墨的状态有关。石墨球越细小、越圆整、分布越均匀，球墨铸铁的强度、塑性、韧性越好。铁素体基体具有较高的塑性和韧性；珠光体基体强度、硬度和耐磨性较高；马氏体基体硬度最高，但韧性最低；贝氏体基体具有良好的综合力学性能。

球墨铸铁具有近似于灰铸铁的某些优良的铸造性能、减摩性、切削加工性等。但球墨铸铁也有一些缺点，如化学成分要求严格、白口倾向大、凝固时收缩率大等，因而对熔炼、铸造工艺要求高，生产成本高。

由于球状石墨对基体割裂作用不大，因此球墨铸铁可通过热处理进行强化。常用的热处理方法有退火、正火、调质、等温淬火等，也可以进行表面淬火、渗氮等。其工艺过程可参考有关热处理资料。

3.5.4.2　球墨铸铁的牌号及用途

球墨铸铁的牌号由 QT 和两组数字组成。其中 QT 是球墨铸铁的代号，代号后面的两组数字分别表示最低抗拉强度值（MPa）和最低断后伸长率的百分数。例如牌号 QT600-3 表示最低抗拉强度为 600MPa，最低断后伸长率为 3% 的球墨铸铁。常用球墨铸铁的牌号、力学性能及用途见表 3.27。球墨铸铁在汽车上的应用见表 3.28。

表 3.27　常用球墨铸铁的牌号、力学性能及用途

牌号	基体组织类型	力学性能（不小于）				适用范围及用途举例
		R_m/MPa	$R_{e0.2}$/MPa	A/%	硬度/HBS	
QT400-18	铁素体	400	250	18	130～180	承受冲击、振动的零件，如汽车、拖拉机的轮毂、驱动桥壳、差速器壳、拨叉，农机具零件，中低压阀门，上、下水及输气管道电机机壳，齿轮箱，飞轮壳等
QT400-15	铁素体	400	250	15	130～180	
QT450-10	铁素体	450	310	10	160～210	
QT500-7	铁素体＋珠光体	500	320	7	170～230	机器座架、传动轴、飞轮、电动机架、内燃机的机油泵齿轮、铁路机车车辆轴瓦等

续表

牌号	基体组织类型	力学性能（不小于）				适用范围及用途举例
		R_m/MPa	$R_{r0.2}$/MPa	A/%	硬度/HBS	
QT600-3	铁素体+珠光体	600	370	3	190～270	载荷大、受力复杂的零件，如汽车、拖拉机的曲轴、连杆、凸轮轴、气缸套，部分磨床、铣床、车床的主轴，机床蜗杆、蜗轮，轧钢机轧辊、大齿轮，小型水轮机主轴，气缸体，桥式起重机大小滚轮等
QT700-2	珠光体	700	420	2	225～305	
QT800-2	珠光体或回火组织	800	480	2	245～335	
QT900-2	贝氏体或回火马氏体	900	600	2	280～360	高强度齿轮，如汽车后桥螺旋锥齿轮，大型减速器齿轮，内燃机曲轴、凸轮轴等

表 3.28　球墨铸铁在汽车上的应用

牌号	应用举例
QT450-10	轮毂、转向器壳、制动蹄、牵引钩前支承座、辅助钢板弹簧支架等
QT600-03	曲轴、发动机摇臂、牵引钩支承座、钢板弹簧侧垫板及滑块等

3.5.5 蠕墨铸铁

蠕墨铸铁是近几年发展起来的一种新型铸铁。它是在灰铸铁的铁水中加入适量的蠕化剂和孕育剂，经蠕化和孕育处理后获得的具有蠕虫状石墨的铸铁。目前常用的蠕化剂有稀土镁钛合金、稀土硅铁合金和稀土硅钙合金等。

3.5.5.1 蠕墨铸铁的组织及性能

蠕墨铸铁的组织是钢的基体和蠕虫状石墨。其基体也有铁素体基体、铁素体-珠光体基体和珠光体基体三种。

由于蠕墨铸铁中的石墨呈蠕虫状（类似于片状，但片短而厚，头部较圆、较钝，形似蠕虫），对基体的割裂作用介于灰铸铁与球墨铸铁之间，因此其力学性能也介于灰铸铁与球墨铸铁之间，既具有灰铸铁良好的导热性、减振性、切削加工性和铸造性能，又有与球墨铸铁相近的抗拉强度、塑性和韧性。

3.5.5.2 蠕墨铸铁的牌号及用途

蠕墨铸铁的牌号由 RuT 和一组数字组成。其中 RuT 是蠕墨铸铁的代号，代号后面的数字表示最低抗拉强度值（MPa）。例如牌号 RuT300 表示最低抗拉强度为 300MPa 的蠕墨铸铁。蠕墨铸铁的牌号、力学性能及用途见表 3.29。

表 3.29　蠕墨铸铁的牌号、力学性能及用途

牌号	基体类型	力学性能（不小于）				应用举例
		R_m/MPa	$R_{r0.2}$/MPa	A/%	硬度/HBS	
RuT260	铁素体	260	195	3.0	121～197	制造活塞环、缸套、制动盘、制动鼓、玻璃模具、钢珠研磨盘、吸淤泵体等

续表

牌号	基体类型	力学性能（不小于）				应用举例
		R_m/MPa	$R_{p0.2}$/MPa	A/%	硬度/HBS	
RuT300	铁素体＋珠光体	300	240	1.5	140～217	带导轨面的重型机床件，大型齿轮箱体，大型龙门铣横梁、盖、座，制动鼓，飞轮，玻璃模具，起重机卷筒，烧结机滑板等
RuT340		340	270	1.0	170～249	排气管、变速器壳、缸盖、纺织机械零件、液压件、小型烧结机齿轮等
RuT380	珠光体	380	300	1.0	193～274	增压器废气进气壳体，汽车、拖拉机的某些底盘零件
RuT420		420	335	1.0	200～280	

蠕墨铸铁主要应用于经受热循环载荷、要求组织致密、强度较高且形状复杂的零件，如大型柴油机的气缸体、制动鼓，大型电动机外壳、阀体、机座等。在汽车上主要用于制造柴油机气缸盖、进排气管、制动盘和制动鼓等。

3.5.6　特殊性能铸铁

为满足工业上对铸铁的特殊性能要求，向铸铁中加入某些合金元素，从而可获得具有特殊性能的铸铁，包括耐热铸铁、耐磨铸铁和耐蚀铸铁。汽车中常用的有耐热铸铁和耐磨铸铁。

3.5.6.1　耐热铸铁

普通铸铁加热到450℃以上的高温时，会发生表面氧化和"热生长"现象。热生长是指铸铁在高温下氧化性气体沿石墨片边界和裂纹渗入铸铁内部，形成内氧化以及因渗碳体分解成石墨产生的体积不可逆膨胀现象，严重时胀大10%左右，使铸铁体积发生变化，力学性能降低，出现显微变形和裂纹。

耐热铸铁是在铸铁中加入硅、铝、铬等元素，使铸件表面在高温下形成一层致密的氧化膜，将内层金属与氧化介质隔绝，使内层金属在高温时不被氧化，从而提高了铸铁的耐热性。

常用耐热铸铁有高硅和铝硅耐热球墨铸铁。例如RQTSi5是硅耐热球墨铸铁，使用温度可达850℃，应用于炉条、烟道挡板、换热器等。RQTAl5Si5是硅铝耐热球墨铸铁，使用温度可达1 050℃，应用于加热炉底板、钩链、焙烧机构件等。耐热铸铁在汽车上主要用于制造高温下工作的发动机气门座和排气管密封环等，如图3.43所示。

（a）气门座　　　（b）排气管密封环

图3.43　耐热铸铁制造的汽车零件

3.5.6.2　耐磨铸铁

耐磨铸铁是在灰铸铁中加入铬、钼、铜、钛、磷等合金元素而形成的。磷在铸铁中能形成硬而脆的磷化物，从而提高铸铁的耐磨性；铬、钼、铜在铸铁中使组织细化，既能提高硬度和耐磨性，又能提高强度和韧性。

常用的耐磨铸铁有高磷耐磨铸铁和铬钼铜耐磨铸铁等，主要用于制造在高温下强烈摩擦的零件，如汽车的气缸套、活塞环、排气门座圈等，如图3.44所示。

（a）气缸套　　　　　　　　（b）活塞环

图3.44　耐磨铸铁制造的汽车零件

3.5.6.3　耐蚀铸铁

耐蚀铸铁是指在腐蚀性介质中工作时，具有耐腐蚀能力的铸铁。提高铸铁耐腐蚀性的途径基本上与不锈钢相同，一般加入一定量的硅、铝、铬、镍、铜等合金元素，使其在铸铁表面形成一层连续致密的保护膜，阻止腐蚀继续进行，并提高铸铁基体的电极电位，从而提高铸铁的耐腐蚀性。

耐蚀铸铁主要用于化工机械，如制造容器、管道、泵、阀门等。

3.6　典型汽车零件的选材

在汽车制造过程中，从设计新产品、改造老产品，到维修、更换零件，都会涉及零件的选材、热处理工艺的确定和热处理工序安排等问题。这对提高产品质量和生产率，降低成本有着重要的意义。下面以汽车上几个典型零件为例，介绍汽车零件选材的方法及步骤。

3.6.1　汽车齿轮的选材

齿轮是机械工业中应用最广泛的重要零件之一，主要用于传递动力、改变运动速度和运动方向。齿轮的选材要从齿轮的工作条件、失效形式及对材料的性能要求等方面综合考虑。汽车变速齿轮如图3.45所示。

图3.45　汽车变速齿轮

3.6.1.1　汽车齿轮的工作条件

汽车齿轮主要分装在变速器和差速器中，在变速器中，通过齿轮改变发动机、曲轴和主轴齿轮的传动比，汽车变速齿轮如图3.45所示；在差速器中，通过齿轮增加扭矩，调节左右轮的转速。全部发动机的动力均通过齿轮传给主轴，推动汽车运行。所以，汽车齿轮受力较大，受冲击频繁，对其耐磨性、疲劳强度、心部强度以及冲击韧性等的要求比一般机床齿轮高。齿轮工作时的受力情况为：由于传递扭矩，齿根承受很大的交变弯曲应力；换挡、起动或咬合不均匀时，轮齿承受一定冲击载荷；因加工、安装不当或齿、轴变形等引起的齿面接触不良，以及外来灰尘、金属屑等硬质微粒的侵入都会成为附加载荷而使工作条件恶化。因此齿轮的工作条件和受力情况是较复杂的。

3.6.1.2　汽车齿轮的主要失效形式

根据齿轮的工作条件，其主要失效形式是轮齿断裂、齿面剥落、齿面磨损以及过量塑性变形。汽车齿轮的主要失效形式见表 3.30。

表 3.30　汽车齿轮的主要失效形式

序号	失效形式	失效表现
1	疲劳断裂	主要从根部发生，这是齿轮最严重的失效形式，常常一齿断裂会引起数齿甚至所有齿断裂
2	齿面磨损	由于齿面接触区摩擦，使齿厚变小
3	齿面接触疲劳破坏	在交变接触应力作用下，齿面产生微裂纹，微裂纹的发展引起点状剥落（或称麻点）
4	过载断裂	主要是冲击载荷过大造成的断齿

3.6.1.3　对汽车齿轮的性能要求

根据工作条件及失效形式分析，可以对齿轮材料提出如下性能要求：

（1）高的弯曲疲劳强度，特别是齿根处要有足够的强度；

（2）高的齿面硬度和耐磨性；

（3）较高的心部强度和足够的冲击韧性；

（4）热处理变形小。

3.6.1.4　典型汽车齿轮的选材

在我国应用最多的汽车齿轮用材是合金渗碳钢 20Cr 或 20CrMnTi，并经渗碳、淬火和低温回火等热处理强化后使用。渗碳后表面碳含量大大提高，保证淬火后硬度高、耐磨性和接触疲劳强度高。由于合金元素提高了淬透性，淬火、低温回火后可使心部获得较高的强度和足够的冲击韧性。为了进一步提高齿轮的使用寿命，渗碳、淬火、低温回火后，还可以采用喷丸处理，增大表面压应力，有利于提高齿面和齿根的疲劳强度，并清除氧化皮。

合金渗碳钢齿轮的工艺路线一般为：下料→锻造→正火→切削加工→渗碳、淬火及低温回火→喷丸→磨削加工。

汽车、拖拉机齿轮常用钢种及热处理方法见表 3.31。

表 3.31　汽车、拖拉机齿轮常用钢种及热处理方法

序号	齿轮类型	常用钢种	热处理	
			主要工序	技术要求
1	汽车变速器和分动器齿轮	20CrMnTi 20CrMnMo	渗碳	层　深：$m_n < 3$ 时，0.6～1.0mm $3 < m_s < 5$ 时，0.9～1.3mm $m_n > 5$ 时，1.1～1.5mm 齿面硬度：58～64HRC 心部硬度：$m_n \leq 5$ 时，32～45HRC $m_n > 5$ 时，29～45HRC
		40Cr	（浅层）碳氮共渗	层　深：>0.2mm 表面硬度：51～61HRC

续表

序号	齿轮类型	常用钢种	热处理	
			主要工序	技术要求
2	汽车驱动桥主动及从动圆柱齿轮	20CrMnTi 20CrMo	渗碳	渗层深度按图纸要求，硬度要求同序号 1 中渗碳工序 层深：$m_s<5$ 时，0.9～1.3mm $5<m_n<8$ 时，1.0～1.4mm $m_s>8$ 时，1.2～1.6mm
	汽车驱动桥主动及从动圆锥齿轮	20CrMnTi 20CrMnMo	渗碳	齿面硬度：58～64HRC 心部硬度：$m_n\leqslant8$ 时，32～45HRC $m_s>8$ 时，29～45HRC
3	汽车驱动桥差速器行星及半轴齿轮	20CrMnTi 20CrMo 20CrMnMo	渗碳	同序号 1 中渗碳工序
4	汽车发动机凸轮轴齿轮	HT150 HT200		170～229HBS
5	汽车曲轴正时齿轮	35，40，45 40Cr	正火	149～179HBS
			调质	207～241HBS
6	汽车起动机齿轮	15Cr 20Cr 20CrMo 15CrMnMo 20CrMnTi	渗碳	层深：0.7～1.1mm 表面硬度：58～634HRC 心部硬度：33～43HRC
7	汽车里程表齿轮	20 Q215	（浅层）碳氮共渗	层深：0.2～0.35mm
8	拖拉机传动齿轮，动力传动装置中的圆柱齿轮、圆锥齿轮及轴齿轮	20Cr 20CrMo 20CrMnMo 20CrMnTi 30CrMnTi	渗碳	层深：不小于模数的 0.18 倍，但不大于 2.1mm，各种齿轮渗层深度的上下限不大于 0.5mm，硬度要求同序号 1、2
		40Cr 45Cr	（浅层）碳氮共渗	同序号 1 中碳氮共渗工序
9	拖拉机曲轴正时齿轮、凸轮轴齿轮、喷油泵驱动齿轮	45	正火	156～217HBS
			调质	217～255HBS
		HT150		170～229HBS
10	汽车、拖拉机油泵齿轮	40，45	调质	28～35HRC

注：①m_n——法向模数；②m_s——端面模数。

3.6.2 汽车轴类零件的选材

轴是汽车上的最重要零件之一，主要用于支承传动零件（如齿轮、凸轮等）、传递运动和动力。根据轴类零件的工作条件和失效形式，对其材料有以下性能要求：

（1）良好的综合力学性能，足够的强度、硬度、塑性和一定的韧性，以防止过载断裂和冲击断裂。

（2）高的疲劳强度，对应力集中敏感性低，以防疲劳断裂。

（3）足够的淬透性，热处理后表面要有高硬度、高耐磨性，以防磨损失效。

（4）良好的切削加工性能，价格便宜。

轴类零件的选材既要考虑材料的强度，也要考虑冲击韧性和表面耐磨性。因此，轴一般用锻造或轧制的低、中碳钢或合金钢制造。

由于碳钢比合金钢便宜，并且有一定的综合力学性能，对应力集中敏感性小，所以一般轴类零件使用较多。常用的优质碳素结构钢有35、40、45、50钢等，其中45钢最常用。为改善其性能，这类钢一般要经过正火、调质或表面淬火等热处理。

合金钢比碳钢具有更好的力学性能和热处理工艺性，但对应力集中敏感性较高，价格也较高，所以当载荷较大并要求限制轴的外形、尺寸和重量，或对轴颈的耐磨性要求高时，可采用合金钢。常用的合金钢有20Cr、40Cr、40CrNi、20CrMnTi、40MnB等。常用合金钢也必须采用相应的热处理才能充分发挥其作用。

除上述碳钢和合金钢外，还可以采用球墨铸铁和高强度灰铸铁作为轴的材料，特别是曲轴的材料选用。

3.6.2.1 汽车发动机曲轴的选材

曲轴是汽车发动机中形状复杂的重要零件之一，如图3.46所示。汽车发动机曲轴的作用是输出动力，并带动其他部件运动。曲轴在工作中受到弯曲、扭转、剪切、拉压、冲击及交变应力作用。

图3.46 汽车发动机曲轴

曲轴的形状极不规则，其上的应力分布极不均匀，曲轴颈与轴承还发生滑动摩擦。曲轴的主要失效形式是疲劳断裂和轴颈严重磨损两种。

根据曲轴的工作条件和失效形式，要求曲轴应具备以下性能：

（1）高的强度和一定的冲击韧性。

（2）足够的抗弯、扭转和疲劳强度。

（3）足够的刚度。

（4）轴颈表面有高的硬度和耐磨性。

实际生产中，按照制造工艺，将汽车发动机曲轴分为锻造曲轴和铸造曲轴。锻造曲轴一般采用优质中碳钢和中碳合金钢制造，如30、35、35Mn2、40Cr、35CrMo等，经模锻、调质、切削加工后对轴颈部进行表面淬火。铸造曲轴主要由铸钢、球墨铸铁、珠光体可锻铸铁及合金铸铁等制造，如ZG230-450、QT600-3、KTZ450-5、KTZ500-4等。铸钢曲轴经铸造、高温正火、高温回火、切削加工后对轴颈进行气体渗碳、淬火、回火处理。

3.6.2.2　汽车半轴的选材

汽车半轴是驱动车轮转动的直接驱动零件，也是汽车后桥中的重要受力部件，如图 3.47 所示。汽车运行时，发动机输出的扭矩经过变速器、差速器和减速器传给半轴，再由半轴传给车轮，带动汽车行驶。半轴在工作时主要承受扭转力矩、交变弯曲及一定的冲击载荷。在通常情况下，半轴的寿命主要取决于花键齿抗压陷和耐磨损的性能，但断裂现象也不时发生。载重汽车半轴最容易损坏的部位是轴的杆部和凸缘的连接处、花键端以及花键与杆部相连的部位。这些部位发生损坏时，一般为疲劳断裂。

图 3.47　汽车半轴

根据半轴的工作条件，要求半轴材料具有高的抗弯强度、疲劳强度和较好的韧性。汽车半轴是要求综合力学性能较高的零件，通常选用调质钢制造。中、小型汽车的半轴一般用 45 钢、40Cr 制造，重型汽车则用 40MnB、40CrNi 或 40CrMnMo 等淬透性较高的合金钢制造。半轴加工中常采用喷丸处理及滚压凸缘根部圆角等强化方法。为提高半轴的疲劳强度，使其获得良好的综合力学性能，采用调质处理，其高温回火工序采用快冷方式，防止出现回火脆性。花键部位为提高硬度和耐磨性，需要进行表面淬火和低温回火。

汽车半轴常用材料、技术要求及热处理工艺见表 3.32。

表 3.32　汽车半轴常用材料、技术要求及热处理工艺

类别	材料	技术要求	热处理工艺
轿车和吉普车	40Cr	淬火、中温回火： 杆部 28～32HRC 法兰 28～32HRC	淬火温度：840～860℃，水冷后空冷 回火温度：400～460℃，水冷
		感应淬火： 硬化层深度 4～6mm 硬度 50～55HRC	中频淬火：180～250℃回火
	20CrMnTi	渗碳淬火： 硬化层深度 1.5～1.8mm 硬度 59～68HRC	渗碳温度：(930±10)℃，随炉冷却 淬火温度：830～850℃，油冷 回火温度：180～200℃，空冷
载重车	40Cr	预备热处理：正火	加热温度：860～900℃，流动空气中冷却至 600℃空冷
		最终热处理： 感应淬火： 硬化层深度 3～6mm 硬度：49～62HRC	中频淬火：180～200℃回火
	40MnB	预备热处理：调质硬度 229～269HBS	淬火加热温度：(840±10)℃，油冷
		最终热处理： 感应淬火： 硬化层深度 1～7mm 硬度：52～63HRC	中频淬火：180～200℃回火

续表

类别	材料	技术要求	热处理工艺
重型车	40CrMnMo	预备热处理： 退火 硬度≤225HBS	加热温度：860～880℃，流动空气冷却
		淬火、中温回火： 硬度37～44HRC	淬火温度：(840±10)℃，流动空气冷却 回火温度：(480±10)℃，水冷

3.6.3　汽车弹簧的选材

弹簧是一种重要的机械零件。它的基本作用是利用材料的弹性和弹簧本身的结构特点，在载荷作用下产生变形时，把机械功或动能转变为形变能；在恢复变形时，把形变能转变为动能或机械能。弹簧的种类很多，按形状分主要有螺旋弹簧、板弹簧、蜗卷弹簧等，如图 3.48 所示。不同的弹簧用途不同：如汽车、拖拉机、火车中使用的悬架弹簧，主要起缓冲或减振作用；汽车发动机中的气门弹簧，在外力去除后能自动恢复到原来位置，起到复位作用；钟表、玩具中的发条起储存和释放能量的作用。

（a）压缩螺旋弹簧　　　（b）拉伸螺旋弹簧　　　（c）扭转螺旋弹簧

（d）板弹簧

（e）蜗卷弹簧

图 3.48　弹簧的种类

对弹簧材料的主要性能要求是：高的弹性极限和高的屈强比，高的疲劳强度以及一定的塑性和韧性。一些特殊弹簧还要求有良好的耐热性和耐腐蚀性。

中碳钢和高碳钢都可制作弹簧，但因其淬透性和强度较低，只能用来制造截面较小、受力较小的弹簧。合金弹簧钢则可制造截面较大、屈服极限较高的重要弹簧。

3.6.3.1　汽车板簧的选材

汽车板簧用于缓冲和吸振，承受很大的交变应力和冲击载荷。其主要失效形式为刚度不足引起的过度变形或疲劳断裂。因此对汽车板簧材料的要求是要有较高的屈服强度和疲劳强度。

汽车板簧一般选用弹性高的合金弹簧钢制造，如 65Mn、60Si2Mn 钢等。对于中型或重型汽车，板簧还采用 50CrMn、55SiMnVB 钢；对于中型载货汽车用的大截面积板簧，则采用 55SiMnV、55SiMnVNb 钢制造。

板簧一般采用的加工工艺路线为：热轧钢板冲裁下料→压力成型→淬火、中温回火→喷丸处理。喷丸处理是对板簧进行表面强化的重要手段，目的是提高板簧的疲劳强度。

3.6.3.2　气门弹簧的选材

气门弹簧是一种压缩螺旋弹簧，其用途是在凸轮、摇臂或挺杆的联合作用下，使气门打开和关闭。气门弹簧受力不是很大，可采用淬透性比较好、晶粒细小、有一定耐热性的 50CrVA 钢制造。其工艺路线为：冷卷成型→淬火、中温回火→喷丸处理→两端磨平。

3.6.4　箱体类零件的选材

一般箱体类零件结构复杂，具有不规则的外形和内腔，且壁厚不均匀。这类零件包括各种机械设备的横梁、支架、底座、齿轮箱、轴承座、阀体、泵体等，在汽车上的应用主要有气缸体、气缸盖、变速箱壳体、驱动桥壳等，质量相差很大，从几千克到数十吨。工作条件相差也很大，其中有的基础件以承受压力为主，如内燃机气缸体（如图 3.49 所示）、气缸盖，并要求有较好的刚度和减摩性；有的要承受弯曲、扭转、拉压和冲击载荷，如汽车的驱动桥。总的说来，箱体类零件受力不大，但要求有良好的刚度和密封性。

图 3.49　内燃机气缸体

根据箱体类零件的结构特点和使用要求，通常以铸件作为毛坯，以铸造性能良好、价格低廉，并具有良好的耐压、耐磨、减摩性的灰铸铁为主要选材。对于质量要求不严格的一般内燃机的气缸盖、气缸体可采用灰铸铁；对于受力复杂或受冲击载荷的零件采用铸钢、可锻铸铁或球墨铸铁制造，如汽车的驱动桥壳；风冷发动机、小轿车发动机的气缸体、气缸盖可选用质量轻、导热良好的铝合金制造。

对铸铁件应进行去应力退火或时效处理，铸钢件常采用完全退火或正火处理。

3.6.5　其他零件的选材

3.6.5.1　发动机缸套的选材

发动机的工作循环是在气缸内完成的。气缸内与活塞接触的内壁面，由于直接承受燃气的冲刷，并与活塞存在一定压力的高速相对运动，使气缸内壁受到强烈的摩擦。气缸内壁的过量磨损是造成发动机故障的主要原因之一。因此，气缸的缸体一般采用普通铸铁或铝合金制造，气缸工作面则用耐磨材料制成缸套镶入气缸。

常用缸套材料为耐磨合金铸铁，主要有高磷铸铁、硼铸铁、合金铸铁等。为了提高缸套的耐磨性，可以用镀铬、表面淬火、喷镀金属钼或其他耐磨合金等办法对缸套进行表面处理。

3.6.5.2　活塞组的选材

活塞、活塞销和活塞环等零件组成活塞组，如图 3.50 所示，与缸体、缸盖配合形成一个容积变化的密闭空间，以完成内燃机的工作过程，在工作中承受燃气作用力并通过连杆将力传给曲轴输出。活塞组工作条件十分苛刻，在高温、高压燃气条件下工作，工作温度最高可达 1 000℃，并在气缸内作高速往复运动，产生很大的惯性载荷。活塞在传力给连杆时，还承受着交变的侧压力。对活塞材料的性能要求是热强度高，导热性好，吸热性差，膨胀系数小，减摩性、耐磨性、耐蚀性和工艺性好。

图 3.50　汽车活塞组

常用的活塞材料是铝合金。铝合金的特点是导热性好、密度小；硅的作用是使膨胀系数减小，耐磨性、耐蚀性、硬度、刚度和强度提高。铝硅合金活塞需进行固溶处理及人工失效处理，以提高表面硬度。

活塞销传递的力矩比较大，且承受交变载荷。这就要求活塞销材料应有足够的刚度、强度及耐磨性，还要求外硬内韧，同时具有较高的疲劳强度和冲击韧性。活塞销材料一般用 20、20Cr、18CrMnTi 等低合金钢。活塞销外表面应进行渗碳或液体碳氮共渗处理，以满足活塞销外表面硬而耐磨、内部韧性好而耐冲击的要求。

活塞环材料应具有一定的耐磨性、韧性以及良好的耐热性、导热性和易加工性等。目前一般多用以珠光体为基体的灰铸铁或在灰铸铁的基础上添加一定量的铜、铬、钼及钨合金元素的合金铸铁，也有的采用球墨铸铁或可锻铸铁。为了改善活塞环的工作性能，活塞环宜进行表面处理。目前应用最广泛的是镀铬，可使活塞环的使用寿命提高 2～3 倍。其他表面处理的方法还有喷镀、磷化、氧化、涂敷合成树脂等。

3.6.5.3　连杆的选材

连杆如图 3.51 所示，是汽车发动机中的重要零件。其作用是连接活塞和曲轴，并将活塞的往复运动转变为曲轴的旋转运动，把作用在活塞上的力传给曲轴以输出功率。

连杆工作时受到复杂的拉、压应力的作用，还要承受气体做功时的冲击载荷。其主要失效形式是疲劳断裂和过量变形。因此要求连杆材料必须具有良好的综合力学性能及高的疲劳强度。

图 3.51　连杆

通常连杆材料选用综合力学性能好的中碳钢和中碳合金钢，如 45、40Cr、40MnB 等。合金钢虽具有很高的强度，但对应力集中很敏感。所以，在连杆外形、过渡圆角等方面需严格要求，还应注意表面加工质量，以提高疲劳强度，否则高强度合金钢的应用并不能达到预期效果。

3.6.5.4 气门的选材

气门的主要作用是打开和关闭进、排气道。气门工作时，需要承受较高的机械负荷和热负荷，尤其是排气门工作温度高达 650～850℃。另外，气门头部还承受气体压力及落座时因惯性力而产生的相当大的冲击。气门经常出现的故障有：气门座扭曲、气门头部变形、气门座表面积炭时引起燃烧废气对气门座表面强烈的烧蚀。

对气门的主要要求是保证燃烧室的气密性。气门材料应选用耐热、耐蚀、耐磨的材料。进、排气门工作条件不同，材料的选择也不同。进气门一般可用 40Cr、35CrSi、38CrSi、35CrMo、42Mn2V 等合金钢制造。排气门则要求用高铬耐热钢制造，采用 4Cr10Si2Mo 作为气门材料时，可承受的工作温度为 550～650℃；采用 4Cr14Ni14W2Mo 作为气门材料时，可承受的工作温度为 650～900℃。

3.6.5.5 汽车（车身、纵梁、挡板等）冷冲压零件的选材

在汽车零件中，冷冲压零件种类繁多，占总零件数的 50%～60%。汽车冷冲压零件采用的材料有钢板和钢带，钢板包括热轧钢板和冷轧钢板。

热轧钢板主要用来制造一些承受一定载荷的结构件，如保险杠、制动盘、纵梁等。这些零件不仅要求钢板具有一定的刚度、强度，还要求具有良好的冲压成形性能。冷轧钢板主要用来制造形状复杂、受力较小的机械外壳和驾驶室车身等覆盖零件。这些零件对钢板的强度要求不高，但要求具有优良的表面质量和良好的冲压性能，以保证高的成品合格率。

近年开发的加工性能良好、屈服强度和抗拉强度高的薄钢板（高强度钢板），由于其可降低汽车自重，提高燃油经济性，在汽车上获得了广泛应用。高强度钢板已用于制造横梁、边梁、保险杠、车顶、车门、前脸、后围、行李箱、发动机罩等。

3.6.6 钢铁材料在汽车上的应用

目前，钢铁材料在汽车上的应用占主导地位。钢铁材料在汽车发动机和底盘及车身主要零件上的应用分别见表 3.33、表 3.34。

表 3.33 钢铁材料在汽车发动机零件上的应用

代表零件	材料种类及牌号	使用性能要求	主要失效形式	热处理及其他
缸体、缸盖、飞轮、正时齿轮	灰铸铁：HT200	刚度、强度、尺寸稳定性	产生裂纹、孔壁磨损、翘曲变形	不处理或去应力退火。也可用 ZL104 铝合金制作缸体、缸盖，固溶处理后时效处理
缸套、排气门座等	合金铸铁	耐磨性、耐热性	过量磨损	铸造状态
曲轴等	球墨铸铁：QT600-2	刚度、强度、耐磨性	过量磨损、断裂	表面淬火、圆角滚压、渗氮。也可以用锻钢件

续表

代表零件	材料种类及牌号	使用性能要求	主要失效形式	热处理及其他
活塞销等	渗碳钢：20、20Cr、18CrMnTi、12Cr2Ni4	强度、冲击韧性、耐磨性	磨损、变形、断裂	渗碳、淬火、回火
连杆、连杆螺栓、曲轴等	调质钢：45、40Cr、40MnB	强度、疲劳强度、冲击韧性	过量变形、断裂	调质、探伤
各种轴承、轴瓦	轴承钢、轴承合金	耐磨性、疲劳强度	磨损、剥落、烧蚀破裂	不热处理（外购）
排气门	高铬耐热钢：4Cr10Si2Mo 4Cr14Ni14W2Mo	耐热性、耐磨性	起槽、变宽、氧化烧蚀	淬火、回火
气门弹簧	弹簧钢：65Mn、50CrVA	疲劳强度	变形断裂	淬火、中温回火
活塞	高硅铝合金：ZL108、ZL110	耐热强度	烧蚀、变形、断裂	固溶处理及时效处理
支架、盖、罩、挡板、油底壳等	钢板：Q235、08、20、16Mn	刚度、强度	变形	不热处理

表 3.34　钢铁材料在汽车底盘及车身零件上的应用

代表零件	材料种类及牌号	使用性能要求	主要失效形式	热处理及其他
纵梁、横梁、传动轴（4 000r/min）、保险杠、钢圈等	钢板：25、16Mn	强度、刚度、韧性	弯曲变形，扭转变形，铆钉松动、断裂	要求用冲压工艺好的优质钢板
前桥（前轴）转向节臂（羊角）、半轴等	调质钢：45、40Cr、40MnB	强度、韧性、疲劳强度	弯曲变形、扭转变形、断裂	模锻成型、调质处理、圆角滚压、无损探伤
变速箱齿轮、后桥齿轮等	渗碳钢：20CrMnTi、40MnB	强度、耐磨性、接触疲劳强度及断裂强度	麻点、剥落、齿面过量磨损、变形、断齿	渗碳（渗碳层深度0.88mm以上）淬火、回火，表面硬度58～62HRC
变速器壳、离合器壳	灰铸铁：HT200	刚度、尺寸稳定性、一定的强度	产生裂纹、轴承孔磨损	去应力退火
后桥壳等	可锻铸铁：KTH350-10 球墨铸铁：QT400-10	刚度、尺寸稳定性、一定的强度	弯曲、断裂	后桥还可以用优质钢板冲压后焊成或用铸钢
钢板弹簧	弹簧钢：65Mn、60Si2Mn、50CrMn、55SiMnVB	耐疲劳、冲击和腐蚀	折断、弹性减退、弯度减小	淬火、中温回火、喷丸强化

续表

代表零件	材料种类及牌号	使用性能要求	主要失效形式	热处理及其他
驾驶室、车厢罩等	08钢板、20钢板	刚度、尺寸稳定性	变形、开裂	冲压成型
分泵活塞、油管	有色金属：铝合金、纯铜	耐磨性、强度	磨损、开裂	

综合训练题3

一、名词解释

1. 铁素体

2. 奥氏体

3. 渗碳体

4. 珠光体

5. 低温莱氏体

6. 马氏体

7. 热处理

8. 调质

9. 淬透性

10. 淬硬性

二、填空题

1. 奥氏体在1148℃时，碳的质量分数为_____，在727℃时，碳的质量分数为_____。

2. 根据室温组织的不同，钢分为_____钢，其室温组织为_____和_____；_____钢，其室温组织为_____；_____钢，其室温组织为_____和_____。

3. 热处理工艺过程都由_____、_____和_____三个阶段组成。

4. 常用的淬火方法有_____淬火、_____淬火、_____淬火和_____淬火等。

5. 按回火温度范围可将回火分为_____回火、_____回火和_____回火三类。淬火后进行高温回火，称为_____。

6. 碳素钢简称碳钢，通常指碳的质量分数小于_____，并含有少量锰、硅、硫、磷等杂质元素的_____合金。

7. 碳素钢根据碳的质量分数的多少可分为_____、_____和_____。

8. Q235AF表示屈服强度为_____MPa的_____级沸腾钢。

9. 45钢按用途属于_____钢，按钢中有害元素S、P含量多少属于_____钢。

10. 所谓合金钢，是指在碳素钢的基础上，为了改善钢的某些性能，在冶炼时有目的地加入一些_____炼成的钢。

11. 灰铸铁、可锻铸铁、球墨铸铁及蠕墨铸铁中石墨的形态分别为_____状、_____状、_____状和_____状。

12. 铁素体为_____晶格，奥氏体为_____晶格，渗碳体为_____晶格。

13. 铁碳相图上的 ES 线是_____，PSK 线是_____。

三、选择题

1. 零件渗碳后，一般需经（　　）处理，才能达到表面高硬度和高耐磨性的目的。

A. 淬火＋低温回火　　　　　B. 正火　　　　　　　　C. 调质

2. 常用冷冲压方法制造的汽车油底壳应选用（　　）。

A. 08 钢　　　　　　　　　　B. 45 钢　　　　　　　　C. T10A 钢

3. 20 钢属于低碳钢，其碳的平均质量分数为 0.20%，用于制造汽车的（　　）。

A. 驾驶室　　　　　　　　　B. 风扇叶片　　　　　　C. 凸轮轴

4. 45 钢中碳的平均质量分数为（　　）。

A. 0.45%　　　　　　　　　　B. 4.5%　　　　　　　　C. 45%

5. 汽车上的变速齿轮、万向节十字轴、活塞销和气门挺杆等，它们的表面要求具有高硬度、高耐磨性，心部则要求具有高的强度和韧性，因而这些零件大多采用（　　）制造。

A. 合金渗碳　　　　　　　　B. 合金调质钢　　　　　C. 合金弹簧钢

6. 为了保证气门弹簧的性能要求，65Mn 钢制的气门弹簧最终要进行（　　）处理。

A. 淬火和低温回火　　　　　B. 淬火和中温回火　　　C. 淬火和高温回火

7. 铬不锈钢的合金元素以铬为主，其含量一般大于（　　）。

A. 0.13%　　　　　　　　　　B. 1.3%　　　　　　　　C. 13%

8. HT150 可用于制造（　　）。

A. 汽车变速齿轮　　　　　　B. 汽车变速器壳　　　　C. 汽车板簧

四、判断题

1. 碳溶于 α-Fe 中所形成的间隙固溶体称为奥氏体。（　　）

2. 淬火后的钢，随回火温度的增高，其强度和硬度也增高。（　　）

3. 硫、磷是钢中的有害元素，随着其含量的增加，会使钢的韧性降低，硫使钢产生冷脆，磷使钢产生热脆。（　　）

4. 40Cr 钢是最常用的合金调质钢，常用于制造转向节、气缸盖螺栓等。（　　）

5. Q345 钢与 Q235 钢的含碳量基本相同，但前者的强度明显高于后者。（　　）

6. GCr15 钢是滚动轴承钢，其铬的质量分数为 15%。（　　）

7. 铸钢用于制造形状复杂、难以锻压成形、要求有较高的强度和塑性，并承受冲击载荷的零件。（　　）

8. 可锻铸铁比灰铸铁的塑性好，因此可以进行锻压加工。（　　）

五、简答题

1. 为什么绑扎物件一般用铁丝（镀锌的低碳钢丝），而起重机吊重物时却用钢丝绳（用 60、65、70 等钢制成)？

2. 什么是热处理？其目的是什么？

3. 简述共析钢过冷奥氏体在 $A_1 \sim M_S$ 之间不同温度下等温时，转变产物的名称和性能。

4. 合金钢和碳素钢相比有哪些优点？

5. 举例说出合金渗碳钢、合金调质钢、合金弹簧钢、滚动轴承钢及耐热钢在汽车上的应用。

6.制造汽车后桥壳等薄壁铸件应采用可锻铸铁还是球墨铸铁？为什么？

7.为什么球墨铸铁的强度和韧性比灰铸铁、可锻铸铁高？

8.试为下列汽车零件选择合适材料。

（1）后视镜支架；（2）气门推杆；（3）气门弹簧；（4）车架纵、横梁；（5）变速齿轮；（6）钢板弹簧；（7）发动机的进排气门；（8）化油器针阀；（9）气缸体；（10）曲轴。

🚗 **中国梦·大国工匠**

李仁清：用浮雕传拓技艺讲好中国故事

在中国非物质文化遗产项目中，传拓作为一项古老的、重要的技艺越来越受到广泛关注。7月28日，第二届大国工匠创新交流大会暨大国工匠论坛在京开幕。全国85位大国工匠齐聚北京参加开幕式。大国工匠、郑州仁清金石传拓艺术博物馆馆长、河南省省级非物质文化遗产（传拓技艺）代表性传承人李仁清受邀参加，他的高浮雕拓印艺术作品尤为引人注目。

鞠萍姐姐讲大国工匠
故事：李仁清

花白头发，慈祥双目，一身灰色的唐装显得有点"仙"气飘飘又和蔼可亲，这是李仁清留给记者的第一印象。8月5日，记者采访他时，他正在博物馆忙着锤拓作品。

"传拓看起来简单，感觉只是铺纸、捶打、上墨，其实很复杂。这每一张拓片，不同时期不同朝代各有讲究，涉及考古学、历史学等多门学科，从业者必须具备深厚的知识储备。"李仁清说。

李仁清对传拓技艺的创新，主要体现在解决了对古代高浮雕、圆雕石刻进行立体传拓的难题，通过水墨传拓使雕塑作品回归平面的构图"粉本"，解析、还原了一大批珍贵的汉魏唐宋艺术珍品。这一创新极大拓展了传拓这一古老技艺的创作领域及表现方式。近年来，他配合文物部门开展了大运河申遗、天地之中申遗、中小型石窟调查、北宋皇陵等一批重要传拓项目。他从文物测绘中学习借鉴了雕塑的空间透视方法，从绘画、书法艺术中参悟了墨分五彩、干湿润燥的水墨变化，通过艰苦、不间断、大型的传拓实践，并尝试了巨幅整张的传拓表现形式，先后对登封汉三阙汉阙形制、石刻图像与铭文，对巩义石窟寺中心柱佛龛、窟顶藻井等进行了整体性拓印。经过30多年的艰辛探索，李仁清开创了高浮雕传拓技艺，填补了历史的空白。

近几年，为更好地让石窟"活"起来，李仁清屡屡创新，探索开发高浮雕传拓文创产品，推出了传拓盲盒、彩拓挂饰、手提袋、口罩等多项产品，颇受大众喜爱。

　　"我们常说讲好中国故事，那到底什么是中国故事？在我看来，拓片记载了碑刻，记载了时代。通过复原这些拓片图案，我们能从每个时代的绘画、雕刻内容上，感受到当时的人们想讲述什么样的故事。把这些历史故事讲好了，就是把中国故事讲好了。"李仁清说。

　　在数字化时代的今天，古老的传拓技术，仍是文博领域复制保存金石文字的最佳方法，非但没被淘汰，且因其独特、无可替代的艺术性和表现力，伴随着拓艺新发展，仍焕发着青春的活力。

　　资料来源：单丹．李仁清：用浮雕传拓技艺讲好中国故事．河南工人日报新闻网，2023-08-08.

第4章

汽车用有色金属及其合金

知识点	技能点
常用有色金属的分类、性能、牌号及应用。	了解汽车常用有色金属的性能要求。 熟悉汽车上使用的有色金属。 学会汽车常用零部件选用有色金属的方法。

在工业生产中，通常把铁及其合金称为黑色金属，把黑色金属以外的其他金属称为有色金属。有色金属具有特殊的电、磁、热性能和耐腐蚀性，以及高的比强度（强度/密度），它是实现汽车轻量化的理想材料，因而在现代汽车工业中得到了广泛的应用。汽车上常用的有色金属主要有铝、铜及其合金和滑动轴承合金。近年来钛、镁、锌及其合金和粉末冶金材料的应用也日趋广泛。

4.1 铝及铝合金

4.1.1 纯铝

4.1.1.1 纯铝的特性及应用

纯铝是银白色的轻金属，密度为 $2.72g/cm^3$，仅为铁的 1/3，经常用作各种轻质结构材料。工业纯铝导电性好，仅次于银、铜和金，居第四位；其导热性是铁的三倍；由于铝的表面能生成一层致密的氧化铝薄膜，可以阻止铝进一步氧化，因此其抗大气腐蚀性能好，但对酸、碱、盐的耐蚀性较差。纯铝具有极好的塑性（$A=30\%\sim50\%$，$Z=80\%$），容易加工成各种丝、线、棒、箔、片等型材。但纯铝强度、硬度很低（$R_m=70\sim100MPa$，20HBS），焊接性能较差，一般不适宜制作各种结构件。

纯铝的主要用途是代替贵重的铜制作导线、电缆、电气元件等，还可制作质轻、导热、耐大气腐蚀的器具及包覆材料。在汽车上常用于制作垫片、内外装饰件和铭牌等。

4.1.1.2 纯铝的牌号

铝的含量不低于 99.00% 时为纯铝，其牌号用 1××× 表示。牌号的第二位字母表示原始纯铝的改型，如字母为 A，则表示原始纯铝；如果是 B～Y 中的其他字母，则表示原始纯铝的改型。牌号的最后两位数字表示最低铝百分含量。例如牌号 1A60 的铝板，表示最低铝的百分含量应为 99.60% 的原始纯铝。

4.1.2　铝合金

纯铝因其强度、硬度很低，切削加工性能和焊接性能较差，在汽车工业中使用较少。若向纯铝中加入适量的硅、铜、镁、锰等合金元素制成铝合金，则不仅保持了纯铝密度小、导热性和导电性好的优点，其强度和硬度也得到了较大改善。铝合金常用于制造质轻、强度要求较高的零件。

铝合金在汽车上的应用日趋广泛，不仅可用于制造活塞、气缸体、气缸盖、连杆和进气歧管等发动机零件，还可用于制造轮毂、离合器壳、转向器壳和变速器拨叉等底盘零件，甚至车身、车架等也开始采用铝合金制造。常见铝合金制造的汽车零件如图 4.1 所示。

（a）进气歧管　　　　　（b）活塞　　　　　　（c）气缸盖

（d）散热器　　　　　（e）离合器壳　　　　　（f）轮毂

图 4.1　常见铝合金制造的汽车零件

根据铝合金的成分和工艺特点，可将其分为变形铝合金和铸造铝合金两大类。

4.1.2.1　变形铝合金

变形铝合金的塑性好，变形抗力小，适合通过压力加工成型，通常在冶金厂加工成各种规格的型材，用于各种汽车零件的制造。按其化学成分与主要性能特点，变形铝合金分为防锈铝、硬铝、超硬铝和锻铝四种，其中防锈铝是不能热处理强化的铝合金。

按《变形铝及铝合金牌号表示方法》（GB/T 16474—2011）的规定，变形铝合金牌号用"×A××"表示，牌号的第一、三、四位为数字，其中第一位数字是依主要合金元素 Cu、Mn、Si、Mg、Mg2Si、Zn 的顺序来表示变形铝合金的组别，按主要合金元素的排列顺序分别标示为 2、3、4、5、6、7；后两位数字表示同一组别中不同铝合金的序号。例如 2A11 表示以 Cu 为主要合金元素的 11 号变形铝合金，5A50 表示以 Mg 为主要合金元素的变形铝合金。

常用变形铝合金的牌号、性能及用途，见表 4.1。

表 4.1　常用变形铝合金的牌号、性能及用途

类别	原代号	新牌号	力学性能			性能特点	用途举例
			R_m/MPa	A/%	HBS		
防锈铝	LF5	5A05	280	20	70	具有优良的塑性、良好的耐腐蚀性和焊接性，但切削加工性差，不能用热处理强化	用于制作有耐蚀性要求的容器，如焊接油箱、油管、铆钉及受力小的零件
	LF21	3A21	130	20	30		
硬铝	LY1	2A01	300	24	70	通过淬火、时效处理，抗拉强度可达400MPa，比强度高，但不耐海水和大气的腐蚀	用于工作温度不超过100℃的中等强度铆钉
	LY11	2A11	420	18	100		用于中等强度的结构件，如骨架、螺旋桨叶片、铆钉等
	LY12	2A12	470	17	105		用于高强度结构件及150℃以下工作的零件，如飞机的骨架零件、蒙皮、翼梁等
超硬铝	LC4	7A04	600	12	150	塑性中等，强度高，切削加工性能良好，耐腐蚀性中等，点焊性能良好，但气焊性能不良	用于受力大的重要结构件，如飞机大梁、起落架、加强框等
锻铝	LD5	2A50	420	13	105	力学性能与硬铝相近，有良好的热塑性，适合于锻造	形状复杂和中等强度的锻件及冲压件如压气机叶片等
	LD7	2A70	415	13	120		高温下工作的复杂锻件，如内燃机活塞等

4.1.2.2　铸造铝合金

铸造铝合金用于制造铸件的铝合金，简称铸铝。它的力学性能不如变形铝合金，但其铸造性能好，可通过铸造生产形状复杂的铸件。根据添加元素的不同，常用的铸造铝合金有铝硅合金、铝铜合金、铝镁合金及铝锌合金等，其中以铝硅合金应用最多。

根据《铸造铝合金》（GB/T 1173—2013）的规定，铸造铝合金牌号由 Z（"铸"字汉语拼音字首）Al＋主要合金元素的元素符号及平均质量分数组成，如 ZAlSi12 表示为 $\omega_{Si}=$ 12%，其余为 Al 的铝硅铸造合金。如果合金元素平均质量分数小于1%，一般不标数字，必要时可用一位小数表示。

铸造铝合金代号用"铸铝"两字的汉语拼音字首 ZL 及三位数字表示。ZL 后的第一位数字表示合金系列，其中 1 表示铝硅合金，2 表示铝铜合金，3 表示铝镁合金，4 表示铝锌合金。后两位数字表示合金顺序号，如 ZL102 表示 02 号 Al‑Si 系铸造铝合金。

1. Al‑Si 系铸造铝合金

这类合金又称硅铝明，它具有铸造性能好、密度小、线膨胀系数小、导热性和耐蚀性好等特点，是铸造性能与力学性能配合最佳的一种铸造合金。在该合金的基础上，加入适

量的 Cu、Mn、Mg、Ni 等元素，发展成为可时效强化的铝硅合金，称特殊硅铝明。铝硅合金是目前应用最广的铸造铝合金，常用的有 ZL102、ZL104 和 ZL108 等，在汽车上常用于制造发动机活塞、气缸体和风扇叶片等。

2. Al - Cu 系铸造铝合金

这类铝合金具有较高的强度和耐热性，但铸造性能、耐蚀性和比强度不如铝硅合金。常用的有 ZL201、ZL202、ZL203 等，主要用于制造在 300℃ 以下工作的要求高强度的零件，如增压器的导风叶轮、静叶片等。

3. Al - Mg 系铸造铝合金

这类铝合金具有良好的耐蚀性和较高的强度，密度小（2.55g/cm³），但铸造性能差，易氧化和产生裂纹。常用的有 ZL301、ZL303，主要用于制造在海水中承受较大冲击力和外形不太复杂的铸件，如舰船和动力机械零件。

4. Al - Zn 系铸造铝合金

这类铝合金具有较高的强度和良好的铸造性能、切削加工性能和焊接性能，但耐蚀性差，密度大，热裂倾向较大。常用的有 ZL401、ZL402，主要用于制造汽车、拖拉机发动机零件及形状复杂的仪器零件、医疗器械等。

常用铸造铝合金的牌号、性能及用途，见表 4.2。

表 4.2　常用铸造铝合金的牌号、性能及用途

类别	牌号	代号	用途
铝硅合金	ZAlSi7Mg	ZL101	形状复杂的零件，如飞机、仪器零件、抽水机壳体等
	ZAlSi12	ZL102	工作温度在 200℃ 以下的高气密性、低载荷零件，如仪表、抽水机壳体等
	ZAlSi9Mg	ZL104	工作温度在 250℃ 以下形状复杂的零件，如电动机壳体、气缸体等
	ZAlSi5Cu1Mg	ZL105	工作温度在 250℃ 以下形状复杂的零件，如风冷发动机气缸头、机匣、油泵壳体等
	ZAlSi12Cu2Mg1	ZL108	要求高温强度及低膨胀系数的零件，如高速内燃机活塞等
铝铜合金	ZAlCu5Mn	ZL201	砂型铸造工作温度为 175～300℃ 的零件，如内燃机气缸头、活塞等
	ZAlCu10	ZL202	高温下工作不受冲击的零件和要求硬度较高的零件
	ZAlCu3	ZL203	中等载荷、形状比较简单的零件
铝镁合金	ZAlMg10	ZL301	承受冲击载荷、外形不太复杂、在大气或海水中工作的零件，如舰船配件、氨用泵体、内燃机车配件等
	ZAlMg5Si1	ZL303	
铝锌合金	ZAlZn11Si7	ZL401	结构形状复杂的汽车、飞机、仪器仪表零件，也可制造日用品
	ZAlZn6Mg	ZL402	

4.1.3　铝及铝合金在汽车上的应用

铝具有比强度高、耐腐蚀性优良、适合多种成型方法、较易再生利用等优点，是汽车工业应用较多的金属材料，特别是能源、环境、安全等方面的原因使对汽车轻量化的要求越来越迫切，使用轻量化材料是实现汽车轻量化的重要途径，铝是应用得比较成熟的轻量化材料。近20年来，铝在汽车上的用量和在汽车材料构成中所占份额都有明显的增加。由铝合金制造的零件已经遍及汽车的发动机、底盘、车身等各个部分。

汽车上应用的铝合金以铸造铝合金为主，主要用于活塞、气缸盖、气缸体等零件。与铸铁比，铝的导热性能约高三倍，因而适于制造需要散热的热交换器零件。此外铸造铝合金还用于制造离合器壳体、变速箱壳体、后桥壳、转向器壳体、摇臂盖、正时齿轮壳体等壳体类零件，发动机部件，以及保险杠、车轮、发动机框架、转向节液压泵体、制动钳、油缸及制动盘等非发动机结构件，且今后有进一步扩大应用的趋势。发动机部件用铝合金制造的轻量化效果最为明显，一般可减重30％以上。

4.2　铜及铜合金

铜是人类历史上应用最早的金属，也是至今应用最广的有色金属之一。铜及铜合金具有优良的导电性、导热性，较强的抗大气腐蚀性和一定的力学性能，优良的减摩性和耐磨性，并具有良好的加工性能，被广泛地应用在电气、仪表、汽车、造船及机械制造工业中。据统计，一辆载货汽车需用20kg左右的铜。汽车上使用的铜主要是纯铜、黄铜和青铜等。

4.2.1　纯铜

4.2.1.1　纯铜的特性及应用

工业用纯铜的含铜量高于99.95％，呈玫瑰红色。当表面生成氧化铜后，呈紫色，故又称紫铜。纯铜密度为4.96g/cm^3，熔点为1 083℃，具有优良的导电性和导热性，很高的化学稳定性，在大气、淡水和冷凝水中有良好的耐蚀性。但强度不高（R_m＝230～250MPa），硬度很低（40～50HBS），塑性很好（A＝45％～55％）。经冷塑性变形后，抗拉强度R_m可提高到400～500MPa，但伸长率A急剧下降到2％左右。

由于工业纯铜强度、硬度低，不宜作为受力的结构材料。在汽车上的应用主要是利用其导电性，制作电线、电缆和电气接头等电气元件；利用其导热性，制作散热器等导热元件。此外，纯铜还可用于制作气缸垫、进排气管垫、轴承衬垫和油管等。

4.2.1.2　纯铜的牌号

工业纯铜按杂质含量分为T1、T2、T3、T4四个牌号，其中T是"铜"字汉语拼音字首，数字表示顺序号，数字越大则纯度越低。

4.2.2　铜合金

纯铜因其成本较高，强度低，不适宜作为结构件。若向纯铜中加入合金元素制成铜合金，则不仅能提高强度，还能保持纯铜优良的物理和化学性能。因此，在机械工业中广泛使用的是铜合金。

铜合金按加入主要合金元素分为黄铜、青铜、白铜三大类。

4.2.2.1　黄铜

以锌为主要加入元素的铜合金称为黄铜。黄铜又分为普通黄铜和特殊黄铜两类。按生产方式可分为压力加工黄铜及铸造黄铜。

1. 普通黄铜

普通黄铜是铜锌二元合金，其具有良好的耐腐蚀性和压力加工性能，并具有一定的塑性和强度。普通加工黄铜牌号用"H＋数字"表示。H 为"黄"字汉语拼音字首，数字表示铜的质量分数。例如 H68 表示 $\omega_{Cu}=68\%$，其余为锌的普通黄铜。H70、H68 等塑性好，适于制造形状复杂、耐腐蚀的冲压件，如弹壳、散热器外壳、导管、雷管等。H62、H59 等热加工性能好，适合进行热变形加工，有较高强度，可制造一般机器零件，如铆钉、垫圈、螺钉、螺帽等。H80 等含铜量高的黄铜，色泽金黄，并且具有良好的耐蚀性，可用作装饰品、电镀、散热器管等。

2. 特殊黄铜

在 Cu 与 Zn 的基础上再加入其他元素的铜合金，称为特殊黄铜。合金元素的加入，改善了黄铜的力学性能、耐腐蚀性和某些工艺性能。如加入铝能提高黄铜的强度、硬度和耐磨性；加入硅能提高黄铜的强度、硬度和铸造性能；加入锰能提高黄铜的力学性能和耐腐蚀性；加入锡能提高黄铜的耐腐蚀性，尤其能提高黄铜在海水中的耐腐蚀性；加入铅能改善黄铜的切削加工性能等。

压力加工特殊黄铜牌号用"H＋主加合金元素符号＋铜的平均质量分数＋合金元素平均质量分数"表示。例如 HPb59‐1 表示 $\omega_{Cu}=59\%$、$\omega_{Pb}=1\%$，其余为锌的铅黄铜。

3. 铸造黄铜

牌号用"Z＋铜和合金元素符号＋合金元素平均质量分数"表示。例如，ZCuZn38 表示 $\omega_{Zn}=38\%$，其余为铜的铸造普通黄铜；ZCuZn16Si4 表示 $\omega_{Zn}=16\%$、$\omega_{Si}=4\%$，其余为铜的铸造硅黄铜。

常用黄铜的牌号、化学成分、力学性能及用途见表 4.3。

表 4.3　常用黄铜的牌号、化学成分、力学性能及用途

组别	牌号	化学成分/%		力学性能		主要用途
		Cu	其他	R_m/MPa	A/%	
普通黄铜	H90	88.0～91.0	Zn	245/395	35/3	双金属片、供水和排水管、证章、艺术品
	H68	67.0～70.0	Zn	294/392	40/13	冷凝管、散热器及导电零件、轴套等
	H62	60.5～63.5	Zn	294/412	40/10	机械、电气零件，铆钉、螺母、垫圈、散热器及焊接件、冲压件

续表

组别	牌号	化学成分/%		力学性能		主要用途
		Cu	其他	R_m/MPa	A/%	
特殊黄铜	HSn62-1	61.0～63.0	0.7～1.1Sn 余量 Zn	249/392	35/5	与海水和汽油接触的船舶零件
	HMn58-2	57.0～60.0	1.0～2.0Mn 余量 Zn	382/588	30/3	船舶零件及轴承等耐磨零件
	HPb59-1	57.0～60.0	0.8～1.9Pb 余量 Zn	343/441	25/5	热冲压及切削加工零件，如销、螺钉、轴套等
铸造黄铜	ZCuZn38	60.0～63.0	余量 Zn	295/295	30/30	一般结构件，如螺杆、螺母、法兰、阀座、日用五金等
	ZCuZn31Al2	60.0～68.0	2.0～3.0Al 余量 Zn	295/390	12/15	压力铸造件，如电机、仪表等，以及造船和机械制造中的耐蚀零件
	ZCuZn40Mn2	57.0～60.0	1.0～2.0Mn 余量 Zn	345/390	20/25	在空气、淡水、海水、蒸汽（＜300℃）和各种液体、燃料中工作的零件

注：（1）力学性能中分母的数值，对于加工黄铜是指加工硬化状态的数值，对于铸造黄铜是指金属型铸造时的数值；（2）分子数值，对于加工黄铜为退火状态的数值，对于铸造黄铜为砂型铸造时的数值。

4.2.2.2 青铜

除黄铜和白铜（铜镍合金）以外的所有铜合金统称为青铜。根据主要加入元素分别称为锡青铜、铝青铜、铅青铜、铍青铜等。

加工青铜的代号用"Q＋主加元素符号及平均含量（质量分数×100）＋其他元素的平均含量（质量分数×100）"表示，例如 QSn4-3 表示含 ω_{Sn}＝4%、ω_{Zn}＝3%的锡青铜。

铸造青铜的牌号表示方法与铸造黄铜相同，如 ZCuSn5Zn5Pb5 表示含 ω_{Sn}＝5%、ω_{Zn}＝5%、ω_{Pb}＝5%的铸造锡青铜。

1. 锡青铜

以 Sn 为主加元素的铜合金称为锡青铜。锡青铜具有耐蚀、耐磨、强度高、弹性好、铸造性能好等特点，特别适合于铸造形状复杂的铸件。

工业上常用锡青铜有 QSn4-3、QSn6.5-0.1、ZCuSn10P1 等，主要用于制造弹性元件、轴承等耐磨零件、抗磁及耐蚀零件。在汽车上常用锡青铜制造发动机摇臂衬套、活塞销衬套等。

2. 铝青铜

以 Al 为主加元素的铜合金称为铝青铜。铝青铜的强度、硬度、耐磨性、耐热性、耐蚀性都高于黄铜和锡青铜，但其铸造性能、焊接性能较差，此外还有冲击时不发生火花等特性。常用铝青铜有 QAl7、QAl9-2 等，主要用于机械、化工、造船及汽车工业中的轴套、齿轮、蜗轮、管路配件等零件。

3. 铅青铜

以 Pb 为主加元素的铜合金称为铅青铜。铅青铜减摩性好、疲劳强度高并有良好的热传导性，是一种重要的高速重载滑动轴承合金，主要用作高压、高速条件下工作的耐磨零件。常用的铅青铜有 ZCuPb30、ZCuPb10Sn10、ZCuPb15Sn8 等。

4. 铍青铜

以 Be 为主加合金元素的铜合金称铍青铜，一般铍的含量为 1.7%～2.5%。铍青铜具有很高的强度、硬度、疲劳强度和弹性极限，而且耐蚀、耐磨、无磁性，导电和导热性好，铸造性能好，受冲击无火花等。常用的铍青铜有 QBe2、QBe1.5 等，主要用于制作高级精密的弹性元件，如弹簧、膜片、膜盘等；特殊要求的耐磨零件，如钟表的齿轮和发条、压力表游丝；高速、高温、高压下工作的轴承、衬套及矿山、炼油厂用的冲击不带火花的工具。铍青铜价格较贵，所以应用受到限制。

常用青铜的牌号、性能及用途见表 4.4。

表 4.4 常用青铜的牌号、性能及用途

类别	牌号	化学成分		状态	力学性能			用途
		主加元素	其他		R_m/MPa	A/%	HBS	
锡青铜	QSn4-3	Sn3.5～4.5	Zn2.7～3.7 Cu余量	TL	350 550	40 4	60 160	制作弹性元件、化工设备的耐蚀零件、抗磁零件
	QSn7-0.2	Sn6.0～8.0	P0.1～0.25 Cu余量	TL	360 500	64 15	75 180	制作中等负荷、中等滑动速度下承受摩擦的零件，如轴套、蜗轮等
	ZCuSn10P1	Sn9.0～11.0	P0.5～1.0 Cu余量	SJ	220 250	3 5	79 89	用于高负荷和高滑动速度下工作的耐磨件，如轴瓦等
铝青铜	ZCuAl9Mn2	Al8.5～10.0 Mn1.5～2.5	Cu余量	SJ	390 440	20 20	83 93	耐磨、耐蚀零件，形状简单的大型铸件和要求气密性高的铸件
	QAl7	Al6.0～8.0	Cu余量	L	637	5	157	重要用途弹簧和弹性元件
铅青铜	ZCuPb30	Pb27.0～33.0	Cu余量	J			25	要求高滑动速度双金属轴瓦减磨零件
铍青铜	QBe2	Be1.9～2.2	Ni0.2～0.5 Cu余量	T L	500 850	40 4	90 250	重要的弹簧及弹性元件，耐磨零件及在高速、高压下工作的轴承

注：T 为退火状态，L 为冷变形状态；S 为砂型铸造，J 为金属型铸造。

4.2.2.3 白铜

白铜是以 Ni 为主要加入元素的铜合金。白铜分普通白铜和特殊白铜。

1. 普通白铜

普通白铜是 Cu-Ni 二元合金，具有较高的耐腐蚀性和抗腐蚀疲劳性能及优良的冷热加工性能。普通白铜牌号用"B+镍的平均百分含量"表示。如 B5，表示含 Ni 量为 5% 的普通白铜。常用牌号有 B5、B19 等。普通白铜用于在蒸汽和海水环境下工作的精密机械、仪表零件及冷凝器、蒸馏器、热交换器等。

2. 特殊白铜

特殊白铜是在普通白铜基础上添加 Zn、Mn、Al 等元素形成的，分别称为锌白铜、锰白铜、铝白铜等。其耐蚀性、强度和塑性高，成本低。特殊白铜的代号表示形式是"B+第二合金元素符号+镍的含量+第二合金元素含量"，数字之间以"-"隔开，如 BMn3-12 表示含 Ni3%、Mn12%、Cu85% 的锰白铜。常用牌号有 BMn40-1.5（康铜）、BMn43-0.5（考铜）等。特殊白铜用于制造精密机械、仪表零件及医疗器械等。

4.2.3　铜和铜合金在汽车上的应用

铜和铜合金在汽车上主要用于制作散热器、制动系统管路、液压装置、齿轮、轴承、刹车摩擦片、电气元件、垫圈以及各种接头、配件和饰件等。其中 H68 用于散热器夹片、散热器本体主片、暖风散热器主片等；HPb59-1 用于化油器配制针、制动阀阀座、曲轴箱通风阀座、储气筒放水阀本体及安全阀座等；ZCuPb30 用于曲轴轴瓦、曲轴止推垫圈等；QSn4-4-2.5 用于活塞销衬套、发动机摇臂衬套等；ZCuSn5Pb5Zn5 用于离心式润滑油滤清器上、下轴承。图 4.2 所示为汽车散热器。

图 4.2　汽车散热器

4.3　滑动轴承合金

轴承是重要的机械零件，有滚动轴承和滑动轴承两类。
滑动轴承合金是制造滑动轴承的轴瓦及内衬的材料。汽车发动机中曲轴轴承、连杆轴承、凸轮轴轴承等都采用滑动轴承。常见的轴瓦结构如图 4.3 所示。

图 4.3　常见的轴瓦结构

4.3.1　滑动轴承合金的特点及分类

4.3.1.1　滑动轴承合金的特点与要求

当轴在轴承中旋转时，轴承表面不仅要承受一定的交变载荷，还与轴发生强烈的摩擦。为了减少轴的磨损，保证轴承正常工作，滑动轴承合金应具有以下性能：足够的强度、硬度和耐磨性；足够的塑性和韧性；较小的摩擦系数和高度磨合能力；良好的导热性、抗腐蚀性和低的膨胀系数等。

为了满足以上要求，滑动轴承合金理想的组织应该是软基体上分布硬质点，或者在硬基体上分布软质点。若组织是软基体上分布硬质点，当轴运转时软基体受磨损而凹陷，硬质点将凸出于基体支承着轴颈，使轴和轴瓦的接触面积减小；凹坑能储存润滑油，降低轴和轴瓦之间的摩擦系数，减少轴和轴承的磨损。另外，软基体能承受冲击和振动，使轴和轴瓦能很好地磨合，还能起嵌藏外来硬质点的作用，以保证轴颈不被擦伤。图 4.4 所示为滑动轴承合金的组织示意图。

图 4.4　滑动轴承合金的组织示意图

4.3.1.2　滑动轴承合金的分类及牌号

常用的滑动轴承合金有锡基轴承合金、铅基轴承合金、铜基轴承合金、铝基轴承合金等。滑动轴承合金一般在铸态下工作，其牌号以"铸"字汉语拼音字首 Z 开头，表示方法为"Z＋基本元素符号＋主加元素符号＋主加元素含量＋辅加元素符号＋辅加元素含量"。例如 ZSnSb12Pb10Cu4 表示含 Sb 为 12％、含 Pb 为 10％、含 Cu 为 4％的锡基轴承合金。

4.3.2　常用滑动轴承合金

4.3.2.1　锡基轴承合金（锡基巴氏合金）

锡基轴承合金也称为锡基巴氏合金。它是以锡为基础合金，辅加适量的锑、铜、铅等元素而形成的一种软基体硬质点类型的滑动轴承合金。最常用的牌号是 ZSnSb11Cu6。

锡基轴承合金的摩擦系数和膨胀系数小，塑性和导热性好，适于制作最重要的轴承，如汽轮机、发动机和压气机等大型机器的高速轴瓦。但锡基轴承合金的疲劳强度较低，使用温度也较低（不高于 150℃）。常用锡基轴承合金的牌号及用途见表 4.5。

表 4.5　常用锡基轴承合金的牌号及用途

牌号	用途
ZSnSb12Pb10Cu4	一般机械的主轴轴承，但不适于高温工作
ZSnSb11Cu6	2000 马力以上的高速蒸汽机，500 马力的涡轮压缩机用的轴承
ZSnSb8Cu4	一般大机器轴承及轴衬，重载、高速汽车发动机、薄壁双金属轴承
ZSnSb4Cu4	涡轮内燃机高速轴承及轴衬

4.3.2.2　铅基轴承合金

铅基轴承合金也称为铅基巴氏合金。是以铅为基础合金，辅加锑、铜、锡等元素而形成的一种软基体硬质点类型的滑动轴承合金。常用牌号是 ZPbSb16Cu2。

这种合金的铸造性能和耐磨性较好（但比锡基轴承合金低）、价格较便宜，可用于制造中、低载荷的轴瓦，例如汽车、拖拉机曲轴的轴承等。常用铅基轴承合金的牌号及用途见表 4.6。

表 4.6　常用铅基轴承合金的牌号及用途

牌号	用途
ZPbSb16Sn16Cu2	工作温度＜120℃，无显著冲击载荷，重载高速轴承
ZPbSb15Sn5Cu3Cd2	船舶机械，小于 250kW 的电动机轴承
ZPbSb15Sn10	中等压力的高温轴承
ZPbSb15Sn5	低速、轻压力条件下工作的机械轴承
ZPbSb10Sn6	重载、耐蚀、耐磨轴承

4.3.2.3　铜基轴承合金

铜基轴承合金包括铅青铜、锡青铜等，常用合金牌号为 ZCuPb30、ZCuSn10Pb1 等。

ZCuPb30 是硬基体 Cu 上分布软质点的轴承合金，润滑性能好，摩擦系数小，耐磨性好。铅青铜还具有良好的耐冲击能力和疲劳强度，并能长期工作在较高的温度（250～320℃）下，导热性优异，常用于高载荷、高速度的滑动轴承，如航空发动机、高速柴油机轴承等。铅青铜的强度较低，实际使用时也常和铅基巴氏合金一样在钢轴瓦上浇铸成内衬，进一步发挥其特性。

ZCuSn10Pb1 是在软基体上分布硬质点的轴承合金。这类合金具有高强度，耐磨性好，适宜制造中速及受较大固定载荷的轴承，如电动机、泵、机床用轴瓦，也可用于高速柴油机轴承。

4.3.2.4　铝基轴承合金

铝基轴承合金是以铝为基本元素，加入适量的锑、铜、锡等元素组成的合金。铝基轴承合金分为高锡铝基轴承合金、低锡铝基轴承合金和铝镁锑轴承合金等，其中 20 高锡铝基轴承合金是目前汽车上广泛应用的轴承合金，它是以铝为基体，加入 20％的锡和 1％的铜组成的合金，是一种新型的减摩材料，具有较高的承载能力、良好的耐磨性和导热性，价格较低，可以替代锡基轴承合金，用于制造曲轴轴瓦和连杆轴瓦。但它的线膨胀系数大，运行时容易与轴咬合，装配时应留较大的间隙，以防止轴颈被擦伤。

4.4　其他有色金属简介

4.4.1　钛及钛合金

4.4.1.1　纯钛

纯钛是一种高熔点的（银白色）轻金属，密度为 $4.5g/cm^3$，熔点高达 1 688℃。钛有两种同素异构体，在 882.5℃以上为体心立方晶格的 β-Ti，882.5℃以下为密排六方晶格的 α-Ti。纯钛塑性好、强度低，容易加工成形，可制成细丝和薄片。纯钛在大气和海水中有优良的耐蚀性，在硫酸、盐酸、硝酸、氢氧化钠等介质中都很稳定，钛的抗氧化能力优于大多数奥氏体不锈钢。

钛的性能受杂质的影响很大，少量的杂质就会使钛的强度激增，塑性显著下降。工业纯钛中常存杂质有 N、H、O、Fe、Mg 等。根据杂质含量，工业纯钛有三个等级牌号TA1、TA2、TA3，"T"为"钛"字汉语拼音字首，其后数字越大，表示纯度越低。

工业纯钛因其密度小和耐腐蚀，是航空航天、船舶、化工等工业中常用的结构材料，常用于制作350℃以下工作、强度要求不高的零件及冲压件，如飞机蒙皮、构架、隔热板，石油化工用热交换器，海水净化装置及船舰零部件。

4.4.1.2 钛合金

纯钛的强度很低，价格昂贵，为提高其强度，常在钛中加入合金元素制成钛合金。按组织类型的不同，钛合金分为 α 型钛合金、β 型钛合金和 α+β 型钛合金。其代号分别用TA、TB、TC 加序号表示。

1. α 型钛合金

钛中加入铝、硼等元素获得 α 型钛合金。α 型钛合金的室温强度低于 β 型钛合金和 α+β 型钛合金，但高温（500～600℃）强度比它们的高，并且组织稳定，抗氧化性和抗蠕变性好，焊接性能也很好。α 型钛合金不能淬火强化，主要依靠固溶强化，热处理只进行退火（变形后的消除应力退火或消除加工硬化的再结晶退火）。

α 型钛合金的典型牌号是 TA7，使用温度不超过 500℃，主要用于制造航空发动机压气机叶片和管道、导弹的燃料缸、超音速飞机的涡轮机匣，以及火箭、飞船的高压低温容器等。

2. β 型钛合金

钛中加入钼、铬、钒、锰等元素得到 β 型钛合金。β 型钛合金有较高的强度、优良的冲压性能，并可通过淬火和时效处理进行强化。

β 型钛合金的典型牌号为 TB1，一般在 350℃以下使用，适于制造压气机叶片、轴、轮盘等重载的回转件，以及飞机构件等。

3. α+β 型钛合金

α+β 型钛合金塑性好，高温强度高，耐腐蚀，具有良好的低温工作性能，并可通过淬火和时效处理进行强化，热处理后强度可提高 50%～100%。TC4 是典型的 α+β 型钛合金，由于强度高、塑性好，在 400℃时组织稳定，蠕变强度较高，低温时有良好的韧性，并有良好的抗海水腐蚀及抗热盐腐蚀的能力，所以适于制造在 400℃以下长期工作的零件、对高温强度有一定要求的发动机零件，以及在低温下使用的火箭、导弹的液氢燃料箱部件等。

钛合金适于制造汽车发动机气门弹簧、气门和发动机连杆等，底盘部件如弹簧、半轴和紧固件等。用钛合金制造板簧与用抗拉强度达 2 100MPa 的高强度钢相比，可降低自重 20%。

钛和钛合金由于其价格高，应用受到一定的限制，所以降低成本是未来钛合金的研制和生产工艺开发的重点。钛合金制造的汽车零件如图 4.5 所示。

（a）发动机气门弹簧　　　　　　　　　（b）半轴

图 4.5　钛合金制造的汽车零件

4.4.2 镁及镁合金

4.4.2.1 纯镁

纯镁是银白色金属，密度为 $1.74g/cm^3$，相当于铝的 2/3，是工业用金属中密度最小的。纯镁具有很高的化学活性，耐腐蚀性很差，强度和塑性均较低，一般不直接用作结构材料。

4.4.2.2 镁合金

纯镁的力学性能较低，实际应用时，一般在纯镁中加入一些合金元素，制成镁合金。镁合金中通过加入合金元素，产生固溶强化、时效强化及细晶强化作用，以提高力学性能、抗腐蚀性能和耐热性能。镁合金中常加入的合金元素有铝、锌、锰、锆及稀土元素等。铝和锌可起固溶强化作用，锰可改善耐热性和耐蚀性。

镁合金经热处理后（固溶＋时效），强度可达 $300 \sim 500MPa$，比强度高于铝合金。另外，减振性好，切削加工性能优良。但镁合金耐蚀性差，常常需要采取保护措施。

镁合金根据其加工性能可分为变形镁合金和铸造镁合金，其牌号分别以 MB 或 ZM 加数字表示。常用的变形镁合金有 MB1、MB2、MB8、MB15 等。其中应用较多的是 MB15，它具有较高的强度和良好的塑性，且热处理工艺简单，热加工后直接进行时效便可强化，能制造形状复杂的大型锻件。常用的铸造镁合金有 ZM1、ZM2、ZM5。它们具有较高的强度和良好的铸造工艺性，适于生产各类铸件，但耐热性较差，长期使用温度不高于 150℃。

目前镁合金一般用于汽车上的座椅骨架、仪表板、转向盘和转向柱、轮圈、发动机气缸盖、变速器壳、离合器壳等零件，其中转向盘和转向柱、轮圈是应用镁合金较多的零件。

由于镁合金具有良好的阻尼系数，减振量大于铝合金和铸铁，用于壳体可以降低噪声，用于座椅、轮圈可以减少振动，提高汽车的安全性和舒适性。虽然镁合金有这些优点，但从成本上看它仍然偏高于铝合金。尽管如此，镁合金的应用前景仍然很好，随着技术的发展将有更多的零件用镁合金来制造。镁合金制造的汽车零件如图 4.6 所示。

（a）转向盘　　　　　　　（b）轮圈

图 4.6　镁合金制造的汽车零件

4.4.3 锌及锌合金

锌呈蓝白色，密度为 $7.14g/cm^3$，室温下较脆。由于锌在常温下表面易生成一层保护膜，所以锌主要用作钢铁表面的防护性镀层。

锌能和铝、铜、镁等合金元素组成锌合金。锌合金的强度较高，铸造性能好，价格也不高，但其塑性较低，耐热性、焊接性较差。锌合金也可分为变形锌合金和铸造锌合金。铸造锌合金主要用于受力不大、形状复杂的小尺寸结构件或装饰件。目前应用最广的铸造锌合金是 ZZnAl4Cu1Mg。锌合金在汽车上可用于制造汽油泵壳、机油泵壳、车门手柄、刮水器、安全带扣和内饰件等。锌合金制造的汽车零件如图 4.7 所示。

（a）车门手柄　　　　　　（b）安全带扣

图 4.7　锌合金制造的汽车零件

综合训练题4

一、名词解释

1. 纯铝
2. 铝合金
3. 变形铝合金
4. 铸造铝合金
5. 普通黄铜
6. 特殊黄铜
7. 滑动轴承合金

二、填空题

1. 汽车上应用的铝合金以_____为主，主要用于活塞、气缸盖、气缸体等零件。

2. 纯铜牌号用_____加数字表示，数字越大则纯度越_____。

3. H68 表示的材料为_____，68 表示_____的平均质量分数为 68％。HPb59‑1 表示特殊黄铜，其中 59 表示_____的含量为 59％，1 表示_____的含量为 1％。

4. TA、TB、TC 分别代表_____型钛合金、_____型钛合金和_____型钛合金。

5. 镁合金根据其加工性能可分为_____镁合金和_____镁合金，其牌号分别以 MB 和 ZM 加数字表示。

三、简答题

1. 纯铝的性能有何特点？铝合金一般分哪几类？
2. 变形铝合金分哪几类？说明其牌号的表示方法。
3. 铸造铝合金主要有哪几种？说明其牌号的表示方法。
4. 铜合金分哪几类？各有何特点？
5. 对滑动轴承合金有哪些性能要求？常用的滑动轴承合金有哪些？
6. 钛的两种同素异构体分别是什么？说明其转变温度。
7. 根据组织形态将钛合金分为哪几种？说明其性能特点。

中国梦·大国工匠

"高铁焊接大师"李万君：不苦做不成大事业

李万君是中车长春轨道客车股份有限公司（以下简称长客）的一名普通焊接工人。他通过28年的不懈努力，从长春客车厂职业高中的一名普通毕业生，逐步成长为被总理盛赞的"高铁焊接大师"、中华技能大奖获得者、党的十八大代表、"感动中国2016年度人物"。

鞠萍姐姐讲大国工匠
故事：李万君

拿好这把"焊枪"

1987年，19岁的李万君从职高毕业，成为长客焊接车间水箱工段的一名焊工。水箱工段的主要任务是焊接火车上供水的水箱、制动的风缸等。在充斥着呛鼻气味、尖锐刺耳声音以及火星四溅的车间里，李万君穿着厚重的帆布工作服，扣着封闭的焊帽，一干就是10年。

有人在描述这个岗位时说："成天卧在带油的钢板上作业，手中的焊枪喷射着2 300℃的烈焰，焊豆子一崩，衣服全是洞，口罩戴一会儿就黢黑，夏天浑身大汗，冬天站在水池中给焊完的水箱打压，又一身冰……"

一年间，同批进厂的28人有25人转岗。但是李万君没有放弃，因为他始终以父亲为榜样，以车间的老员工为学习的楷模。他的父亲是第一代长客工人，造过中国第一辆客车、第一辆地铁，曾经7次当选厂劳模。当时，李万君所在的配焊车间也有两位劳模，一位是机修班班长屈伟健，全国劳模；另一位是段长张道祥，铁道部劳模。这些人都深深地影响着李万君。从此，他一心一意地拿好这把"焊枪"。

为了练就一身好本领，李万君"眼观六路，耳听八方"，看哪个师傅"功夫"好，就跑去向他学习，等到下班后，就捡一些边角废料做练习。每天，他都要捡50多斤，带着他的那些"宝物"，让当刨工的父亲帮他加工成坡口试验片，然后起早贪黑地练，平均一天要焊近300根焊条，厂里要求每人每月焊100个水箱，他总会多焊20个。

烈日炎炎的夏天，他忍受着2 300℃的焊枪烈焰烘烤；严寒刺骨的冬天，他要"奋战"在冰冷的水池中，脚上穿的水靴经常会挂着一层冰。就这样，李万君在"钢铁的熔炉"中提高技艺，淬炼意志，不断提高自身"修为"，成为身怀绝技的全能型超级焊工。

为高铁提供焊接质量保障

2004年，我国开启了高铁时代大幕，"高铁人"李万君心潮澎湃，准备大干一场，为我国高铁"智造"发力。

直到现在，李万君依稀记得，在试制时速250千米动车组时，如果按常规焊法，因焊接段数太多，接头易出现不熔合的缺陷，质量根本无法保证，这个问题一时成为阻碍生产的拦路虎，同时也给李万君带来了挑战。在经过反复思考和论证之后，他大胆采用"一枪把这个环口焊下来"的方法进行尝试，这在当时被法国专家认为匪夷所思。当法国专家看到焊接成品时，一度认为是机械手焊接的，李万君就亲自做示范给他们看，引得法国专家纷纷赞叹。这项新的技术也载入了公司的技术史册，成为公司一项新的技术标准。

李万君这样的创新不胜枚举，小到钢构件上的打号机，大到填补国内空白的几十种高速车、铁路客车、城铁车转向架的焊接，李万君先后进行技术攻关 100 余项，其中 21 项获得国家专利。

以前在焊接工作中，焊接用的焊头一旦坏掉，就需要进行整体更换，这是很大的资源浪费。经过李万君团队的改进，公司把焊头做成两截，在焊头坏掉的情况下只需更换一个焊头即可，大大提升了工具的使用效率，也减少了资源的浪费。如果按照公司两个车间 400 多名焊工计算，每人每天节省一个焊头，单单这一项，每年就能为公司减少数十万元的成本。

高铁的高速度意味着更高的质量。高铁速度达到每小时 300 千米，这对于焊接工作是一个很大的考验，外面的一点焊渣都会影响到列车的安全行驶，必须保证所有焊件表里如一、没有瑕疵。李万君结合自己的日常工作经验，编写了《各种车型焊缝接头的修磨标准》《焊接艺术化标准》等手册，把他自己的焊接工艺理念无私分享给同行焊接工作者，这些标准逐渐成为广大焊工的操作规范。

2011 年，李万君主持的公司"焊工首席操作师工作站"被人力资源和社会保障部命名为"李万君国家技能大师工作室"。在不断创新焊接工艺的同时，李万君也在"传、帮、带"，为国家培养了一批又一批焊接高手。

推荐·点评

李万君只是一个职高毕业生，而他今天成为中华技能大奖获得者、党的十八大代表、"感动中国 2016 年度人物"，获得这么多耀眼的荣誉，究竟凭的是什么？

用四个字概括：不怕吃苦。焊工本来就是苦工种，同批进厂的 28 人有 25 人选择离开这个苦行当，可李万君就是不怕苦，他从前辈的奋斗中汲取了精神营养，感受到了"苦中乐"，并决心让这种苦乐伴随自己一辈子。他顶酷暑、战严寒，不断给自己加码苦练，硬是练就了一手严丝合缝的焊接绝活。

不怕吃苦，简简单单四个字，却是工匠精神坚不可摧的闪光内核，正是凭着这种可贵的精神，他为我国高铁建设做出了独特的贡献，被总理盛赞为"高铁焊接大师"。

资料来源：职业杂志社　家庭服务杂志社.古今中外工匠精神故事汇：2017 修订版.北京：中国劳动社会保障出版社，2017.

汽车用非金属材料

5

知识点	技能点
常用非金属材料的分类、性能、组成及在汽车上的应用。	了解汽车常用非金属材料的性能要求。 熟悉汽车上使用的非金属材料。 学会汽车常用零部件选用非金属材料的方法。

　　因为金属材料具有力学性能高，热稳定性好，导电、导热性能好等优点，所以在汽车制造中一直以金属材料为主。但金属材料也存在密度大、耐腐蚀性差、电绝缘性差等缺点，无法满足生产的需求。非金属材料是指除金属材料以外的其他材料，包括塑料、橡胶、玻璃、陶瓷和复合材料等。近年来随着非金属材料的迅猛发展和汽车轻量化的要求，越来越多的非金属材料在汽车上得到了应用，非金属材料已成为汽车制造不可或缺的材料。

5.1　　　　　　　　　　　　塑料

　　塑料是目前机械工业中应用最广泛的高分子材料，它是以合成树脂为基本原料，再加入一些用来改善使用性能和工艺性能的添加剂后，在一定温度和一定压力下制成的高分子材料。

5.1.1　塑料的组成和分类

5.1.1.1　塑料的组成

塑料由合成树脂和添加剂两大部分组成。

1. 合成树脂

合成树脂是从煤、石油和天然气中提炼的高分子化合物。合成树脂是塑料的主要成分，它决定了塑料的基本性能，并起着黏接剂的作用。大多数塑料是以所加合成树脂的名称来命名的，如聚氯乙烯塑料就是以聚氯乙烯树脂为主要成分的塑料。有些合成树脂可以直接用作塑料，如聚乙烯、聚苯乙烯等。在工程塑料中，合成树脂占40%～100%。

2. 添加剂

添加剂主要用于改善塑料的使用性能和工艺性能，常用的添加剂有填充剂、增塑剂、稳定剂、固化剂、润滑剂、阻燃剂等。

填充剂主要起强化作用，能改善或提高塑料的某些性能。例如，加入氧化硅可提高塑料的硬度和耐磨性，加入云母、石棉粉可以改善塑料的电绝缘性和耐热性，加入铝粉可提高塑料对光的反射能力及防止塑料老化等。通常塑料中填充剂的用量可达20％～50％，填充剂的加入可节约树脂用量，降低塑料制品的成本。增塑剂可以提高塑料的可塑性和柔软性，如在聚氯乙烯树脂中加入邻苯二甲酸二丁酯，可使塑料变得柔软而富有弹性。稳定剂可以提高塑料在光和热作用下的稳定性，以延缓塑料的老化。固化剂可以促使塑料在加工过程中硬化。此外，还可加入润滑剂、阻燃剂、着色剂、抗静电剂等，来优化塑料的各种特定性能。

5.1.1.2　塑料的分类

塑料的品种很多，分类方法也不同，常见的有以下两种分类方法。

1. 按合成树脂的热性能分

可分为热塑性塑料和热固性塑料。

（1）热塑性塑料。热塑性塑料是指受热时软化，冷却后变硬，再加热又软化，冷却又变硬，可反复多次加热塑制的塑料。这类塑料加工成型方便，力学性能较好，生产周期短，可回收再利用。但耐热性较差，容易变形。热塑性塑料数量很大，约占全部塑料的80％，常用的有聚乙烯、聚氯乙烯、聚苯乙烯、聚酰胺（尼龙）、ABS等。

（2）热固性塑料。热固性塑料是指经一次固化后，不再受热软化，只能塑制一次的塑料。这类塑料耐热性能好，受热不易变形，但生产周期短，力学性能不高，且废旧塑料不能回收利用。常用的热固性塑料有酚醛树脂、氨基树脂、环氧树脂、有机硅树脂等。

2. 按使用范围分

可分为通用塑料和工程塑料。

（1）通用塑料是指产量大、用途广、通用性强、价格低的塑料，主要有聚乙烯、聚丙烯、聚氯乙烯、聚苯乙烯、酚醛塑料和氨基塑料等。这类塑料的产量占塑料总产量的75％以上，可以用来制作日常生活用品、包装材料以及一般机械零件。

（2）工程塑料是指用于工程构件和机械零件的塑料。这类塑料力学性能较高，耐热性、耐腐蚀性较好，可用来替代金属材料制造某些结构件。工程塑料主要有聚酰胺（尼龙）、聚碳酸酯、聚甲醇和ABS塑料等。

5.1.2　塑料的主要特性

（1）质量轻。一般塑料的密度为0.83～2.2g/cm^3，仅是钢铁的1/8～1/4。因此用塑料制造汽车零部件，可大幅度减轻汽车的整车装备质量，降低汽车自重，减少油耗。

（2）化学稳定性好。一般的塑料对酸、碱、盐和有机溶剂都有良好的耐蚀性能，特别是聚四氟乙烯，除能与熔融的碱金属作用外，难以被其他化学药品包括"王水"腐蚀。因此，在腐蚀介质中工作的零件可采用塑料制作，或采用在表面喷塑的方法提高其耐腐蚀能力。

（3）比强度高。尽管塑料的强度要比金属低些，但由于塑料密度小、质量轻，因此以等质量相比,其比强度要高。如用碳素纤维强化的塑料,它的比强度要比钢材高两倍左右。

(4)电绝缘性能好。塑料几乎都有良好的电绝缘性,可与陶瓷、橡胶和其他绝缘材料相媲美。因此,汽车电气零件广泛采用塑料作为绝缘体。

(5)吸振性和消声性良好。塑料具有吸收及减少振动和噪声的性能。因此,用塑料制作汽车保险杠、仪表板和转向盘等,可以增强缓冲作用,提高车辆的安全性和舒适性。

(6)耐磨性和减摩性优良。大多数塑料的摩擦系数较小,耐磨性好,能在半干摩擦甚至完全无润滑条件下良好地工作,所以可以制作齿轮、密封圈、轴承、衬套等要求耐磨的零件。

(7)容易加工成型。塑料通常一次注塑成型,可制造复杂形状的异形曲面,如汽车仪表板等,适合批量生产,加工成本低。

塑料除具有以上优点外,还存在一定的缺点。如与钢相比其力学性能较低;耐热性较差,一般只能在100℃以下长期工作;导热性差,其导热系数只有钢的$1/200\sim1/600$。此外,塑料还有易老化、易燃烧、温度变化时尺寸稳定性差等缺点。

5.1.3 塑料在汽车上的应用

塑料在汽车上除了广泛应用于制造各种内装饰件,目前已可用来替代部分金属材料,制造某些结构零件、功能零件和外装饰件。目前塑料在轿车上的用量占全车质量的8%～12%。塑料在汽车上的广泛应用,既能满足某些汽车零部件的特殊性能要求,又是实现汽车轻量化的有效途径。塑料在轿车上的应用实例如图5.1所示。常用塑料的主要特性及在汽车上的应用见表5.1。

图 5.1 塑料在轿车上的应用实例

1—前保险杠;2—散热器格栅;3—车灯框;4—散热器固定框;5—空气滤清器壳;6—发动机装饰罩;7—进气管;8—制动液罐;9—蓄电池壳;10—补偿水箱;11—后视镜壳;12—仪表板;13—转向盘;14—车门内饰板;15—车厢内饰;16—后保险杠;17—车窗框;18—门饰条;19—座椅;20—车轮罩

表 5.1　常用塑料的主要特性及在汽车上的应用

种类	化学名称	代号	主要特性	应用
热塑性塑料	丙烯腈-丁二烯-苯乙烯	ABS	综合力学性能优良，耐热性、尺寸稳定性好，易于加工成型	收音机壳、仪表壳、制冷与采暖系统部件、工具箱、扶手、散热器格栅、车厢内饰、车轮罩、变速器壳、车体件、前围板、格栅、车头灯框等
	聚酰胺	PA	强度高，韧性好，耐磨性、耐疲劳性、耐油性等综合性能良好，但吸水性强和收缩率大	散热器水室、转向器衬套、各种齿轮、皮带轮、层面零件、顶盖、油箱、油管、进气管、车轮罩、插头、轮胎帘布、安全带、车外装饰板、风扇叶片、里程表齿轮、衬套等
	聚甲醛	POM	综合力学性能优良，尺寸稳定性好，耐磨性、耐油性耐老化性好，吸水性弱	燃油系统、电气设备系统、车身体系的零部件、线夹、杆塞连接件、支承元件、半轴齿轮和行星齿轮垫片、汽油泵壳、转向节衬套等
	聚乙烯	PE	强度较高，耐高温、耐磨，耐蚀性和绝缘性好	内护板、地板、燃油箱、行李舱、冲洗水箱、挡泥板、扶手骨架、刮水器、自润滑耐磨机械零件、内饰板、车窗框、手柄、挡泥板等
	聚四氟乙烯	PTFE	化学稳定性优良，耐蚀性极高，摩擦系数小，耐高温性、耐寒性和绝缘性好	各种密封圈、垫片
	聚对苯二甲酸乙二醇酯	PET	电绝缘性优良，抗蠕变性、耐疲劳性、尺寸稳定性好，耐磨，但耐电晕性较差	纺织物、盖、皮带、轮胎帘、气囊、壳体等
	聚对苯二甲酸丁二酯	PBT	耐热性高，耐有机溶剂，可燃，但不耐强酸、强碱	电子器件外壳、保险杠、车身覆盖件、刮水器杆、齿轮等
	聚苯醚	PPO	抗冲击性能优良，耐磨性、绝缘性、耐热性好，吸水率低，尺寸稳定性好，但耐老化性差	耐冲击格栅、车头灯框、仪表板、装饰件、小齿轮、轴承、水泵零件、嵌板、车轮罩盖等
	聚酰亚胺	PI	耐高温性能好，强度高，综合性能优良，耐磨性和润滑性好	正时齿轮、密封垫圈、泵盖等
	聚丙烯	PP	耐热性、耐蚀性较好，成型容易，但收缩率大，低温呈脆性，耐磨性不高	保险杠、蓄电池壳、仪表板、挡泥板、嵌板、制冷及采暖系统部件、发动机罩、空气滤清器、导管、容器、侧遮光板、内饰镶条、内装饰板、散热器固定框、前围板等
	聚氯乙烯	PVC	强度较高，化学稳定性、绝缘性较好，耐油性、抗老化性也较好，但耐热性差，成型加工性能较差	电线电缆包衬、防撞系统、涂料、内装饰件、软垫板、电气绝缘体等
	聚碳酸酯	PC	力学性能优良，尺寸稳定性好，耐热性较好，但疲劳强度低，耐磨性不高	保险杠、前轮边防护罩、车门把手、车身覆盖件、挡泥板、前照灯、散光玻璃、格栅、仪表板等
	聚甲基丙烯酸甲酯	PMMA	透明度高，化学稳定性、热稳定性较好，机械强度高，熔点低，黏度较高	后挡板、灯罩及其他装饰品等

汽车应用材料

续表

种类	化学名称	代号	主要特性	应用
热固性塑料	酚醛塑料	PF	强度高，耐热性好，绝缘性、化学稳定性、尺寸稳定性等好，但质地较脆，抗冲击性差	电气绝缘件、摩擦片、化油器等
	环氧树脂	EP	强度较高，韧性较好，收缩率低，绝缘性、化学稳定性、耐蚀性好	汽车涂料、胶黏剂、玻璃钢构件等
	聚氨酯	PU	力学性能优良，吸振缓冲性、绝热性好，易于成型	坐垫、仪表板垫及罩盖、挡泥板、车内地板、车顶篷、遮阳板、减振器、护板、防撞条、保险杠等。软质用于坐垫、内饰材料，半硬质用于转向盘、仪表板、保险杠、扶手等

5.1.3.1 聚氨酯泡沫塑料在汽车上的应用

聚氨酯泡沫塑料具有一系列优异的性能，其原料组分都是液体，生产操作方便，只要简单地改变其原料配方，便可得到极软到极硬范围的泡沫。半硬质聚氨酯泡沫塑料可分为普通型和自结皮型两种。其中，普通型的制品，其密度可根据需要由 $60 kg/m^3$ 时调整到 $150 kg/m^3$，有利于汽车轻量化；自结皮型半硬质聚氨酯泡沫塑料在发泡时能自行在产品外壁结成 $0.5 \sim 3 mm$ 的表皮，具有较高的拉伸断裂强度和耐磨性，并能注塑发泡成型具有不同花纹和颜色的制品。半硬质聚氨酯泡沫塑料是开孔的，其制品有良好的回弹性，使人接触后感觉舒服，并能吸收 $50\% \sim 70\%$ 的冲击能量。

汽车工业轻量化推动了聚氨酯泡沫塑料的飞跃发展。在 20 世纪 70 年代之后，整体发泡自结皮技术和聚氨酯反应注射模塑法（PU-PIM）成型技术的成功开发，更加扩大了聚氨酯泡沫塑料在汽车上的应用范围。目前聚氨酯泡沫塑料制品在汽车上的应用情况见表 5.2。

表 5.2 聚氨酯泡沫塑料制品在汽车上的应用情况

塑料品种	汽车零件名称
块状软质泡沫塑料切片	遮阳板、顶篷衬里、门板内衬、中心支柱、装饰条、隔音板、三角窗装饰条
软质模压泡沫塑料	坐垫、靠背
半硬质泡沫塑料	仪表板填料、门柱包皮、控制箱、喇叭、坐垫、扶手、头枕、遮阳板、保险杠
硬质泡沫塑料	顶篷衬里、门板内衬
整体自结皮泡沫塑料	扶手、门柱、控制箱、喇叭、坐垫、转向盘、空气阻流板
弹性 RIM 制品	保险杠、挡泥板、发动机罩、侧后支柱、车门把手、行李舱盖
刚性 RIM 制品	散热器格栅、暖风壳、前阻流板、挡泥板垫、挡泥板、门板、发动机罩、行李舱盖、小车地板
浇铸型弹性体	防尘密封罩、滑动轴承套、转向节衬套、钢板弹簧吊耳衬套、锁头零件、门止块、电缆衬套

续表

塑料品种	汽车零件名称
热塑性弹性体	减振垫块、钢板弹簧隔垫、弹簧线圈护套、齿轮传动装置罩、格栅、顶篷、车身部件
涂料	涂刷在保险杠或其他外装件上
复合结构材料	坐垫套、隔音吸振片、门内衬、保险杠、覆盖件、顶篷

5.1.3.2　汽车结构件用通用塑料注射制品

通用塑料具有质量小、成型自由性好、电气绝缘性较好及原材料丰富、价格较便宜等优点，因此汽车上的塑料制品急剧增加。通用塑料既可以制造汽车机能件，又可制造内饰件。汽车轻量化中应用最多的通用塑料有聚丙烯（PP）、聚乙烯（PE）、聚氯乙烯（PVC）和丙烯腈-丁二烯-苯乙烯（ABS）四大类。它们主要采用注射成型制作汽车零部件，也有利用其片或膜作面料的。

1. 聚丙烯在汽车上的应用

目前各种类型汽车上的聚丙烯零件品种已超过 70 种。表 5.3 中列出了用聚丙烯制造的主要汽车零件。

表 5.3　用聚丙烯制造的主要汽车零件

汽车零件名称		质量（kg）	数量（件）
功能件及壳体	分电器盖	0.092	1
	仪表灯壳	0.021	1
	加速踏板	0.082	1
	后灯壳	0.423	2
	冷却风扇	0.380	1
	暖风壳	2.190	1
	风扇护圈	0.800	1
	刮水器电动机套	0.014	2
	转向盘	0.744	1
	杂物箱盖	0.207	1
	杂物箱	0.669	1
	空气滤清器壳	1.800	1
配件及其他	后视镜框（外）	0.038	2
	后视镜框（内）	0.059	1
	千斤顶手柄	0.020	1
	安全腰带	0.023	2
	高压线夹	0.010	4
	打火机	0.003	1
	室内灯具	0.028	1
	清洗剂水池	0.016	1

续表

汽车零件名称		质量（kg）	数量（件）
配件及其他	特殊信号灯	0.025	1
	天线柱	0.080	1
	减振器防尘器	0.005	4
	其他灯具	0.012	2
	扶手	0.120	2

改性聚丙烯保险杠具有成本低、质量小、可循环再利用等优势，其数量已占保险杠总数的70％。

经过改性的聚丙烯既可制作汽车内饰件，又可制作结构件，如转向盘、后视镜框、嵌块式车门内饰件、侧面装饰件和转向柱套、发动机和采暖通风系统的有关零件。

2. 聚乙烯在汽车上的应用

聚乙烯在汽车上的用量占汽车塑料总用量的5％～6％，次于聚氯乙烯、ABS、聚丙烯、聚氨酯，居第5位。聚乙烯主要用于制造各种储罐和空气导管。汽车工业中所用的PE基本上属于中、低压聚乙烯，主要应用分外装件、内饰件和底盘件三大类（见表5.4）。

表 5.4 聚乙烯应用举例

使用部位	使用零件名称	树脂
外装件	挡泥板、衬板、燃油箱、夹钩扣、弹簧衬垫、车轮罩、燃油滤清器套壳	MDPE、LDPE
内饰件	空气导管、扶手、覆盖板、地板、夹钩扣、柱套、风扇护罩、行李舱隔板、备胎夹箍、转向盘遮阳板、行李舱衬里（顶篷与门的减振材料）	HDPE、LDPE
底盘件	空气导管、蓄电池、制动液储罐、夹钩扣、清洗液罐	HDPE

塑料燃油箱正在取代金属燃油箱，广泛用于轿车中，这是由于塑料燃油箱具有形状设计自由性大、轻量化效果显著、抗介质浸蚀性好、抗冲击性好及燃烧时不易引起爆炸等一系列优点。HDPE树脂具有较高抗冲击强度和较好耐应力开裂性能，用于挤出吹塑的汽车燃油箱。

3. 聚氯乙烯（PVC）在汽车上的应用

聚氯乙烯化学稳定性好、介电性能高、耐油且不易燃烧，同时又有一定的机械强度，价格便宜等，故广泛应用于化工、建筑、电子、轻工、农业及机械等国民经济各部门中。聚氯乙烯主要用于汽车内饰件及各种制品的表皮、盖、罩，如坐垫套、车门内衬、顶篷衬里表皮、软饰仪表板表皮、后盖板表皮、操纵杆盖板、转向盘表皮、货箱衬里、备胎罩盖、玻璃升降器盖、地板、地毯及电线包皮等。

因聚氯乙烯的冲击强度较低，耐热性较差，故其使用范围比较有限。而ABS不仅具有优异的机械性能和良好的成型加工性能，且与聚氯乙烯有较好的相容性，于是便研究成功了PVC/ABS合金用以作为仪表板的表皮材料。真空吸塑成型仪表板表皮技术在世界上各种轿车中被普遍采用，我国中低档轿车如捷达、桑塔纳等车型均采用真空吸塑成型仪表板表皮。

4. 改性聚苯乙烯及 ABS 塑料在汽车上的应用

改性聚苯乙烯是指苯乙烯的均聚物及与其他单体共聚物、合金等一族树脂的总称。ABS 具有良好的性能，并能通过改性获得特殊性能，故广泛用于制作汽车内饰件和外装件。表 5.5 所示为 ABS 在汽车零部件中的应用情况。

表 5.5　ABS 在汽车零部件中的应用

零件名称	种类	型号
格栅	ABS	高抗冲（电镀）型
	AAS	高抗冲型
灯壳	ABS、AES	高抗冲型
上通风盖板	ABS、AAS	亚耐热型
车轮罩	ABS	高抗冲型
	MPPO	亚耐热型
支架、百叶窗类	ABS	亚耐热型
标志装饰	AES、AAS	高光泽型
标牌、装饰件	ABS	一般电镀型
后护板	ABS	一般型
缓冲护板	AES	高光泽型
挡泥板、镜框	ABS、AAS、AES	高抗冲型
仪表板	ABS	超耐热抗冲型
	GF 增强 AS、ABS	
装饰件	ABS（改性 PPO）	超耐热型
仪表罩（仪表类）	ABS	超耐热型
收音机罩	ABS	耐热型
门立柱装饰	ABS	亚耐热型
工具箱	ABS	耐热或亚耐热型
导管类	ABS	耐热或亚耐热型
空气排气口	ABS、PC/ABS（MPPO）	耐热抗冲型
控制箱、调节器手柄	ABS	一般型
装饰件类、开关、	ABS	高刚型、耐热抗冲型
旋钮、转向柱套、		
转向盘喇叭盖		
仪表板表皮	PVC/ABS 合金	耐热抗冲型

5.1.4　塑料的回收与利用

通常以填埋或焚烧的方式处理废旧塑料，焚烧产生的大量有毒气体会造成二次污染，填埋会占用较大空间，塑料自然降解需要百年以上，且析出的添加剂会污染土壤和地下水等。

目前，废塑料处理技术的发展趋势是回收利用，但现在废塑料的回收和再生利用率低，技术水平还不够完善。废旧塑料的回收方法主要包括以下几种：

（1）直接燃烧。

直接燃烧并回收能量，包括垃圾发电；用于炼铁高炉，取代焦炭作还原剂，用作水泥窑的燃料，燃烧后用于各种发电锅炉，一部分油化燃料可用于汽车。

（2）熔融再生。

将废旧塑料熔融再生，即把废旧塑料加热熔融后重新塑化。根据原料性质，可分为简单再生和复合再生两种。

简单再生主要回收树脂厂和塑料制品厂的边角废料以及易于挑选清洗的一次性消费品和塑料零件，如聚酯饮料瓶、食品包装袋、汽车上更换下来的塑料零件等，回收后其性能与新料差不多。

复合再生将废旧塑料零件热裂解或催化裂解，裂解的最终产品分为回收化工原料（如乙烯、丙烯、苯乙烯等）和燃料（汽油、柴油、焦油等）。

废旧塑料在其他方面的用途也非常广泛，如可以用来制造混凝土、水泥、人造沙、填料等。

5.2 橡胶

橡胶是一种具有高弹性的高分子材料。由于它具有高弹性，优良的伸缩性、吸振性、耐磨性、隔音性等优点，因此在汽车制造和维修中广泛用于制造轮胎、风扇皮带、各种皮管、油封、门窗密封胶条、制动皮碗等。

5.2.1　橡胶的组成和分类

5.2.1.1　橡胶的组成

橡胶是以生胶为主要原料，并添加适量的配合剂制成的高分子材料。

1. 生胶

生胶是橡胶制品的主要组成物，其性能决定了橡胶制品的性能。生胶的耐热性、耐磨性差，强度低，一般不能直接制造橡胶制品，大多只作为橡胶的原料。

2. 配合剂

配合剂是为了改善和提高橡胶制品的性能而加入的物质，主要有硫化剂、硫化促进剂、填充剂、增塑剂和防老剂等。

硫化剂的作用是改善橡胶分子结构，提高橡胶制品的弹性、强度、耐磨性、耐蚀性和抗老化能力，常用的硫化剂有硫黄、氧化硫、硒等；硫化促进剂起加速硫化过程、缩短硫化时间的作用，常用的有氧化锌、氧化铝等；填充剂的作用是提高橡胶制品的强度、硬度，减少生胶用量、降低成本和改善加工工艺性能，常用的有炭黑、滑石粉、氧化硅、氧化锌、陶土、碳酸盐等；增塑剂的作用是提高橡胶制品的塑性，改善黏附力，并能降低橡胶制品的硬度，提高耐寒性，常用的增塑剂有硬脂酸、精制蜡、凡士林以及一些油类和酯类；防老剂的作用主要是延缓和防止橡胶老化。

5.2.1.2　橡胶的分类

按照原料的来源，橡胶分为天然橡胶、合成橡胶和再生橡胶。

1. 天然橡胶

天然橡胶是从橡胶树上采集的胶乳，经凝固、干燥、加压等工序制成的片状生胶。它具有优良的弹性，较高的强度、耐磨性、耐寒性、防水性、绝热性、电绝缘性以及良好的加工性能。缺点是耐老化性和耐候性差，耐油性和耐溶剂性较差，易溶于汽油和苯类溶剂，易受强酸侵蚀，且易自燃。

天然橡胶广泛应用于制造轮胎、胶带、胶管、胶鞋、医疗卫生制品等。

2. 合成橡胶

合成橡胶是用石油、天然气、煤等为原料，通过化学合成的方法制成的与天然橡胶性能相似的高分子材料。合成橡胶的原料来源丰富、价格低廉，其产量已超过了天然橡胶。

根据性能和用途，合成橡胶可分为通用合成橡胶和特种合成橡胶两大类。凡是性能与天然橡胶接近，物理、机械和加工性能较好，可以做轮胎和一般橡胶配件的，称为通用合成橡胶；而具有特殊性能，专供耐油、耐热、耐寒、耐化学腐蚀等制品使用的，称为特种合成橡胶。

合成橡胶的弹性和抗拉强度不如天然橡胶，但耐磨性、耐热性优良，用于各种轮胎、传动皮带、胶管、衬垫材料等。

3. 再生橡胶

再生橡胶是废旧橡胶制品经再加工而成的橡胶材料。再生橡胶强度较低，但有良好的耐老化性，且加工方便，价格低廉。其在汽车上常用于制造橡胶地垫、各种封口胶条等，也可用于制作胶管、胶带、胶鞋的鞋底等。

5.2.2　橡胶的基本性能

5.2.2.1　极高的弹性

极高的弹性是橡胶独特的性能。橡胶的伸长率可达 $100\%\sim1\,000\%$。橡胶在开始受负荷时变形量很大，随着外力的增加，抵抗变形的力也迅速增加，起到一种缓冲的作用。因此，橡胶可以制作减轻碰撞、敲击和吸收振动的零件，如发动机支架软垫等。

5.2.2.2　良好的热可塑性

橡胶在一定温度下失去弹性，称为热可塑性。橡胶处于热可塑状态时，容易加工成各种形状和尺寸的制品，而且当加工外力去除后，仍能保持该变形下的形状和尺寸。根据这一特性可把橡胶加工成不同形状的制品。

5.2.2.3　良好的黏着性

黏着性是指橡胶与其他材料黏成整体而不易分离的能力。橡胶特别容易与毛、棉、尼龙等牢固地黏接在一起，如汽车轮胎就是利用橡胶与棉、毛、尼龙、钢丝等牢固地黏接在一起而制成的。

5.2.2.4　良好的绝缘性

橡胶大多数是绝缘体，是制造电线、电缆等导体的绝缘材料。

此外，橡胶还具有良好的耐腐蚀性、密封性和耐寒性等。但橡胶的导热性差，抗拉强度低，尤其容易老化。

橡胶的老化是指橡胶随着时间的增加，出现变色、发黏、变硬、变脆和龟裂等现象。为减缓橡胶老化、延长橡胶制品使用寿命，在橡胶制品使用过程中应避免与酸、碱、油及有机溶剂接触，尽量减少受热、日晒和雨淋等。

5.2.3 橡胶在汽车上的应用

橡胶是汽车上常用的一种重要材料，其中用量最大的制品是轮胎，目前全世界生产的橡胶约有 80% 用于制造轮胎。此外，橡胶还广泛用于制造各种胶带、胶管、减振配件以及耐油配件等。

常见汽车橡胶制品如图 5.2 所示。

图 5.2 常见汽车橡胶制品

5.2.3.1 轮胎

轮胎安装在轮毂上，支承着全车的重量，行驶时使车轮和路面可靠附着而不会打滑，并能吸收振动和冲击。轮胎由外胎、内胎和垫带组成。内胎中充满空气；外胎由帘布层、缓冲层、胎面、胎侧和胎圈等部分组成，用来保护内胎，起承受负荷、与路面摩擦的作用；垫带用来防止轮辋磨损内胎。

随着汽车工业的发展，对汽车用轮胎提出了更高的要求，如需要改善汽车的行驶性能和乘坐舒适性、增加车速等。普通结构的轮胎已不能满足目前使用的要求，因而出现了相对新型结构的轮胎。选择耐磨性好的天然橡胶和合成橡胶制成的胎面层，以及高强度纤维制成的不同形式的帘布层等可制造各种机能的轮胎，以适应各种汽车的应用。新型轮胎（如子午线轮胎）具有行驶性能好、行驶温度低、行驶里程高、耐磨性好、节省燃料、缓冲性能好、乘坐舒适等一系列优点。

5.2.3.2 橡胶配件

汽车用橡胶配件主要有各种胶管、传动带、油封及高压密封、减振缓冲胶垫、车窗玻璃密封条等。这些橡胶配件应用于汽车各种部位，数量虽不多，但对汽车的质量与性能具有重要影响。

汽车用胶管包括水、气、燃油、润滑油、液压油的输送管，其中液压制动胶管、气压制动胶管、其他制动胶管、水箱胶管、动力转向液压胶管、离合器液压胶管等是汽车上重要的机能件。

汽车用胶带大多是无接头的环形带。汽车的偏心轴等传动带多采用齿形三角带，要求传动速度准确、耐高速、噪声低、使用时间长。

橡胶密封件以油封为主，包括密封圈、衬垫等，用于前后轴、曲轴、离合器、变速器、差速器、制动系统和排气系统等部位。油封制品虽然体积小，但对整车性能却有十分重要的影响。另外，车窗玻璃密封条用于防止风雨侵袭，所采用的橡胶原料多为乙丙橡胶，也有氯丁橡胶或丁苯橡胶并用的，以达到经久耐用的目的。

5.2.3.3 风扇皮带

风扇皮带是汽车上常用的一种橡胶制品，主要作用是传递曲轴皮带轮和水泵、发电机、压缩机等皮带轮之间的动力。风扇皮带是一种三角皮带，特点是没有接头，传动平稳均匀；嵌在皮带轮槽里面，靠轮槽两侧面传递动力，不容易滑动，短距离及高速传动时的效率高；缓冲弹性好，不会影响或损坏传动机件的精度。

汽车常用橡胶的种类、特性及应用见表 5.6。

表 5.6　汽车常用橡胶的种类、特性及应用

种类	代号	主要特性	应用
天然橡胶	NR	良好的耐磨性、抗撕裂性，加工性能良好，但耐高温、耐油性较差，易老化	轮胎、胶带、胶管和通用橡胶制品等
丁苯橡胶	SBR	优良的耐磨性、耐老化性能，力学性能与天然橡胶相近，但加工性能特别是黏着性较天然橡胶差	可替代天然橡胶，应用于轮胎、胶带、胶管和通用橡胶制品等
氯丁橡胶	CR	良好的物理性能和力学性能，耐腐蚀、耐老化、耐油，黏着性好，但耐寒性较差，密度较大，绝缘性能差	胶带、胶管、电线护套、垫圈、密封圈和汽车门窗嵌条等
丁基橡胶	IIR	良好的气密性，吸振能力强，化学稳定性好，耐气候和耐酸性能良好，但耐油性和加工性能较差	轮胎内胎、胶管、电线护套和减振元件等
丁腈橡胶	NBR	优良的耐油、耐老化、耐磨性能，耐热性、气密性好，但耐寒性、绝缘性较差	油封、油管、皮碗和密封圈等耐油元件

5.3　玻璃

玻璃是由石英砂、纯碱、长石、石灰石等为主要原料，并加入某些金属氧化物辅料，在 1 550～1 600℃的高温窑中煅烧至熔融后，经成形、冷却所获得的非金属材料，通常具有透明、隔音、隔热等特性，并具有良好的化学稳定性。在现代汽车中，玻璃不仅是一种功能性外装饰件，还与保障视野、优化乘坐环境、减少行车阻力以及美观等多种要求有关，它是汽车的重要组成部分。

5.3.1　玻璃的种类及特点

玻璃的种类繁多，按用途不同可分为建筑玻璃、工业玻璃、光学玻璃、化学玻璃和玻璃纤维等。其中建筑玻璃又分为平板玻璃、波纹玻璃；工业玻璃又分为钢化玻璃、夹层玻璃、中空玻璃、夹丝玻璃等。常用玻璃有以下几种：

5.3.1.1　平板玻璃

平板玻璃无色透明，具有良好的透光性，但抗弯强度极低、脆性大，破碎后形成尖锐棱角。平板玻璃主要用于建筑物门窗。

5.3.1.2　磨砂玻璃

磨砂玻璃又称为毛玻璃，它是对平板玻璃进行表面磨砂处理而得到的。其主要特点是透

光不透明，常用于制作浴室、卫生间门窗等，还可用于制作灯罩、黑板面等。

5.3.1.3　钢化玻璃

钢化玻璃是普通玻璃经过高温淬火处理的特种玻璃，即将普通玻璃加热到一定温度后，迅速冷却进行特殊钢化处理。其性能特点是具有很高的温度急变抵抗能力，耐冲击性和强度较高。钢化玻璃主要用于高层建筑的门窗、厂房的天窗及汽车、火车、船舶的门窗和汽车的风窗玻璃等。

5.3.1.4　夹丝玻璃

夹丝玻璃又称防碎玻璃，玻璃中间夹有一层金属网。特点是强度高，不易破碎。即使破碎，玻璃碎片也会附着在金属网上而不易脱落，具有一定的安全性。夹丝玻璃适用于建筑中需要采光而对安全性要求又比较高的场合，如厂房天窗、防火门窗、地下采光窗等。

5.3.1.5　夹层玻璃

夹层玻璃又称安全玻璃。它是将两片或两片以上的平板玻璃或钢化玻璃用聚乙烯醇缩丁醛塑料衬片黏合而成。这种玻璃具有较高的强度，在受到破坏时，会产生辐射状或同心圆形裂纹，碎片不易脱落，且不影响透明，不产生折光现象，可用作汽车前风窗玻璃。

5.3.1.6　信号玻璃

信号玻璃主要有平板玻璃、凸透镜玻璃、偏光镜玻璃和牛眼形玻璃四种。它要求具有较高的透明度、有选择的透光性、色彩鲜艳均匀等特性，广泛用于铁路、公路、水路、航空等领域制作各种信号机、信号灯。

5.3.2　汽车上常用的玻璃

玻璃是汽车上具有重要功能的外装件，汽车上使用的玻璃主要是车窗玻璃。根据玻璃在汽车上的安装位置不同分为风窗玻璃、后窗玻璃、前角窗玻璃、前门窗玻璃、后角窗玻璃、后侧窗玻璃、后门窗玻璃等，如图5.3所示。

图 5.3　轿车的玻璃

汽车用玻璃必须是透明性、耐候性、强度及安全性能高的夹层玻璃、局部钢化玻璃或钢化玻璃。

钢化玻璃在受到冲击破碎后，碎片小而无棱角，如图 5.4（a）所示，不会对人体造成伤害，但这种玻璃在破碎前会产生很多裂纹，由于光线的漫射作用，玻璃会变得模糊不清，如果用于风窗玻璃，会影响驾驶员视线，容易造成事故，所以钢化玻璃只能作为汽车后窗玻璃和侧窗玻璃。

局部钢化玻璃只对玻璃局部进行淬火，在玻璃受到冲击作用时，玻璃局部碎裂为细小的碎块，中部则破碎成大块，如图 5.4（b）所示。局部钢化玻璃的这种特性在临破碎之前能保持玻璃有一定的透明度，可使驾驶员受到较小的伤害，还有短暂的时间来进行应急处理。同样，局部钢化玻璃也是作为汽车后窗玻璃和侧窗玻璃的选择。

夹层玻璃具有良好的安全性、较高的强度，受到破坏时，碎片不易脱落［见图 5.4（c）］，不影响透明，不产生折光现象等。因此，各国已制定有关法规，规定轿车的前风窗必须为夹层玻璃。

（a）钢化玻璃　　　　（b）局部钢化玻璃　　　　（c）夹层玻璃

图 5.4　性能不同的汽车车窗玻璃

5.3.3　玻璃的回收与利用

国内外的各种研究机构和企业已经对废玻璃的回收利用做了大量的研究。废玻璃经粉碎、预成形、加热焙烧后，可做成各种建筑材料，如玻璃马赛克、玻璃饰面砖、玻璃质人造石材、泡沫玻璃、微晶玻璃、玻璃器皿、人造彩砂、玻璃微珠、彩色玻璃球、玻璃陶瓷制品、高温黏结剂等。

我国废玻璃的回收率只有 13%，大量的废玻璃还没有得到有效回收利用。欧洲发达国家实施的玻璃回收计划卓有成效，其瓶罐玻璃回收量已超过 9×10^6 吨/年。

回收玻璃的转型利用是指将回收的玻璃直接加工，使其转为其他有用材料的利用方法。这种利用方法分为两种：一种是非加热型，另一种是加热型。非加热型利用也称为机械型利用，具体方法是根据使用情况直接粉碎，或先将回收的破旧玻璃经过清洗、分类、干燥等预先处理，再采用机械的方法将它们粉碎成小颗粒，或研磨加工成小玻璃球待用。加热型利用是将废玻璃捣碎，用高温熔化炉将其熔化后，再用快速拉丝的方法制得玻璃纤维。这种玻璃纤维可广泛用于制取石棉瓦、玻璃缸及各种建材与日常用品。

5.4　陶瓷

传统意义上的陶瓷是陶器和瓷器的总称。现代陶瓷的概念是指以天然硅酸盐或人工合成化合物为原料，经过制粉、配料、成形和高温烧结而制成的无机非金属材料。

5.4.1 陶瓷的基本性能

5.4.1.1 力学性能

陶瓷最突出的性能特点是高硬度（一般为 1 000～5 000HV，而淬火钢的硬度只有 500～800HV）、高耐磨性、极高的红硬性（可达 1 000℃）和高抗压强度，但其抗拉强度和韧性都很低，脆性很大。

5.4.1.2 热性能

陶瓷的熔点很高（一般在 2 000℃左右），有很好的高温强度，其高温抗蠕变能力强，1 000℃以上也不会氧化，故可用作耐高温材料。陶瓷热膨胀系数低、导热性小，是优良的高温绝缘材料，但其抗热振性差，温度剧烈变化时易破裂，不能急热骤冷。

5.4.1.3 电性能

大多数陶瓷都具有较好的电绝缘性能，可直接作为传统的绝缘材料使用。尤其在高温、高电压工作条件下，陶瓷是唯一的绝缘材料。

5.4.1.4 化学性能

陶瓷的化学稳定性高，对酸、碱、盐具有良好的耐腐蚀性，无老化现象。

5.4.2 陶瓷的分类

按原料不同，陶瓷分为普通陶瓷和特种陶瓷两大类。

5.4.2.1 普通陶瓷

普通陶瓷是以黏土（$Al_2O_3 \cdot 2SiO_2 \cdot 2H_2O$）、石英（$SiO_2$）、长石（$K_2O \cdot Al_2O_3 \cdot 6SiO_2$）等天然硅酸盐为原料，经粉碎、成型、烧制而成的产品。其特点是坚硬而脆，绝缘性和耐蚀性极好，制造工艺简单，成本低廉。普通陶瓷主要用于日用、建筑、卫生陶瓷制品以及工业上应用的高低压电瓷、耐酸及过滤陶瓷等。

5.4.2.2 特种陶瓷

特种陶瓷是采用纯度较高的金属氧化物、氮化物、碳化物和硼化物等化工原料，沿用普通陶瓷的成型方法烧制而成的陶瓷制品。特种陶瓷具有一些独特的力学性能、物理性能及化学性能。

1. 氧化铝陶瓷

氧化铝陶瓷是应用最广的工程陶瓷，其主要成分是 Al_2O_3，又称为刚玉瓷。它具有高硬度（1 500℃时为 80HRA，仅次于金刚石等材料而居第五位）、高强度（比普通陶瓷高 2～3倍）及良好的耐磨性、绝缘性和化学稳定性，是理想的耐高温材料，但抗热振性能差，不能承受温度的突变以及冲击载荷。氧化铝陶瓷主要用于制造刀具、坩埚、热电偶的绝缘套等，在汽车上常用于制造火花塞绝缘体、汽车排气净化器、发动机活塞、气缸套、凸轮轴、柴油机喷嘴等零件。

2. 氮化硅陶瓷

氮化硅陶瓷具有极高的化学稳定性，除氢氟酸外，能耐各种酸碱腐蚀，也可抵抗熔融金属的侵蚀；同时具有优异的电绝缘性以及很高的硬度、耐磨性和减摩性。氮化硅陶瓷常用作在腐蚀介质下工作的机械零件，如耐蚀水泵密封环、高温轴承、冶金容器和管道、炼钢生产上的铁液流量计等。

3. 碳化硅陶瓷

碳化硅陶瓷是目前高温强度最高的陶瓷，在 1 400℃时抗弯强度仍能达到 500～600MPa，其热稳定性、耐蚀性和耐磨性很好。碳化硅陶瓷主要用于热电偶套管、火箭尾喷嘴以及高温轴承、高温热交换器、密封圈和核燃料的包封材料等。

4. 硼化物陶瓷

硼化物陶瓷具有高硬度和较好的耐化学侵蚀能力。硼化物陶瓷熔点范围为 1 800～2 500℃。与碳化物陶瓷相比，硼化物陶瓷具有较高的抗高温氧化能力，使用温度达 1 400℃。它主要用于高温轴承、内燃机喷嘴、各种高温器件等。

5.4.3　陶瓷在汽车上的应用

陶瓷应用于汽车上，可以有效地降低车辆重量，提高发动机的热效率，降低油耗，减少排气污染，提高易损件寿命，完善汽车智能性功能。用氮化硅陶瓷材料制成的陶瓷纤维活塞，耐磨性好，可以有效地防止铝合金活塞由于热膨胀系数大而产生的"冷敲热拉"现象。所谓"冷敲"即冷车时，活塞与气缸壁配合间隙过大，活塞换向时引起敲击；"热拉"即热车时，因二者配合间隙过小，拉伤气缸。特种陶瓷可用于制作陶瓷凸轮轴、气门、气门座、摇臂等零件，可以充分发挥其优良的耐热性和耐磨性。日本五十铃公司研究开发的发动机用氮化硅材料制成气门，三菱公司采用陶瓷制成发动机摇臂，使用效果良好。特种陶瓷在高温下有良好的热稳定性，被广泛用作汽油机点火系统火花塞的基体。日本五十铃汽车公司研制的陶瓷发动机采用陶瓷作进、排气管，可以承受 800～900℃的高温，取消了隔热板，减少了发动机体积，并使排气净化效果提高 2 倍。

目前，陶瓷在汽车上的应用正在逐步扩大，国外已经开发了陶瓷复合发动机，将燃烧室内的气缸套、活塞气门等近 40％的零件采用陶瓷制造，并取消了冷却和散热装置，功率提高了 10％，油耗降低了 30％。陶瓷在汽车上的应用前景十分广阔。

5.5　复合材料

复合材料是由两种或两种以上性质不同的材料通过人工组合而成的固体材料。它不仅综合了各组成材料的优点，还具有单一材料无法达到的优越的综合性能。因此，复合材料在各个领域都得到了广泛应用。例如，钢筋混凝土是钢筋、水泥和沙石组成的人工复合材料；现代汽车中的玻璃纤维挡泥板是由脆性的玻璃和韧性的聚合物复合而成的；先进的 B2 隐形战略轰炸机的机身和机翼则大量使用了石墨和碳纤维复合材料。

5.5.1　复合材料的性能特点

5.5.1.1　比强度和比模量高

比强度（强度/密度）和比模量（弹性/密度）是衡量汽车材料承载能力的重要指标。

复合材料的比强度和比模量比金属材料高得多，如碳纤维-环氧树脂基复合材料的比强度是钢的 7 倍，比模量是钢的 5.6 倍。因此，将复合材料用于要求强度高、重量轻的动力设备可大大提高动力设备的效率。由复合材料制成的汽车与使用钢材制造的汽车质量相比要轻 1/3～1/2，这对提高整车动力性能、降低油耗、增加负载非常有益。

5.5.1.2 抗疲劳性能好

多数金属的疲劳极限是抗拉强度的 40%～50%，而碳纤维增强复合材料可达 70%～80%。这是由于纤维复合材料特别是纤维树脂复合材料对缺口、应力集中敏感性小，且纤维和基体能够阻止裂纹扩展或改变裂纹扩展方向，因此复合材料具有较高的抗疲劳性能。

5.5.1.3 耐高温性能好

由于纤维增强复合材料的熔点均很高，一般都在 2 000℃以上，且在高温条件下仍然可保持较高的高温强度，故用它们增强的复合材料具有较高的高温强度和弹性模量，特别是金属基复合材料更显出其优越性。例如，一般铝合金在 400℃时，弹性模量接近于零，强度值也从 500MPa 降至 30～50MPa；而碳纤维或硼纤维增强的铝材，在 400℃时强度和弹性模量可保持接近室温的水平。

5.5.1.4 减振性能好

许多机器和设备（如汽车、动力机械等）的振动问题十分突出，而复合材料的减振性能好。原因是纤维增强复合材料的比模量大，自振频率高，可避免产生共振而引起早期破坏。另外，纤维与界面吸振能力强，故振动阻尼性好，即使发生振动也会很快衰减。

除以上几点外，许多复合材料都有良好的断裂安全性、化学稳定性、减摩性、隔热性以及良好的成型工艺等。

复合材料也有其不足之处，比如其伸长率较小，抗冲击性低，横向拉伸和层间剪切强度较低，尤其是生产成本比其他工程材料高得多。但是，由于复合材料具有上述优越特性，因此在航空航天等国民经济及尖端科学技术上都有较广泛的应用。

5.5.2 常用复合材料的种类

复合材料一般由基体相和增强相组成。基体相具有形成几何形状和黏结作用，有金属基体和非金属基体两大类；增强相具有提高强度和韧性的作用。按增强相的物理形态分为纤维增强复合材料、层叠复合材料和颗粒复合材料。

5.5.2.1 纤维增强复合材料

纤维增强复合材料中承受载荷的主要是增强相纤维。增强相纤维处于基体之中，彼此隔离，其表面受到基体的保护，因而不易遭受损伤。塑性和韧性较好的基体能阻止裂纹的扩展，并对纤维起到黏接作用，复合材料的强度因而得到很大的提高。纤维种类很多，但用于现代复合材料的纤维主要是指高强度、高模量的玻璃纤维、碳纤维、石墨纤维及硼纤维等。

5.5.2.2 层叠复合材料

层叠复合材料是以两层或两层以上不同的板材经热压胶合而成的。根据复合形式有夹层复合材料、双层金属复合材料、塑料-金属多层复合材料。夹层复合材料已广泛应用于飞机机翼、船舶、火车车厢、运输容器、安全帽、滑雪板等；由两种膨胀系数不同的金属板制成的双层金属复合材料可用于制作测量和控制温度的简易恒温器。

5.5.2.3 颗粒复合材料

颗粒复合材料是由一种或多种颗粒均匀分布在基体材料内所组成的复合材料。一般颗粒的尺寸越小，增强效果越明显，颗粒的直径小于 $0.01\sim0.1\mu m$ 的称为弥散强化材料。不同颗粒起着不同的作用，如加入银粉、铜粉可提高导电、导热性能；加入 Fe_3O_4 磁粉可提高导磁性；加入 MoS_2 可提高减摩性；陶瓷颗粒增强的金属基复合材料具有高的强度、硬度、耐磨性、耐蚀性和小的膨胀系数，可用于制作高速切削刀具、重载轴承及火焰喷嘴等高温工作零件。

5.5.3 复合材料在汽车上的应用

目前，汽车上常用的复合材料主要有纤维增强塑料基复合材料、金属基复合材料、陶瓷基复合材料等。

5.5.3.1 纤维增强塑料基复合材料及其在汽车中的应用

纤维增强塑料基复合材料（FRP）因具有强度高、质量小、耐腐蚀、加工性好及可制造 A 级表面汽车外覆盖件等特点，已被广泛应用于汽车车身部件。FRP 是今后取代金属材料制造汽车主要覆盖件及受力构件的最有前途的轻量化材料。目前，北美汽车制造业用 FRP 制造汽车零部件的用量已达 120kg。通常，FRP 是指玻璃纤维和热固性树脂的复合材料，增强用的纤维除玻璃纤维之外，还有碳纤维和高强度纤维；基体树脂根据使用要求可分为环氧树脂、酚醛树脂、不饱和聚酯等。

1. SMC

玻璃纤维增强不饱和聚酯片状模压塑料基复合材料（Sheet Molding Compound, SMC），是一种新型的制造车身件的复合材料。它是在不饱和聚酯树脂中加入引发剂、增稠剂、低收缩剂、填料及染料等成分，经过充分混合成树脂糊，在 SMC 机组中树脂糊充分浸渍切短的玻璃纤维，经辊压而成的片状复合材料。它属于热固性塑料增强复合材料，能在一定的温度和压力下，交联固化而成型。

利用 SMC 设计产品具有较高的灵活性与自由度，强度较高，可实现零部件整体化，尺寸稳定，外观漂亮，易于涂装，电绝缘性好，冲击性能好，能在 $-40℃$ 温度下使用，热变形温度和耐老化性能均高于普通热塑性材料，使用寿命高于 15 年，较适合用于制造车身部件。

SMC 材料在加热的模具中可以流动，因此便于制造带有筋板或局部凸起的不等厚的大型车身覆盖件。另外，高强度的 SMC 和普通的 SMC 还可以混合使用，例如用 SMC 材料成型制造的添置车门，外表层用光洁性好的 SMCR‐30，中间层用高强度型 SMCC30/R20，内层用美观的着色低收缩型 SMC 等。

2. 可冲压成型的 FRP 塑料基板材

SMC 材料成型制造车身及其他汽车零部件的速度慢，为了使塑料基复合材料的成型速度既接近金属材料冲压加工的速度，又能利用现成的金属冲压设备，以适应大批量生产的汽车工业，于是，可冲压成型的 FRP 塑料基板材应运而生。

这种材料又称为 GMT，它是冲压成型的玻璃纤维毡增强的热塑性塑料片材，相当于热固性的 SMC 热塑性片材。其典型代表是美国 PPG 公司生产的 Azdel 和 STX 两种冲压成型片材，前者是用玻璃纤维毡增强的 PP 塑料复合材料，后者是一种用玻璃纤维增强的 PA 塑料复合材料。

GMT 中的玻璃纤维均匀地分布在片材中，树脂含量容易控制，并可通过选择增强材料与在混合料中加入各种不同的添加剂，使产品具有更高的刚度与硬度、更好的机械性能，以符合汽车所要求的表面外观、阻燃性或静电屏蔽性。为了提高片材的纵向强度，选择单向纤维毡，使纵向强度比横向强度高 25%～50%，这种片材适合制作保险杠或平板构件。用湿法生产的 GMT，片材在加热后，纤维的流动性好，还可以模压出带金属嵌件或者密度不同的构件。GMT 适宜制作汽车车门。

5.5.3.2 金属基复合材料（MMC）

金属基复合材料通常是由低强度、高韧性的基体和高强度、高弹性模量的纤维组成的。金属基复合材料的基体大多采用铝、铜、铝合金、铜合金、镁合金和镍合金，增强材料一般为纤维状、颗粒状和晶须状的碳化硅、碳化硼、氧化铝和碳纤维，要求具有高的强度和弹性模量（抵抗变形及断裂）、高抗磨性（防止表面损伤）与高化学稳定性（防止与空气和基体发生化学反应）。

1. 纤维增强金属基复合材料（FRM）

它是利用纤维的特性制造的质轻的结构材料。其优点为比强度高、比刚性高，制成同等强度的零件可使重量下降，耐磨性和耐热性能好，热传导和电导性优良。因此，FRM 在汽车上用来制造活塞环、连杆、气缸体、活塞销等。

2. 颗粒、晶须增强金属基复合材料

颗粒及晶须增强金属基复合材料是目前应用范围最广、开发前景最大的一种金属基复合材料。这类材料的金属基大多数采用密度较低的铝、镁和铜合金，以提高复合材料的比强度和比模量，其中较为成熟、应用较广的是铝基复合材料。这类复合材料所采用的增强材料为碳化硅、碳化硼、氧化铝颗粒或晶须，其中以碳化硅为主。汽车工业上应用的碳化硅颗粒铝合金基复合材料发展最快，它的强度比中碳钢好，与钛合金相近而又比铝合金略高，其耐磨性也比铝合金、钛合金好，密度只有钢的 1/3，与铝相近。在汽车上用来制造发动机活塞、喷油嘴部件、制动装置等。

5.5.3.3 陶瓷基复合材料

陶瓷具有耐高温、抗氧化、高弹性模量和高抗压强度等优点，但由于脆性大经不起冲击，因而使用范围受到限制。20 世纪 80 年代以来，通过在陶瓷材料中加入颗粒、晶须及纤维等得到的陶瓷基复合材料，使陶瓷的韧性大大提高。

陶瓷基复合材料具有高强度、高弹性模量、低密度、耐高温、高的耐磨性和良好的韧性，目前已用于高速切削工具和内燃机部件上。汽车工业的研究重点是用陶瓷替代金属制造发动机的零部件以至整机，用陶瓷材料可以提高热效率、无须水冷，且比采用硬质合金的重量轻得多。例如，采用氮化硅陶瓷基复合材料制造发动机的涡轮增压器，比镍基电热合金涡轮增压器的重量减轻 34%，起动到 104r/min 所需的时间缩短 36%。

5.6　汽车用摩擦材料

　　汽车用摩擦材料是汽车上的消耗材料之一，主要起到传递动力、减速、停车等作用，是汽车制动系统与行驶系统的重要组成部分。采用摩擦材料制造的汽车零部件主要包括汽车制动摩擦片、汽车离合器摩擦片以及手制动摩擦片等。汽车用摩擦材料对于汽车的安全性、使用性能及操纵稳定性起着十分重要的作用。

5.6.1　汽车用摩擦材料的性能要求

　　汽车制动摩擦片、汽车离合器摩擦片的主要功能是将动能转变成热量，然后将热量吸收或散发掉，同时通过摩擦阻止摩擦材料和被它贴合的部件之间的相对运动。为了达到这些目的，对汽车用摩擦材料提出以下性能要求。

5.6.1.1　高且稳定的摩擦系数

　　摩擦系数是摩擦材料最主要的技术指标，通常不是一个常数，受温度、压力、速度或者表面状态、摩擦环境等影响而变化。理想的摩擦系数，应该是受这些因素的影响较小。

5.6.1.2　良好的耐磨性

　　这是衡量摩擦材料使用寿命的一个重要指标。良好的耐磨性使摩擦对偶材料的磨损降低。

5.6.1.3　较好的物理、力学性能

　　摩擦材料具有较好的物理、力学性能，除满足摩擦材料在加工过程中的要求之外，还要满足在使用中的强度要求，以保持良好的使用性能。通常包含的指标是冲击韧度、抗压强度、抗剪强度、导热系数、耐热性等。

5.6.1.4　不产生过大的噪声

　　汽车制动噪声的产生，因素很复杂，一般就摩擦材料而言，低模量、低摩擦系数则不易产生过大的噪声。

5.6.2　汽车用摩擦材料的组成

　　汽车用摩擦材料主要由增强材料、填充材料及黏结材料等组成。

5.6.2.1　增强材料

　　增强材料是摩擦材料重要的骨架部分，增强材料的选用对摩擦材料的摩擦、磨损性能有着重要的影响。增强材料主要有以下几种：

1. 石棉

　　石棉作为一种天然矿物纤维，具有质轻、价廉、分散性好、增强效果好等特点，在摩擦材料中得到了广泛的应用。20 世纪 20 年代至 20 世纪 80 年代，石棉增强摩擦材料应用最为广泛，基本能满足当时汽车及工程机械的需要。从 1972 年国际肿瘤医学会确认石棉及其高温挥发物属于致癌物质后，国际上掀起了一股禁止使用石棉增强摩擦材料的浪潮。

此外，随着汽车科技的进步及世界性的能源危机，汽车的车速更高，制动器更小，并且出现了盘式制动器，对摩擦材料的要求更高，使用条件也更为严酷。如今，高速轿车在紧急制动时前轮盘式制动器温度可达300～800℃，而石棉在400℃左右将失去结晶水，石棉脱水后导致摩擦性能不稳定、出现制动噪声等。因此，石棉增强摩擦材料明显不能适应汽车工业和现代社会的需求，正逐渐被其他材料取代。

2. 钢纤维

钢纤维增强摩擦材料为半金属摩擦材料，是以钢纤维代替石棉增强材料而制成的摩擦材料。使用低碳钢及采取超声波切削生产出的钢纤维含油量低，表面活性好，价格便宜，因此在半金属摩擦材料中得到广泛应用。钢纤维的一个显著特点就是导热性好。钢纤维以其高导热性能使局部表面热量迅速扩散至内部，从而降低摩擦面温度，避免表面温度过高，防止树脂基体因热分解而导致材料磨损，缩短使用寿命。与石棉增强摩擦材料相比，钢纤维增强摩擦材料有平稳的摩擦系数，300～500℃时摩擦系数衰退减少，高温磨损小，可压缩性低。但钢化纤维相对密度较大，易锈蚀，易产生刺耳的制动噪声。

3. 玻璃纤维

玻璃纤维属于无机硅酸盐纤维，故其热稳定性较好。玻璃纤维发展历史较长，产品质量稳定，产量较大，价格也较便宜，因此在汽车用摩擦材料中得到了一定范围的应用。但玻璃纤维硬度高，磨损比石棉增强摩擦材料大一倍以上，工作温度高时形成玻璃珠，摩擦系数不稳定。

降低玻璃纤维硬度及采用改性树脂基体可以改善上述缺陷。例如国外采用E玻璃纤维制成的离合器片，具有良好的耐磨性，使用平稳，噪声小，无振动。

4. 碳纤维

碳纤维具有比强度高、比模量高、耐热、耐磨、耐腐蚀及热膨胀系数较适宜等一系列优点。碳纤维增强复合摩擦材料在航空航天工业中已得到了广泛应用。碳纤维作为汽车用摩擦材料的增强纤维使用时主要存在两大障碍：一是原材料价格偏高，产量有限；二是碳纤维表面活性低，与基体树脂相容性差。此外，现有碳纤维一般为长纤维，难以达到适用于汽车用摩擦材料短纤维的使用要求。

碳纤维增强材料与玻璃纤维增强材料相比有更高的摩擦系数和更低的磨损率。

5. 有机纤维

有机纤维增强材料有芳纶、聚丙烯纤维、聚乙烯醇纤维、聚酯纤维等，其本身燃点高，高温热分解不明显。有机纤维单独作为增强材料使用时，一般都需经过表面处理，通常是把天然或合成的有机纤维放在非电解的处理液中，使纤维表面镀上薄薄一层金属。进行过表面处理的有机纤维，既具有金属纤维的优点，如导热性好、耐磨等，又有非金属纤维的特点，如相对密度小、韧性好。有机纤维可以提高摩擦材料的稳定性，降低磨损量，对降低制动噪声也有明显作用。有机纤维增强材料以芳纶为最佳，但目前在降低价格和提高工艺上有待进一步努力。

6. 混杂纤维

混杂纤维采用两种或两种以上纤维进行混杂增强，不仅可以降低成本，还可充分发挥每一种纤维的优点，弥补相互的缺陷，使性能更加完善、更加优异。

采用混杂纤维为增强材料将是摩擦材料的一个主要方向。目前，国内外已进行了碳纤维/钢纤维、玻璃纤维/有机纤维、钢纤维/芳纶混杂的研究，并取得了良好的效果。

5.6.2.2　填充材料

填充材料是摩擦材料中不可缺少的部分，其在摩擦材料中主要起改善材料的物理与力学性能，调节摩擦性能及降低成本的作用，可分为有机、无机和金属三种材料。

目前，填充材料常用重晶石、硅灰石、氧化铝、铬铁矿粉、氧化铁及铜、铅等粉末。

5.6.2.3　黏结材料

汽车用摩擦材料的黏结材料以酚醛树脂为主，也有相当一部分使用了含橡胶、腰果油、聚乙烯醇或其他高分子材料成分的改性酚醛树脂。

5.7　汽车美容材料

随着我国汽车工业的迅速发展和汽车社会保有量的不断增加，一个新兴的行业——汽车美容业悄然兴起，并且已遍及全国。随着我国经济的持续高速发展和人们消费理念的改变，我国将成为世界轿车的最大消费国之一。汽车的日常清洁护理和定期美容保养，必然成为汽车消费者重要的消费内容。

5.7.1　汽车车身美容护理材料

车身是一辆汽车最重要、最显眼的部位，必须时时注意保持整洁。其美容护理最常用的材料就是清洁剂。

5.7.1.1　清洁剂

1. 万用清洁剂

（1）特性。除去各种玻璃、漆面及金属制品的污垢；不伤害漆面、塑胶及橡胶；是一种泡沫清洁剂，无滴流的困扰。

（2）使用的方法。喷涂在不洁器具的表面，使泡沫停留一分钟，用干净棉布擦拭。

（3）适用范围。适用于汽车风窗玻璃、车身表面、座椅等的清洗。

（4）注意事项。不要等泡沫全部干后才进行擦拭。

2. 制动清洁剂

（1）特性。迅速清除污垢；避免产生碾轧的噪声；不含有毒物质，不会造成污染。

（2）使用方法。喷涂在不洁零件的表面，让污垢滴尽，以干布擦拭。

（3）适用范围。鼓式及盘式制动器、制动蹄片、制动组片、离合器压盘、风扇皮带、受压力的组件，以及其他离合器零件。

（4）注意事项。此类清洁剂为易燃物，不得置于易燃处。

3. 车内仪表板清洁剂

（1）特性。保持车内人造皮革及真皮的光泽；使灰尘无法黏附；有柠檬香味，不含矽利康；不会破坏漆面。

（2）使用方法。喷涂在物体表面，以软布擦拭。

（3）适用范围。主要适用于车门、仪表板、其他车内合成橡胶、塑胶物质、真皮制品，如真皮座椅、皮包、皮衣等。

（4）注意事项。又称车内合成橡胶或塑料光亮剂，为易燃物，不可置于易燃处。

4. 发动机外表清洁剂

（1）特性。能除去较重的油污；呈碱性，含有缓冲剂成分；能快速乳化去除油污，且不腐蚀机体及其上部件；水溶性好，可完全生物溶解，易用水冲洗，不留残物。

（2）使用方法。用水稀释后喷洒在部件外表及油污处，用适量水冲洗，用软布擦净。

（3）适用范围。适用于发动机外表及底盘等部件。

（4）注意事项。呈碱性，必须用水稀释后使用。

5. 发动机清洁剂

（1）特性。可除去油脂污垢、废油及无用的酸碱性合成物。

（2）使用方法。发动机需停转；喷涂在发动机及其周围的部分，让它完全渗透，两分钟后，再用自来水清洗；等全部干燥后，再喷涂发动机漆面保护剂来清洗；洗毕后，如发动机因受潮而无法起动，则使用"超级六号"来处理。

6. 气门及化油器清洁剂

（1）特性。可除去积存在化油器、气门、气门座的积炭及污垢；增强发动机进气的顺畅性，避免无谓功率消耗；恢复气缸原有的压缩比；减少 CO 的产生。

（2）使用方法。加油前添加本剂，添加比例为 1%。

（3）适用范围。所有汽车发动机及化油器式内燃机。

（4）注意事项。本剂为易燃物，但不含有机化合物（CHC）、铅、镉、多氯联苯、酒精及其他有害化合物，不会造成环境污染。

7. 水箱除锈清洁剂

（1）特性。除去积垢、锈渍、泥巴等，达到除锈、清洁的效果。一罐 250mL 除锈清洁剂可稀释 12L 水。

（2）使用方法。使用前，排尽水箱内的水，同时注入水及本剂，使发动机在不踩制动踏板的情况下运转 20 分钟；排除水箱内的水及本剂，再用清洁的水冲洗水箱内部；将水箱注入清水，同时添加水箱恒温防漏剂。

（3）适用范围。汽车冷却系统。

8. 轮毂清洁剂

（1）特性。能有效去除轮毂上的油渍、氧化色斑，并清洁上光；呈弱酸性，但对轮毂及轮胎无腐蚀作用。

（2）使用方法。喷涂在汽车轮毂上，用软布擦拭。

（3）适用范围。所有汽车轮毂。

9. 多功能清洁柔顺剂

（1）特性。能对汽车内室及行李舱各部位进行清洗翻新；去污力强，尤其对丝绒及地毯表面可发挥清洁、柔顺、还原着色、杀菌等功效；低泡清洁剂可通过喷抽机使用（高泡会损坏真空泵），也可手工使用。

（2）使用方法。用喷抽机或手工喷洒适量清洗剂至需要清洗部位，用软布轻轻擦拭，用干布擦干净清洗部位。

（3）注意事项。高泡清洗剂不得利用喷抽机喷洒。

10. 全能泡沫清洗剂

（1）特性。泡沫丰富，去污能力强；能迅速分解油污，并能快速清除油渍污物。

（2）使用方法。用手清洗、擦拭。

（3）适用范围。汽车内室皮革、绒毛表面、仪表台、转向盘、车内侧等。

11. 重油清洗剂

（1）特性。本剂是一种强力的、可乳化的溶剂型清洗剂，能有效地去除汽车发动机零部件、底盘和设备上的重油污。本机所含的特别成分能使污垢卷缩成胶束，胶束颗粒快速分离，很容易用水冲洗干净，不会产生二次污染。本剂可吸收其容积六倍的油污，故可重复使用，对车体各部位无腐蚀作用。

（2）使用方法。将本剂喷涂于油污处，然后将所形成的胶束用水冲掉，再用干净布擦干。

（3）适用范围。汽车发动机零部件、底盘和设备。

5.7.1.2 美容的基本程序

（1）清洗车身并擦洗干净。

（2）用海绵将去污蜡抹在车身上并按圆弧打磨。注意不要将蜡涂抹到车身饰条上。

（3）在保险杠上涂蜡。

（4）使用干净棉球将抹过的去污蜡磨光。

（5）在打蜡时用右方的海绵垫，磨蜡时用左方的棉球，用划圆弧的方法推打。

（6）在反光小灯及其四周打蜡。

（7）在上、下扰流板处打蜡清洁。

（8）打蜡时勿穿有皮带扣或纽扣的衣裤，以免刮伤车身。

（9）在车上再涂抹细蜡，用清洁棉球将细蜡擦拭均匀。

（10）如上完一层，车身上仍有少许污垢，再进一步上蜡，重复打蜡。

（11）检查车身部分，每一处都需仔细、彻底地美容。

（12）使用美容蜡，将车身全部擦洗一次。

（13）用清洁棉球将美容蜡打光。

（14）均匀喷洒亮光蜡在后视镜上，使之光亮。

（15）在整理风窗玻璃及翼子板时用报纸将玻璃及刮水器遮住，以免受损。

（16）汽车全车检查。

另外，在车身美容时应注意：

（1）使用电动打磨机时，如非专业人员，千万不可用力过大，否则会将原漆打起来。

（2）要使用海绵推打后视镜背面，因为此处常因会车而擦伤，所以要加以保养。

（3）如果车身被轻微刮伤或划伤，可使用烤漆蜡处理。

（4）可以在不美观处贴用来美化的贴纸加以掩饰。

5.7.2 汽车涂装材料

汽车涂装材料（简称涂料）是一种涂覆在物体（被保护和被装饰对象）表面并能形成牢固附着的连续薄膜的配套性工程材料，是起保护、装饰作用的一类精细化工业产品，包括各种类型汽车在制造过程中涂装线上使用的涂料及汽车维修时使用的修补材料。汽车涂料品种多，用量大，涂层性能要求高，涂装工艺特殊，已经发展成为一类专用涂料。

5.7.2.1 汽车涂料的分类

汽车涂料的分类方法很多，常见的有以下几种：

（1）按涂装对象分类：新车原装涂料、汽车修补涂料。

（2）按功能分类：汽车用底漆、汽车用中间层涂料、汽车用面漆、防腐蚀涂料。

（3）按涂装方式分类：汽车用电泳漆、汽车用液体喷漆、汽车用粉末涂料、汽车用高固体分涂料、涂装后处理材料（防锈蜡、保护蜡等）。

5.7.2.2 汽车涂料的组成

涂料由成膜物质、颜料、溶剂和助剂组成。汽车涂面大致可以分为三层，即底漆层、中间涂层和面漆层，各涂层使用的涂料有各自的特点。

1. 底漆层涂料

底漆层涂料由颜料、黏合剂、溶剂及一些添加剂组成，它们起着不同的作用。底漆层和中间涂层是车身涂层的基础部分，如果底漆层和中间涂层不牢靠或涂层涂料的组合配比不正确，面漆就会受到影响，甚至出现开裂或剥落现象。底漆是直接喷涂在经过预处理的车身表面上的第一道漆。在汽车修补漆作业中，底漆既可以喷涂在裸露的金属和塑料表面，也可以用于覆盖旧漆面。它的主要功能是牢固附着于车身表面，为整个漆膜打下牢固的基础，使漆膜与车身结合为一体；当底漆直接喷涂在金属表面时还可以增强金属的耐腐蚀能力。

常用的底漆有环氧树脂底漆、富锌底漆、清洗型底漆及抗碎裂底漆等。

（1）环氧树脂底漆。它由底漆和催化剂组成，非常适用于大面积填充的情况，例如可以用堆起的环氧树脂底漆与经过打磨的裸露车身结合，在填充后得到光滑的表面。环氧树脂底漆使用方便，可以为严重损坏的车身提供良好的防腐蚀保护。大多数环氧树脂底漆中混合有无铅的灰氧化铁或红氧化铁，所以在底漆喷涂 1h 后，如果表面足够光滑就可以直接喷涂面漆而不必打磨。

（2）富锌底漆。它可以保护焊接处不受腐蚀。这种底漆中的锌可以防止焊接区域发生电化学腐蚀，缺点是与其他面层材料的黏结性不好。

（3）清洗型底漆。它也称为乙烯树脂清洗型底漆，对碱、油及盐等物质具有很高的抗腐蚀作用。如果要追求非常好的抗腐蚀性，就要在泥子或封闭底漆下面涂清洗型底漆。这种底漆的还原剂中含有磷酸，可以浸入车身表面，对钢、铝、塑料及其他金属产生强大的黏结力。在裸露的金属表面喷涂这种涂料后，如果不进行机械磨削就很难除去涂层。

（4）抗碎裂底漆，它是特别为车身下部配置的，在行驶中车身下部很容易受到来自路面石块的冲击而损伤，这种涂料可以抵抗石块、砂砾等路面碎粒的撞击，有助于减小敲击噪声，并可以提升车身的抗腐蚀性。

2. 中间涂层涂料

如果车身只喷涂底漆，就不能填平砂纸磨痕或其他表面缺陷，所以需要使用中间涂层。中间涂层是介于底漆层和面漆层之间的涂层，其主要功能是改善车身表面和底漆层的平整度，消除缺陷和封固被涂装表面，为面漆层打下良好的基础，提高面漆层的亮度和丰满度，提高漆膜整体的抗外力冲击性。

常见中间涂层涂料的种类和特点如下：

（1）中涂漆。中涂漆也称为二道浆底漆，通常用在汽车底漆和面漆或底色漆之间，主要作用是填平被涂表面的微小刮痕。中涂漆中颜料和填料的含量比底漆多，比泥子少，它既能牢固地附着在底漆表面，又容易与上面的面漆层结合，起着承上启下的重要作用。中涂漆还具有良好的流动性和良好的刮痕填平性，能消除喷涂表面的洞眼和纹路等，使得喷涂面漆后能得到平整的涂层，提高整个漆膜的亮度和丰满度。中涂漆一般呈灰色，具有良好的湿打磨性，打磨后能得到非常光滑的表面。为了节省面漆层涂料和简化涂装工艺，此类涂料有与面漆同色化的趋势。为了减少打磨的工作量，流动性更好、与面漆结合性更好的免打磨中涂漆逐渐得到应用。

（2）泥子。泥子是一种含颜料较多的涂料，专用于填平被涂装表面的缺陷，一般采用刮涂，也可喷涂和刷涂。泥子层干燥后进行打磨，可以获得平滑的涂装表面。泥子可以刮涂在底漆上，也可以直接刮涂在金属表面。刮泥子可以获得良好的填平效果，但是要求操作人员具有较高的技巧。例如常见的油性灰泥子、环氧树脂泥子和水性泥子，在使用时每道工序的干燥时间和层间晾干时间均应仔细控制，否则会产生"表干里不干"的结果，使总体的干燥时间延长。双组分聚酯泥子（原子灰）靠化学反应固化，可快速形成厚膜，使用起来很方便。

刮泥子的作用一般是提高喷涂表面的平整度和装饰性，泥子涂层容易老化开裂，加之手工刮涂和打磨泥子的劳动强度大，因此汽车制造厂靠提高模具的精度和加工技术来确保车身表面的平整度，在汽车生产流水线上已经不再使用泥子，泥子主要用于汽车修理厂中的车漆修补作业。

（3）封闭底漆。中间涂层中的底漆涂料由颜料、黏合剂、溶剂及一些添加剂组成。封闭底漆是涂面漆前的最后一道中间涂层涂料，涂膜光亮或半光亮，主要功能是封闭底漆层，并具有一定的填平和增强面漆光亮功能。封闭底漆的光泽比中涂漆高，与面漆接近，因此还能显现出被涂装面的缺陷，便于操作人员消除。封闭底漆用于装饰性要求较高的轿车涂层中。

（4）防渗封闭底漆。为了防止涂装表面旧漆涂层的颜色渗出封闭底漆涂层，尤其是旧漆涂层是有机颜料时，需要使用防渗封闭底漆。涂装防渗封闭底漆后不能直接打磨，需要喷涂具有填平作用的中涂漆后才能进行打磨。

3. 面漆层涂料

面漆和底漆一样也是由颜料、黏合剂、溶剂及一些添加剂组成的，传统的汽车涂装工艺均采用溶剂型中涂漆＋面漆（底色漆＋罩光清漆）。近年来，由于溶剂性涂料的挥发性有机化合物 VOC（一种污染物）排放量较高，各国涂料界都在进行减少环境污染的水性涂料、粉末涂料和高固体分涂料的研究开发。

（1）水性涂料。由于水和溶剂在性能上有较大差别，水性涂料在涂装时漆膜易出现如下弊病：水的表面张力大、颜料分散性差，难以获得高装饰性和耐蚀性好的涂膜性能；水的腐蚀性大，需改造或新建喷涂线；水的比热大、难挥发，要求涂装环境的温度和湿度严格控制在规定范围内。欧美各国经多年攻关研究，汽车用水性涂料的涂膜和施工性能都得到了根本性的改善。水性中涂漆的特点是施工固体分高，烘烤温度低，漆膜性能与传统溶剂型中涂漆相当，抗石击性能优于溶剂型中涂漆。

（2）粉末涂料。粉末涂料由于低污染、节能、高效和低成本等特点，成为一般金属表面涂装的首选材料，但粉末涂料的抗紫外线能力和耐候性较差，在汽车涂装，尤其是整车涂装方面的应用较晚。随着技术的日臻完善和粉末涂料性能的提高，现已完全能满足轿车涂装的各项要求，如外观装饰性、耐候性、耐化学性、抗划伤性、抗紫外线性等。目前，汽车上常用的粉末涂料主要有环氧聚酯混合型、聚酯型、聚氯酯型和丙烯酸型等。

（3）高固体分涂料。高固体分涂料多采用低黏度的聚酯、丙烯酸树脂及高固体分的氨基树脂。一方面，由于高固体分涂料采用低黏度树脂，易产生流挂，施工不便，因此，为保证漆膜厚度，防止其产生流挂，必须采用各种助剂来改变涂料的流平性，如有机膨润土、氢化蓖麻油，以及流挂控制剂（SCA）、凝胶粉（Micro‐Gfl）等，才可获得优异的抗流挂性能和漆膜外观。另一方面，由于高固体分氨基树脂醚化度高，聚合度低，交联活性低，自聚反应少，其固化过程不易控制，可能会影响漆膜性能。因此流挂控制和固化过程控制是高固体分涂料的两大关键技术。

5.7.2.3　汽车涂料成膜机理

涂料由液态或粉末变成固态，在被涂物表面上形成均匀的薄膜，这一过程称为涂装。汽车涂装分为电泳涂装、静电涂装和压缩空气涂装等类型。新车通常在全自动生产线上完成底漆的电泳涂装工序。为了达到厚度均匀、趋于完美的涂装效果，新车涂装通常采用静电涂装。汽车修补涂装，则采用压缩空气涂装，涂膜的质量很大程度上取决于操作人员的熟练程度和技术水平。

液态涂料靠溶剂挥发、氧化、聚合等物理或化学作用成膜；粉末涂料靠熔融、缩合、聚合等物理或化学作用成膜。

根据涂料成膜过程的不同，汽车常用涂料可分为热塑性涂料和热固性涂料两大类。

1. 热塑性涂料的成膜过程

液态溶剂型热塑性涂料是靠溶剂挥发来实现涂膜干燥的，故又称为挥发型涂料。无溶剂型或粉末热塑性涂料依靠加热熔融，所形成的涂膜能被溶剂再溶解或受热再融化，其成膜过程是物理作用，无化学变化。这一类型的汽车用涂料通常有硝基漆、过氧乙烯漆、改性热塑性丙烯酸树脂涂料及 PVC 型车底涂料等。

2. 热固性涂料的成膜过程

这类涂料除了溶剂挥发和熔融等物理作用外，主要靠缩合聚合和氧化聚合等化学作用，使低分子树脂产生交联固化反应，形成网状结构的高分子化合物，所形成的涂膜不能再被溶剂溶解，受热也不能再融化。这一类型汽车涂料的代表是热固性丙烯酸树脂涂料，还有环氧树脂涂料、氨基醇酸树脂涂料、聚酯涂料、电泳涂料、水性涂料及热固性粉末涂料等。

目前汽车修补涂料多数是双组分（又称二液型）的热固性丙烯酸树脂涂料，其主剂（涂料）与固化剂必须严格按厂家规定标准配兑，并需根据环境温度选用不同挥发速度的稀释剂。

5.7.2.4　汽车涂料的发展趋势

以环氧树脂为主要基材的涂料的需求越来越大，它已成为粉末涂料业发展最快的品种。从20世纪70年代开始，发达国家对汽车生产有机溶剂的排放制定了严格的控制指标。为减少挥发性有机物 VOC 的排放量，20世纪80年代末开始采用水性涂料，20世纪90年代开始应用粉末涂料。为了追求汽车涂料的高耐候性、高耐蚀性、高耐磨性，以及耐热、保光、保色等性能和卓越的装饰性，以环氧树脂为代表的粉末涂料开发研究难度很大，开始仅用于汽车零部件、汽车底漆、抗碎裂底漆等，直至20世纪90年代末才批量用于轿车面漆和罩光面漆，成为汽车用的粉末涂料。目前汽车车身采用干粉态或浆液态粉末涂料涂装已获成功，它们或作为底漆、单层涂料，或作为罩光面漆。

5.7.3　车身漆面修补材料

随着我国汽车保有量的不断增多，汽车喷涂及划痕修补工作也日益重要。在汽车划痕修复美容中，除要应付汽车制造厂的技术革新外，还要满足客户对修补质量不断提高的要求。

5.7.3.1　汽车车身漆面的类型和鉴别方法

1. 车身漆面的类型

（1）根据车身漆面的形成条件分为原厂漆面和修补漆面。

1）原厂漆面。新车涂膜经过120℃高温烘烤，在干燥过程中经过熔融和二次流平，干固后具有镜面光泽，并且膜质坚硬。此外，由于新车在全自动化生产线上完成涂装，环境洁净、无粉尘污染，保证了新车漆面洁净无瑕疵。

2）修补漆面。汽车原厂漆面因意外碰撞受损坏后，为了恢复其外貌和装饰效果，采用压缩空气喷涂方法进行修补。因修补部位、修补面积、修补涂料的选用以及操作人员技术水平的不同，修补漆面的质量存在诸多变数，漆面或多或少存在瑕疵，只要认真观察，就可以发现修补漆面纹理不均匀，有压缩空气喷涂时漆雾落点留下的痕迹（严重者呈桔纹状），以及局部漆面可能存在尘粒等。

（2）根据车身漆面劣化程度分为新车漆面、轻微损伤漆面、擦伤的漆面、划花的漆面、碰撞伤的漆面、劣质老化的漆面。

1）新车漆面。新车下线之前必须进行漆面保护，即在车身漆面上易受磨损部位贴上塑料薄膜，然后全车涂上一层较厚、黏性较大的保护蜡。因此，目前汽车销售商将汽车卖出、交给客户之前，要进行"新车整备"。"新车整备"的最主要工作之一是进行"开蜡"，即将原来涂在新车漆面上的保护蜡，用专用开蜡水洗除，然后再进行抛光处理。通常来说，新车漆面一经"开蜡"处理投入使用，就必须按期进行汽车美容专业护理，而不规范、非专业的洗车和打蜡不但省不了钱，反而会加速车身漆面的老化或者造成漆面意外伤害。

2）轻微损伤漆面。只要汽车在使用，就会受到外界的伤害，包括紫外线对车身漆面的伤害、有害气体对车身漆面的伤害、酸雨以及盐碱等对车身漆面的伤害、制动盘与蹄片磨损产生的粉末以及马路粉尘对车身漆面的伤害等使漆面表层形成氧化层或哑光、老化。这些有害因素对车身漆面的早期损伤是轻微的，通过专业的美容护理，可以有效去除哑光老化、氧化层，使汽车洁亮如新。

3）擦伤的漆面。指对车身漆面造成损伤，但这种损伤仅仅伤及漆面的外观，而车身钣金面未变形、漆面亦无划痕。擦伤的漆面经修饰研磨或用砂蜡研磨后，可进行抛光处理来恢复原貌。

4）划花的漆面。指漆面不但被外物擦伤，而且划痕深入漆膜。划花的漆面可采用点修补或笔修补的方法先修补，然后再抛光。划痕深且长，或大面积的划痕，则应采用修补方法进行处理。

5）碰撞伤的漆面。该部分钣金面受损变形，需先进行钣金维修，然后做修补涂装。

6）劣质老化的漆面。指漆面因材质等原因，经日晒雨淋而严重老化，发白、褪色或龟裂。这种漆面必须先清除，然后进行重新涂装。

（3）根据车身面漆漆膜构成分为单模漆面、双模或三模漆面以及局剖修补的驳口处漆面。

1）单模漆面。与新车涂面和修补涂面的构成相似，单模漆面由里及外分为底漆层、中间涂层和面漆层三部分。单模漆面是指用面漆为一种材质的涂料，按工艺规范分 2～3 次涂抹，然后进行干燥处理而获得的涂面。通常素色（又称实色），即黑、白、红、黄、奶白、浅黄等不掺合闪光材料（如铝粉、云母等）的各色涂料，多采用单模喷涂技法。

2）双模或三模漆面。金属底色面漆及珍珠幻彩面漆涂装成膜后，涂膜表面没有洁亮的光泽感，还必须另外涂装透明清漆罩光，才能显出其幻彩的颜色效果。而有的珍珠底色漆由于遮盖力差，在喷涂之前，还必须先喷涂材质相同、颜色相称但遮盖力好的素色漆，故称为"三模"。这类漆面的最外层是透明层，类似彩色相片烫压了一层透明塑料薄膜，既能保持色彩鲜艳持久，又能耐磨不变花，即保色保光亮性能明显优于单模漆面，其美容作业的操作较容易、效果较佳。

3）局部修补的驳口处漆面。车身漆面进行局部修补时，为了减小新旧涂膜颜色的差异，均需采用驳口渐淡喷涂技法。因此，驳口区域修补喷涂获得的新涂膜渐变稀稀地过渡到旧涂膜区域，在进行美容护理时应特别仔细辨认，格外小心护理，以免意外造成漆面破损。

2. 车身漆面鉴别

由于使用材质不同，导致不同的车身漆面性能迥异。新车采用高温烘烤，其漆面光亮、坚硬，性能最佳；其次是双组分低温烤漆面；最差的是挥发性单组分涂料涂装的漆面，短则一周（如硝基漆），长则不过一个月就要抛光一次。

不同汽车车身漆面对日常接触的物质，如汽油、有机溶剂、硅油、机油等的敏感程度亦有所不同。

总之，漆面性能影响车身抛光效果，涉及抛光用材的取舍。因此，汽车美容工作者必须掌握鉴别漆面的方法。

在进行修补涂装时，首先要知道旧漆面所用的涂料是什么类型的，其劣化的状态如何等，这是进行美容作业的一个重要环节。

正确区分旧漆面，挑选适当的涂料，以及正确安排作业计划来进行汽车美容作业，可以避免在美容作业中施工不顺利或交车后客户投诉事件的发生。

常用的鉴别漆面的方法有以下几种：

（1）溶剂法。取白碎布蘸满喷漆用的稀释剂后，擦拭漆面，检视布团是否沾上溶解后的颜色。有时外观上辨认出是烤漆面，但由于烘干不良也会出现颜色溶解现象，最好再确认一下。

（2）加热法。用 1 000～1 500 号砂纸将旧漆面抛光，去除漆面光泽，然后加热到 80℃以上观察漆面是否会软化（呈现光泽）。

（3）漆面硬度法。用铅笔推压漆面，漆面破损时，硬度应降一级。

（4）硝化棉检定液法。用 JIS 规格的硝化棉检定液（二苯胺 1g＋浓硫酸 100mL）滴 1滴在旧漆面上，观察是否会变色。检定液中含有硫酸，具有危险性，市面上没有销售，自行配制应特别小心。

旧漆面的鉴别方法见表 5.7。

表 5.7 旧漆面的鉴别方法

旧漆面	鉴别方法				
	外观法	溶剂法	加热法	漆面硬度法	硝化棉检定液法
氨基醇酸系	桔皮面	不溶	无变化	H－2H	无变化
聚丙烯酸酯系	桔皮面	不溶	变化	H－2H	无变化
喷漆系	抛光后的表面状态	溶	稍微软化	F－H	变青紫色
NC 变性丙烯酸酯喷漆系	抛光后的表面状态	溶	稍微软化	F－H	变青紫色
CAB 变性丙烯酸酯喷漆系	抛光后的表面状态	溶	软化	F－H	无变化
双组分丙烯酸酯漆系	抛光后的表面状态	难溶	无变化	H－2H	稍微变青紫色
丙烯酸氨基甲酸酯系	桔皮面	不溶	无变化	H－2H	无变化

3. 旧漆面与修补用涂料的适应性

由旧漆面的鉴别方法可知，修补用涂料的性质有所不同，对旧漆面选错修补用涂料时，有可能产生收缩及破损等漆面缺陷，因此可使用的涂料是受限制的。

5.7.3.2 车身漆面修补材料的类型

1. 按面漆的类型分类

（1）挥发性面漆类。主要包括硝基外用磁漆和改性热塑性丙烯酸树脂漆两种，后者性能较佳。

（2）双组分低温烤漆类。常用的是双组分丙烯酸树脂漆，还有氨基类双组分低温烘烤型涂料。

（3）底色漆类。目前常用的底色漆的基料（主要成膜物质）是丙烯酸树脂，这类漆涂膜不具光泽，其表面还必须罩以清烘漆（亦属双组分涂料），才能获得良好的效果。

底色漆属于目前使用最广的面漆涂料，其涂装方法又分双膜（金属漆）和三膜（珍珠漆和玛瑙漆等）两种类型。

2. 按涂料颜色分类

（1）实色漆。目前汽车修补涂装的实色漆有两种，即挥发型和双组分型。基于涂装效果和效率等方面综合考虑，目前绝大部分场合都选择使用双组分低温烤漆，因为前者虽然省却了固化剂（一般用量为面漆料用量的一半），但喷涂时需多喷涂 1～2 个单层，并且其漆面光亮度较差，还需经常打蜡抛光。

（2）底色漆。底色漆是目前使用最广泛的修补面漆，因为它容易操作。底色漆喷涂后"指触干燥"时间很短，一般在喷涂后静置 10～20min，即可对漆面作重新填补砂眼（用漆灰）和打磨等处理，以及进行套色（如在车身上喷涂彩色饰条）时的放线和贴防涂胶纸带等工作。目前绝大部分轿车都是金属漆面，对这类车进行修补时，只能采用底色漆来处理。此外，目前不少实色漆面轿车在制造时就采用了底色漆双膜涂装技术，且绝大部分涂料生产厂家，如新劲、ICI、杜邦、鹦鹉、施必快、银箭、保利来等，都开发出实色漆采用底色双膜涂装的配方技术，极大地提高了实色漆轿车的漆面亮丽效果。至于珍珠色、玛瑙色的面漆，需采用打底色→珍珠漆或玛瑙漆→清烘漆这种三膜涂装技术，工序复杂，而漆面最后展现的是一种颜色效果，并且此类漆面的修补难于操作。

（3）清烘漆。清烘漆自身不具色彩，是一种透明的罩光用面漆涂料。其喷涂方法与双组分实色漆相同。

5.7.4 汽车内饰美容护理材料

5.7.4.1 汽车形象设计

随着汽车逐步进入大众生活，汽车的形象设计开始流行起来。汽车形象设计也称为汽车改装，目前国内一些大城市的汽车装饰店或专业改装店（即汽车形象设计店），已经开始展开汽车外形改装业务，以满足现代车主追求个性的需求。

1. 汽车改装材料

汽车改装所用的材料一般有两种：玻璃钢和碳纤维。由于碳纤维的成本较高，而玻璃钢具有质量轻、抗撞性好、价格低廉等优点，所以汽车改装时使用较多的是玻璃钢。

2. 汽车改装分类

一般来说，汽车改装分为外观设计型、普通安装型和参赛改装型三类。

（1）外观设计型是指对整个车身进行重新设计。为了外形设计需要，必要时还会更换车轮及对车内的一些附加设备的位置进行重新调整。车身各部件都根据原有车体进行定做。这种类型的改装多用于对过时车型的外观改造，受到许多玩车族的青睐。

（2）普通安装型又称"大包围"，是比较常见的改装方法。它的各个车身组件是由专门从事汽车改装的厂家批量生产的，改装时只需要进行相应的安装即可，对改装人员的技术要求较低，只要有相应的部件，一般的维修厂都能进行相应的安装。具体内容有：加装前头唇、裙脚、后尾唇、高位扰流板，改装前脸等。前头唇和后尾唇分别加装在前、后保险杠上，能起到压流、稳定车身的作用；裙脚是在车身左右两侧的底部加装导流板，具有降低风阻系数的作用。由此可见，"大包围"除了能改善车身的外观，还具有增强汽车行驶（特别是高速行驶时）稳定性等实用价值，因此特别受到普通有车族的欢迎。

（3）参赛改装型是为了满足参赛的需要而进行的改装。它除了对车身进行改装，还需要对发动机、轮胎等与汽车动力性能相关的部件进行改进或更换。由于参赛具有竞争性，因而在进行改装时对汽车安全性、速度性及防撞性等方面的要求相当高，所以一般在专业性较强的改装厂施工，以满足参赛改装的性能要求和安全要求。

5.7.4.2　汽车太阳膜装饰

1. 太阳膜的选择

太阳膜的隔热性是评价太阳膜的一个关键因素，但光凭眼睛和手是无法判定太阳膜质量的。如果有条件，可以做以下试验来比较选择：在一个碘钨灯上放一块贴着好膜的玻璃，用手触摸只感到有一点热，而换上另一块贴着次膜的玻璃，马上感到热。另外，如果某太阳膜有中国质量认证中心的证明，一般来说这种膜在隔热性等方面都是不错的。

另外在挑选膜的颜色时，不要在太阳光下看它颜色的深浅，而应将它放在车窗上，并把车门关好，只有这样试过之后，才不会和你想要的颜色有误差，因为在太阳光下单看每一种膜的颜色都很浅。

2. 太阳膜的粘贴

太阳膜除了能降低车内的温度，还有装饰的作用。若太阳膜的颜色能与车身的颜色搭配得当，则能产生很好的效果。要贴好太阳膜，关键是要颜色协调。

对于浅色的车型（如白色富康车）最好使用色彩明快的太阳膜。这类膜大多透光率很高，也不会影响隔热效果。纯白色的太阳膜，有很强的隔热性，从外观上看就像没有贴过一样，透过明亮的车窗，整车看起来特别干净，但车内也一览无余；蓝色、绿色和灰色这三种颜色如果非常浅，贴在任何车上都不难看。

5.7.4.3　汽车真皮座椅装饰

1. 汽车真皮座椅的优缺点

（1）真皮座椅的优点。

1）提高汽车配置档次，让人能够在视觉上、触觉上都有良好的心理感受，且可使汽车增色不少。

2）真皮座椅不容易藏污垢，顶多只是灰尘落在座椅的表面，不会堆积在座椅的较深处而不易清理。

（2）真皮座椅的缺点。

1）使用过程中应避免碰到尖锐的物品而使真皮表面损伤。

2）真皮座椅受热后会出现老化现象，如果不打理，易过早失去光泽。

3）真皮座椅在乘坐上要比绒布座椅滑，虽然厂家在座椅表面做皱褶或反皮处理，以降低滑感，但与绒布座椅相比，同一椅型真皮座椅的乘坐感还是要滑一些。

2. 轿车真皮座椅的识别

分辨真皮座椅的真假，可以使用按压法：伸出食指，压住座椅表面（压住不要放手），若有许多细微的线条向手指按压的圆心伸展，那么就是真皮座椅；如果压下去以后，座椅表面并没有细微纹路出现，则表示不是真皮。

如果在装饰店等处换装真皮座椅，换前最好通过检查皮样来鉴别所用皮子的真假。首先要看韧性，即延展度。拿一小块皮样，然后使劲拉一拉，如果延展性不错，那么说明这张皮是人造皮，即所谓的假皮。真皮的延展性是不佳的。其次，要看皮子的抗火性。人造皮含有塑胶成分，容易燃烧，如果拿人造皮来烧，人造皮马上就会烧起来，而真正的牛皮是很难烧着的。最后，可以找皮样的纤维，把皮样翻过来，看它的底部，如果皮子底部有自然纤维存在，则这张皮是真皮；如果反面没有纤维，很光滑或有一层绒布黏在上面，那么很可能就是假皮。

3. 轿车真皮座椅的选择

（1）选择传统式真皮座椅。所谓传统式，是指换装真皮座椅前需将原有的绒布座椅拆掉，然后重新缝制一层真皮。这样做的好处是店家完全可以按照原来的椅型及椅面上的缝隙，重新制作一张符合座椅造型的真皮，不仅可以保持原设计的线条，还可确保在长久使用的情形下，椅面不至于变形或移位。

（2）选择椅套式真皮座椅。所谓椅套式，是指一种店家已经制好的皮椅套，只需将它买来套在座椅上。拆装自如、相对便宜是椅套式的最大优点。但长时间使用，容易变形、移位。现在已有更好的方法：将椅套固定在绒布座椅上，即通过类似固定胶条的东西，将椅套牢牢粘住，这样皱褶和沟纹甚至都能再现。

5.7.4.4 汽车内饰件的清洗

汽车内饰件除了用吸尘法处理，还应经常进行美容，营造一个清新的车内环境。

1. 汽车内饰件污垢种类及成因

（1）污垢的种类。

1）水溶性污垢。如糖浆、果汁中的有机酸、盐、血液及黏附性的液体等。

2）非水溶性固体污垢。如泥、沙、金属粉末、铁锈或霉菌及虱虫等。

3）油渍性污垢。如润滑油、漆类产品、油彩、沥青及食物油等。

（2）污垢的形成过程。

1）黏附。污垢会在重力作用下停落或黏附在物体的表面。当有压力或摩擦力产生时，污垢也会渗透物件的表层，变得难以去除。如汽车玻璃及仪表台上的灰尘。

2）渗透。饮料或污水会渗透物件的表面，被物件所吸收，以致很难清除。如车门内饰板、后挡台、脚垫上的饮料或血渍等。

3）凝结。黏性污垢变干凝固后，会紧紧粘贴在物件表面。如汽车丝绒脚垫或地毯表面的轻油类污垢。

2. 去除污垢的方法

要想有效清除污渍，需要以下四个方面的相互配合。

（1）高温蒸汽。高温蒸汽可以使极难去除的污垢，在清洗之前先软化，为手工清洁内饰件上的污渍做好准备。

（2）水。用水可去除水溶性污垢，但不能去除油脂性污垢，而且难以清洁触及不到的内饰件上的水溶性污垢。

（3）清洁剂。用清洁剂能去除轻油脂及重油脂类污垢，帮助水分渗入内饰丝绒化纤制品。

（4）动力。清洗内饰件时，拍打、刷洗、挤压等皆有助于去除污垢。

3. 清洁汽车内饰件时的注意事项

（1）使用适当的清洁剂。清洁汽车不同材质的内饰件时，最好使用专用于该物件或最相称的清洁剂。例如用玻璃清洁剂清洗门窗、镜子，用化纤制品清洁剂清洗丝绒纤维制成的椅套、地毯等。

（2）不能随意混合或加热使用内饰清洁用品。不同的内饰清洁用品混合后，可能产生有害物质，而某些化学成分混合后，可能会释放有毒气体。将清洁剂加热，如放入蒸汽清洗机内使用，也会产生有害气体。因此，除非产品包装上注明特别的混合比例或配合机械的使用方法，否则切勿随意混合或加热使用内饰清洁用品，以免发生化学反应，产生有害物质。

（3）使用不熟悉的产品前应先测试。对于首次使用的清洁剂，应先在待清洗部件的不显眼处进行测试。如使用皮革清洁剂清洗内饰皮革时，先在不显眼的地方小面积使用，如座椅底部或背面等，以防褪色或有其他损坏。

（4）正确保存清洁用品。注意正确地保存清洁用品，这样既保证产品充分发挥效能，又有助于防止产品过早变质。有关事项如下：

1）正确开启产品包装；

2）使用后注意封好包装，避免产品泄漏或因挥发而失去效力；

3）任何清洁用品均应储存于阴凉、干燥处，并注意放在儿童不易触及的地方。

5.7.5　底盘防锈防撞涂料

底盘防锈防撞又称底盘装甲或底盘封塑，是一种常见的美容作业项目。它是将专业的防锈防撞涂料喷涂于汽车底盘表面，就像是为汽车底盘套上一层防护铠甲一样，起到防锈、防撞击、降低噪声的作用。

5.7.5.1　防锈防撞涂料的特性

1. 防锈性

俗话说"车烂先烂底"，砂石路上飞石的撞击、地表的烘烤、酸雨的侵袭，甚至是冬季雪道上除雪剂的腐蚀，都会对汽车底盘造成伤害。这样即使原车已作防锈处理，也不能长久有效。防锈防撞涂料最基本的特性就是能在底盘表面形成一层保护膜，防止底盘锈蚀的产生。

2. 耐冲击性

汽车行驶过程中，会溅起小砂石敲击底盘钢板，小砂石敲击钢板的力量与行驶车速成正比，据测试，10g 的小砂石在时速达 80km 时，冲击力可达到自身重量的 100 倍，足以击破 30μm 以下的防护漆膜，锈蚀便从疵点开始向钢板内部逐渐扩大。喷涂防锈防撞涂料后，因其本身具有的弹性和柔韧性，可以很大程度上缓冲砂石的敲击，更好保护底盘，并在一定程度上降低砂石敲击产生的噪声。

3. 附着性

防锈防撞涂料在喷涂成膜后应具有很好的附着性，且应当能经受砂石敲击及其他硬物刮擦的考验。这是因为汽车工作环境复杂多变，有时会经受砂石敲击或是频繁的刮擦，如果涂料附着性差，将大幅缩短其使用寿命。

4. 稳定性

正如前面所提到的，汽车行驶环境复杂多变，喷涂防锈防撞涂料形成的涂层应经得起严寒酷暑的考验，保持稳定的性能。酷热的夏天涂层不可太软、太黏，那样不仅可能失去防护能力，还可能黏附大量灰尘难以清洗。寒冷的冬天涂层又不能太硬、太脆，甚至本身被砂石敲击造成破坏。同时该涂层还应具有适应底盘热胀冷缩的性能，提高环境适应性。

此外，防锈防撞涂层位于底盘部位，虽说几乎不受紫外线的侵蚀，但会承受来自底盘热传递、废气排放带来的热量侵袭，因此防锈防撞涂料还应具备一定的耐热、耐老化性能。

5.7.5.2　防锈防撞涂料的分类

根据成膜材质的不同，可以将汽车底盘防锈防撞涂料分为以下几类：

1. 沥青基涂料

沥青基涂料是从沥青重防蚀涂料衍生出来的，合格的沥青基涂料可以有效抑制底盘锈蚀，且具有一定柔韧性可以降低底盘噪声。在严冬季节沥青本身的特性决定了其涂层将变硬、变脆，附着力减弱，难以抵御砂石敲击，甚至因其本身热胀冷缩系数与金属基材相差太大，而出现裂纹和脱落；到了酷暑季节，涂层则变软、变黏，甚至出现流淌现象。

目前市场上有些改性沥青产品可以在一定程度上克服以上缺点，但涂层的强度仍不理想。

2. 树脂基涂料

市场上的树脂基涂料是由塑料涂料衍生过来的，基本克服了沥青基涂料冬硬夏黏的不足，也避免了沥青基涂料在生产、施工过程中对工作人员的致癌危险。但是这类树脂基涂料对金属的附着力较差，性能随温度变化也较大，应用受到一定限制。

3. 合成橡胶基涂料

合成橡胶基涂料是目前综合性能较为全面的汽车底盘防锈防撞涂料。它具有良好的附着性，优异的涂膜断裂强度、剪切强度和耐擦伤性能，同时还兼备理想的柔韧性和弹性，稳定的高低温性能。

4. 水基涂料

水基涂料是一种符合环保要求和社会发展趋势的产品。但这类涂料含有微量溶解氧和有腐蚀作用的微量电解质，使得涂料本身具有使金属基材生锈的能力。目前，已有部分厂家较完美解决了这个问题，但该技术仍属于一种发展趋势，并未获得广泛应用。

此外，水基涂料干燥速度慢，对有油膜金属基材的附着性能不理想，而且在仓储过程中，若遇冷热交替会发生凝固溶解现象。因此，水基涂料尚未能成为市场主流产品。

5.7.5.3　防锈防撞涂料的选用

目前，底盘防锈防撞涂料大多是外国品牌，其中又以美国的 3M、德国的汉高和伍尔特的产品较为普及。这三个品牌的部分主流产品见表 5.8。

表 5.8　部分防锈防撞涂料产品

品牌	产品型号与名称	特性
3M	PN08881 防锈防撞底漆	黑色，喷罐，喷涂于底盘、轮毂、车架滑轨和挡泥板等部位，保护金属部件，防止生锈和磨损，同时可作为隔音涂层。 该产品具有良好的覆盖性且不会产生流挂现象，不会堵塞喷枪喷嘴，施工后表面平整，呈黑色纹理，快干，表面可喷涂油漆。可用于修补涂层漏洞
	PN8883 防锈防撞底漆	黑色，喷罐，合成橡胶基涂料，喷涂于挡泥板、后侧围板、门板、修复的部位、焊接点、引擎盖和踏板等。防腐蚀，降低噪声。 该产品具有良好的覆盖效果，不会堵塞喷枪喷嘴，有多种纹理供选用，15 分钟可达到不黏干燥，20 分钟即能干透。可用于修补涂层漏洞
	PN08820 底盘装甲	无毒，快速干燥后形成一层牢固的弹性保护层，具有良好的耐磨性，高温不流淌，具有优异的防锈和防腐蚀性。同时保护层还可防止小砂石直接敲击底盘，具有优良的降噪性，并可密封车体缝隙
汉高	TEROSON 2000HS	用于底盘的保护喷涂，成分中含橡胶材料，具有优异的降噪吸音效果
	TERSON 3000	用于汽车裙边（车身油漆下端往底盘过渡的部分）的保护和修补。涂层有坚硬感，有极好的耐磨性。成分中不含橡胶材料，隔音效果稍差
伍尔特	底盘防撞胶 （UBS Underbody Sealant） 893075（黑色） 8930751（灰色）	用于汽车底盘全方位保护。防飞石撞击，保护底盘免受雨雪侵蚀。专用喷枪喷涂，干燥后可喷漆
	环保型底盘防撞胶 （SKS Underbody Sealant） 890030（黑色） 890031（灰色） 890032（乳白色）	水基环保型防撞胶，无毒不污染环境。喷涂在车身裙边和底盘上，减少飞石撞击底盘产生的噪声，保护底盘免受腐蚀。专用喷枪喷涂

5.8　汽车用其他非金属材料

汽车常用的其他非金属材料有纸板、石棉、毛毡、黏结剂等，主要是起密封、保温、装饰、黏结、修复等作用。

5.8.1　纸板

纸板在汽车上主要用于制作各种衬垫，常用的有以下几种。

5.8.1.1　钢纸板

钢纸板分软钢纸板和硬钢纸板两大类。

软钢纸板是纸类经甘油、蓖麻油及氧化锌处理而成的软性纤维板。它强度高、韧性好，且具有耐油、耐水和耐热及对金属无腐蚀作用等特点，主要用于制作汽车发动机和总成密封连接处的垫片，如机油泵盖衬垫等。

硬钢纸板是纸类经氧化锌处理而成的硬性纤维板。它具有抗张力强、绝缘性好等特点，可制作发电机、调节器等部件上的绝缘衬垫等。

5.8.1.2　滤芯纸板

滤芯纸板是具有过滤性能的纸板，它具有较强的抗张力。滤芯纸板分薄滤芯纸板和厚滤芯纸板两种。薄滤芯纸板适用于制作滤清器的内滤片，厚滤芯纸板则常用作内滤片的垫架。

5.8.1.3　防水纸板

防水纸板分为沥青防水纸板和普通防水纸板两类。防水纸板有伸缩率小、吸水率低和韧性较好等特点，常用于车身包皮或与水接触部件的衬垫。

5.8.1.4　浸渍衬垫纸板

浸渍衬垫纸板是在纸浆中加入胶料，制成成品后再经甘油水溶液浸渍而成的纸板。浸渍衬垫纸板具有弹性好、吸水和吸油性弱等特点，一般用于制造汽车发动机、变速箱与汽油、润滑油或水接触的衬垫。

5.8.1.5　软木纸

软木纸是由颗粒状软木和骨胶、干酪素等物质黏合后压制而成的。软木纸质轻、柔软，有弹性和一定的韧性，主要用于制造各种密封衬垫，如气阀室盖衬垫、水套孔盖板衬垫、水泵衬垫、机油盘衬垫等。

5.8.2　石棉

石棉具有良好的柔软性，本身不会燃烧，而且有较好的防腐蚀性和吸附能力，但导热、导电性差。石棉在汽车上主要起密封、隔热、保温绝缘和制动等作用。常用的石棉制品有以下几种。

5.8.2.1　石棉盘根

石棉盘根分为橡胶石棉盘根和浸油石棉盘根两种。

橡胶石棉盘根是由石棉布或石棉线以橡胶为结合剂卷制或纺织后压成方形、扁形，外涂高碳石墨密封材料而制成的。

浸油石棉盘根是用经润滑油和石墨浸渍过的石棉线（或铜丝石棉线）纺织或扭制而成的。

石棉盘根可作为转轴、阀杆的密封材料，常用作发动机最后一道主轴承的密封。

5.8.2.2　石棉板

石棉板是用石棉、填料和黏结材料制成的，分为耐油橡胶石棉板、衬垫石棉板、高压橡胶石棉板三种。石棉板通常用于制作有高温要求的密封衬垫及垫片内衬物，如气缸床、排气管接口垫圈内衬等。

5.8.2.3　石棉摩擦片

石棉摩擦片由石棉、辅助材料和黏结剂经混合加热后压制而成。它具有硬度高、摩擦系数大、耐高温、耐冲击和耐磨损等特点，主要用于汽车的动力传递和制动，如制作离合器和制动器的摩擦片等。石棉是致癌物质，作为制动材料将趋于淘汰。

5.8.3　毛毡

毛毡是由羊毛或合成纤维，加入黏结剂制成的，常用的有细毛毡、半粗毛毡、粗毛毡三类。毛毡具有储存润滑油，防止水和灰尘侵入及减轻冲击等作用，主要用于制作油封、衬垫及滤芯等。

5.8.4　黏结剂

黏结剂又称黏合剂，它是将两种材料黏结在一起，填补零件裂纹、孔洞等缺陷的材料。黏结剂具有较高的黏结强度和良好的耐水、耐油、耐腐蚀、电绝缘等性能，用它来修复零件具有工艺简单、连接可靠、成本低、不会使零件变形和组织发生变化等优点，因此在汽车制造和维修中得到广泛应用。

5.8.4.1　黏结剂的组成

除天然黏结剂比较简单之外，合成黏结剂大多由多种成分混合配置而成。按作用不同，黏结剂一般由基料、固化剂与硫化剂、增塑剂与增韧剂、稀释剂与溶剂等组成，有的还加入其他附加剂。

5.8.4.2　黏结剂的分类

按使用性能和用途分类，黏结剂主要有表 5.9 所示的几种。

表 5.9　黏结剂的分类

种类	使用性能	举例
结构胶	用于结构件的胶接，具有较高的抗剪强度，可承受较大负荷	环氧、酚醛、无机胶黏剂
非（半）结构胶	胶接强度仅次于结构胶，用于非主要受力的胶接部位，定位，紧固	聚氨酯胶、丙烯酸酯胶、有机硅胶、聚酯胶、丁腈胶、氯丁胶
密封胶	涂抹于密封面，能受压力而不泄漏，密封	聚氨酸、酚醛、环氧胶黏剂、硅橡胶、丁腈胶、厌氧胶、热熔胶
浸透胶	良好的浸透性，能渗入铸件裂缝和多孔材料，提高其表面质量，改善切削性能	硅酸盐、厌氧胶、聚酯浸透胶
功能胶	具有特殊功能和特殊固化反应	导电胶、导磁胶、导热胶、耐热胶、耐低温胶、厌氧胶、热熔胶、光敏胶、吸水胶

5.8.4.3　胶黏剂和密封胶在汽车上的应用

胶黏剂和密封胶在防止汽车"三漏"方面起着重要作用。为解决车身密封、发动机漏油、液体和气体管路系统的漏水与漏气问题，在汽车生产中必须使用各种胶黏剂和密封胶。

胶黏剂的种类繁多，按其材料组分可分为：

（1）天然胶黏剂。主要是动物胶和植物胶，多用于黏接木材与织物。

（2）热固性树脂胶黏剂。如环氧树脂与酚醛树脂胶黏剂，其黏接强度高，但耐冲击性差。

（3）热塑性树脂胶黏剂。如聚乙烯醇与丙烯酸酯，其耐冲击性好，但黏接强度低。

（4）橡胶类胶黏剂。富有柔软性，但耐热性较差。

（5）混合型胶黏剂。如酚醛-丁腈等。

1. 环氧树脂胶黏剂

环氧树脂胶黏剂由环氧树脂、固化剂、填料、增韧剂和稀释剂构成。

（1）环氧树脂。目前，中国、美国、日本常用的液态环氧树脂的规格和型号见表 5.10。

表 5.10　中国、美国、日本常用的液态环氧树脂的规格和型号

国家	型号	黏度（Pa·s）	平均分子量	环氧值（当量/100g）
中国	E-51（原618）	—	350～400	<0.48
	E-44（原6101）	软化点 12～20℃	350～450	0.40～0.47
	E-42（原634）	软化点 21～27℃	350～600	0.38～0.45
	E-35（原637）	软化点 20～35℃	550～700	0.30～0.40
美国	Epon562	0.15～0.21	300	0.60～0.71
	Epon815	0.50～0.90	340～400	0.48～0.57
	Epon820	4.0～10.0	350～400	0.48～0.57
	Epon828	5.0～15.0	350～400	0.48～0.57
	Epon834	—	450	0.34～0.44
日本	环氧812	0.001～0.002	306	
	环氧815	0.008～0.011	330	
	环氧819	0.002～0.005	—	
	环氧827	0.09～0.11	—	
	环氧828	0.12～0.15	380	
	环氧832	0.13～0.16	—	
	环氧871	0.004～0.009		

（2）固化剂。加固化剂是为了使某些线型高分子交连成体型结构。固化剂种类繁多，应按使用目的和作业条件进行选择。

（3）填料。填料的作用是降低树脂固化后的收缩性和热膨胀性，改善热传导性和固化产物的机械性能，降低产品价格。一般轻质填料如石棉、轻体二氧化硅等，用量为 25 份以下；中等重填料如滑石粉、铝粉，用量可达 200 份；重质填料如铁粉、铜粉，用量可达 300 份。

（4）增韧剂和稀释剂。增韧剂的作用是增加韧性，提高抗弯、抗冲击强度。增韧剂有苯二甲酸酯类、磷酸酯类、氯化联苯类，用量为 5～15 份。为了便于操作并有良好的浸透性，用稀释剂来降低浓度。常用稀释剂有丙酮、甲苯、二甲苯、环氧丙烷等。其用量一般为 5～15 份。

我国市场上常见的工业用环氧树脂胶黏剂牌号有 914、JW-1、SL-4 等。914 胶由 A、B 二种组分组成，具有使用简便、固化速度快、黏接强度高的特点，并能室温快速固化。JW-1 胶可在 60℃下将金属和一些非金属部件小面积快速黏接。SL-4 胶是多用途结构胶黏剂，对钢、铝、铸铁、铜、巴氏合金、玻璃钢、陶瓷、工程塑料等均有较高的黏接强度。

2. 酚醛树脂胶黏剂

汽车生产中常用的酚醛树脂胶黏剂见表 5.11。

表 5.11　酚醛树脂胶黏剂

牌号	类型	备注
FS-2 FS-4 FN-301 FN-302	酚醛-聚乙烯醇缩丁醛	用于黏接金属、塑料、玻璃等，但不能用于黏接橡胶，使用温度为 60～80℃
FSC-1	酚醛-聚乙烯醇缩甲醛型	用于黏接金属、非金属材料，具有良好的耐老化性能
J-01 J-02 J-03 J-04	酚醛-丁腈胶黏剂	用于黏接金属及非金属 J-04 可用于黏接制动片与离合器片等
JX-8	酚醛-丁腈胶黏剂	高弹性高剥离性的钣金胶黏剂，黏接金属、玻璃钢、工程塑料、陶瓷等
JX-10		高强度耐高温结构胶黏剂，可在 200℃下长期使用，250℃下短期使用，黏接范围同 JX-8，可用于蜂窝结构的黏接
FN-303（仿苏 88 号胶） 801 强力胶	酚醛-氨丁胶	用于黏接金属和橡胶，如车门密封条 801 强力胶黏接效果更佳
J-08	酚醛-缩醛-有机硅	耐热结构胶黏剂，耐热温度可达 350℃，在 200℃下仍有较高的持久强度，但弹性不够高

3. 丙烯酸酯胶黏剂与密封胶

这类胶黏剂的特点是室温固化、无溶剂、单组分、使用方便。除了聚乙烯、聚丙烯、氟塑料和有机硅树脂外，几乎能黏接各种同类或异种材料，并且具有良好的黏接性能。目前，国内汽车工业常用的此类胶黏剂有厌氧胶、501 胶、502 胶。

（1）厌氧胶。

国产厌氧胶品种与性能见表 5.12。

表 5.12　国产厌氧胶品种与性能

项目			品种			
			Y-150	XQ-1	铁锚 300	铁锚 350
外观 黏度（Pa·s）			茶色液体 0.15～0.30	茶色液体 0.20～0.30	无色透明液体 0.01～0.015	深棕色透明液体 0.70～1.0
固化速度 （25℃）	开始固化 时间（min）	无促进剂 有促进剂	数十分钟 数分钟	— 数分钟	— 60	— 15
	完成固化 时间（min）	无促进剂 有促进剂	24～72 1～2	72～168 1～2	— 8	— 24
胶接强度	破坏扭矩（N·m）		30～37	—	＞29	25
	拆卸扭矩（N·m）		30～37	20	＞29	＞20
使用温度（℃） 最大允许间隙（mm）			＜150 0.3	＜100 0.3	−30～120 ＜0.1	−30～120 ＜0.1

续表

项目	品种			
	Y－150	XQ－1	铁锚300	铁锚350
主要用途	管接头、接合面的耐压密封防漏，各种螺纹件防松及密封，轴承和其他零件的装配固定及密封，不同材料间的黏接及密封	同Y－150	细牙螺纹密封及防松	粗细牙螺纹密封及防松

Y－150厌氧胶是以甲基丙烯酸酯为主体的胶液，将其注入连接螺纹间隙或接合面的缝隙中。由于隔绝空气，胶液在室温下即聚合硬化达到密封和紧固的目的。这种胶是单组分，不必现配，使用方便，又能在室温下固化，且具有不含有机溶剂、浸润性好、毒性小等优点。

Y－150厌氧胶主要用于在振动冲击条件下工作的部件，如不经常拆卸的螺钉、螺母及双头螺栓的紧固防松和防漏；亦可用于管路的螺纹连接、凸缘接合面的紧固与耐压密封、固定轴承、填充与堵塞漏缝和裂纹等，以及防松紧固和防漏。在使用厌氧胶时，应先用丙酮或汽油除去零件上的油垢，之后涂上胶液再拧上零件，使胶液充满全部间隙，并在室温固化24h以上。

（2）501胶和502胶。

501胶和502胶也属于丙烯酸酯类胶黏剂，其性能及用途见表5.13。

表5.13　501胶和502胶的性能及用途

项目	501胶	502胶
用途	黏接金属、非金属，如仪器仪表的密封	黏接各种金属、玻璃和一般橡胶（除PVC，氟塑料等）
性能	使用温度－50～70℃，室温抗剪强度＞19.6MPa，抗拉强度＞24.5MPa，质地较脆，耐碱和耐水性差	使用温度－40～70℃，黏接后24h达最高强度，室温剪切强度＞14.7MPa，拉伸强度＞29.4MPa
固化条件	在室温下几秒到几分钟就可固化	在室温下几秒到几分钟就可固化
主要成分	α-氨基丙烯酸酯	α-氨基丙烯酸酯

使用这两种胶时，先将被黏对象表面用细砂纸打磨去除氧化物，再用丙酮浸沾脱脂棉擦洗，以去除油污，涂液要均匀而薄地涂布在两面并在空气中暴露几秒至一分钟后，将黏接件对准并施加接触压力（0.1～0.2MPa），经半分钟到几分钟即可黏牢。除去压力，室温放置24h即可使用。

4. 聚氨酯胶黏剂

聚氨酯胶黏剂是由异氰酸酯为主体加入固化剂和助固剂缩合而成的，可以室温固化，起始黏接力高，有较好的抗冲击性能、较高的剪切强度和剥离强度，能耐冷水、耐油、耐稀酸，价格较便宜。但是，聚氨酯胶黏剂耐热性差，多用于非金属之间、金属之间、金属与非金属之间（非结构件）的黏接。它由两个组分（A组分为主体，B组分为固化剂）组成，使用时需进行调配。常用的聚氨酯胶黏剂见表 5.14。

表 5.14　常用的聚氨酯胶黏剂

牌号	固化条件与用途
乌利当胶黏剂（聚氨酯 101 胶黏剂）、聚氨酯 404 胶黏剂	双组分，室温固化，适用于纸张、织物、木材、皮革和塑料的黏接，也可用于金属与非金属材料的黏接
熊猫牌 202 胶黏剂	双组分，室温固化，可用于 −20～170℃ 的范围内，主要用于皮革、橡胶、织物、地毯、软泡沫塑料、PVC 等非金属的黏接

5. 聚硫橡胶密封胶

聚硫橡胶密封胶亦称为液态聚硫化物，此类橡胶在分子主链上含有硫原子，其最大特点是在常温或低温（−10℃）下也能够硫化，硫化产品收缩率很小。硫化后耐油性很突出，对醇类也稳定。它可在 −54～150℃ 使用，耐大气老化性优异，一般可用 25 年左右。

在汽车工业中，聚硫橡胶密封胶多用于汽车风窗玻璃的密封。国产聚硫橡胶密封胶的牌号与性能见表 5.15。

表 5.15　国产聚硫橡胶密封胶的牌号与性能

性能	牌号					
	XM-1	XM-15	M-16	XM-18	XM-22	XM-22-1
拉伸强度（MPa）	≥2.9	≥2.9	≥2.5	≥2.9	≥2.9	≥2.0
相对伸长率（%）	≥300	≥300	≥250	≥550	≥450	≥350
永久变形（%）	≤10	≤10	≤10	≤15	≤10	≤10
脆性温度（℃）	<−40	≤−40	≤−40	≤−40	≤−40	≤−40
使用温度（℃）	−60～130	−55～130（在燃油箱中）	−60～130（在空气中）	−60～150	−50～130（在燃油箱中）	

6. 液体密封胶

液体密封胶是一种液体状态的密封材料，亦称为液体垫圈或液体密封垫料。该类胶在常温下是黏稠液体，涂在连接面上，干燥一定时间后便形成一种具有黏性、黏弹性或可剥离性的膜，利用这种膜的填充作用使连接部位得到密封。目前，液体密封胶既可代替垫片用于各种平面的连接，也可代替铅油缠麻用于螺纹连接，它已成为一种不可缺少的较为理想的密封材料。

按涂布后的成膜形态，液体密封胶可分为不干性黏着型密封胶和干性黏着型及干性可剥型密封胶。

（1）不干性黏着型密封胶。这种密封胶可含有溶剂（呈液态），也可不含溶剂（呈膏状），成膜后长期不硬化，并保持黏性，当其受到机械振动和冲击时，涂膜不发生龟裂和脱落现象，且易于从连接面上去除，连接点也容易拆卸。非溶剂型不干胶不需干燥，涂布后就可以连接，适用于流水线组装或紧急修配场合。

国产不干性黏着型密封胶的种类与性能见表 5.16。

表 5.16　国产不干性黏着型密封胶的种类与性能

性能	种类				
	7302	W-1	W-4	G-1	MF-1
外观	棕黄色黏稠液	蓝色黏稠液	绿色黏稠液	灰色黏稠液	灰红色黏稠液
黏度（Pa·s）	$(2.3\sim2.8)\times10^2$	$(4\sim4.2)\times10^2$	$(5.5\sim6.0)\times10^2$	$(2.5\sim3)\times10^2$	$(2\sim2.4)\times10^2$
黏接力（MPa）	0.09	0.05	0.06	0.06	0.07
流动性（cm/min）	9.7	0	0	0	0.05
热分解温度（℃）	318	220	241	520	230
密封性能　温度（℃）	120	160	160	300	200
密封性能　泄漏压力（MPa）	1.1	1.3	1.3	1.65	1.4
使用温度（℃）	−40~200	−40~140	180	300	200
耐介质性能	各种油、水、酸	润滑油、汽油、机油	润滑油、汽油、机油	润滑油、汽油、机油	汽油、机油、植物油、润滑油
涂布性能	较好	较好	较好	较好	好
可拆性	容易	容易	容易	容易	较易
储存期	长期	1年	1年	1年	1年

（2）干性黏着型及干性可剥型密封胶。干性黏着型密封胶是涂布后溶剂挥发掉，干膜牢固地黏在连接面上，可拆性、耐振动性和冲击性差，但耐热性好，即在高温条件下具有良好的防漏效果。干性可剥型密封胶是涂布后溶剂挥发掉，形成具有橡胶那样柔软而有弹性的膜，这种薄膜耐振动、黏着严密，具有良好的可剥离性。

国产干性液体密封胶的种类与性能见表 5.17。

表 5.17　国产干性液体密封胶的种类与性能

性能	干性黏着型	干性可剥型		
	机床密封垫料	尼龙密封垫料	铁锚609	4号
外观	浅灰色黏液	乳白色黏液	灰色黏液	灰色黏液
黏度（Pa·s）	2.6~2.8	1.5~1.6	3.0~7.9	5~7
黏接力（MPa）	0.31	0.12	0.19	0.35
流动性（cm/min）	9.1	60.0	7.7	20.0
热分解温度（℃）	219	317	370	291
密封性能　温度（℃）	140	220	140	140
密封性能　泄漏压力（MPa）	1.2	15	1.5	1.2
使用温度（℃）	140	−50~250	250	180
耐介质性能	各种油	各种油、液化气、芳香烃、水	各种油、水	各种油
涂布性能	好	好	稍差	好
可拆性	较困难	较易	较易	较易
储存期	—	1年	1年	—

7. 胶黏剂在汽车上的应用技术

在了解胶黏剂的种类、特点及适用范围的基础上，使用胶黏剂时应分析黏接部位工作时所承受的负荷大小、方向及速度，并在此基础上正确地设计接缝状态，掌握黏接部位将遇到的环境条件（如温度、介质等），以正确地选择胶黏剂。此外，还应考虑所用胶黏剂的形态（粉状、液状、膏状）、涂布方式、用量、加热固化时间、压紧力与压紧时间等，使黏接工序适应汽车生产线的装配与速度要求。

汽车生产中常用胶黏剂的种类与性能见表 5.18。耐高温胶黏剂的种类与性能见表 5.19。低温用胶黏剂的种类与性能见表 5.20。

表 5.18　常用胶黏剂的种类与性能

组分	名称	形态	黏接条件		剪切强度 (MPa)
			温度（℃）	时间（min）	
乙烯缩醛	Redux775	L、P、F	155	30	33
酚醛	FM-47	L、F	177	120	34
橡胶/酚醛	Narmtape102	F	160	60	13
尼龙	FM-1000	F	177	60	13
尼龙/环氧	MB-406	F	—	—	—
尼龙/环氧	FS-175	F、P、S	180	10	34
环氧	AT-1	P	180	60	28
环氧	FM-54	F	107	90	29
环氧	AP-500	P	180	5	39
NBR/环氧	EC-2214	L	121	440	33
NBR/环氧	FM-132-2	F	107	90	33
聚酰亚胺	MB-840	F	260	120	19

注：L-液态；P-粉末；F-带状；S-溶液状。

表 5.19　耐高温胶黏剂的种类与性能

胶黏剂种类		使用温度（℃）		优点	缺点	状态
		短时间	连续			
聚芳烃	PBI	538	232	高温强度优异	需要特殊夹具，在高温下长时间硬化，硬化中产生挥发物，价格高	预浸
	PI	482	288	耐热性、耐氧化性好。149℃下开始硬化，不用夹具进行后硬化	高温下保持 7.0MPa 以上压力有困难，成本高	顶浸溶液带
硅树脂		482	232	硬化中不产生挥发物	强度低，高温硬化时间长，价格高	预浸石棉
环氧酚醛		482	177	硬化到一定程度后，可得到较好的性能，价廉	硬化过程中产生挥发物，因此黏接时需要加压。在高温下暴露200h以上则会老化	薄膜或膏剂
改性酚醛		177	121	丁腈-酚醛树脂具有良好的耐老化性及剥离强度	在转变温度内，具有一定的剪切强度	溶液涂敷在压延薄膜上
环氧树脂		260	149	应用较为普遍，硬化周期、物理形态多样，硬化中无副产物	不适用于比转变温度显著高的条件下	粉末液状膏状预浸

表 5.20　低温用胶黏剂的种类与性能

胶黏剂	使用温度（℃）	优点	缺点	形态
聚氨酯	−253～127	剪切剥离强度大，能黏接多种材料，室温固化，价廉	只能在 127℃ 以下使用，不耐潮湿的侵蚀	双组分膏状
环氧-尼龙	−253～82	在很低温度下强度高	剥离强度中等，高温下不能使用，价格高	薄膜
环氧-酚醛	−253～260	性能均一，价格适宜	剥离强度和耐冲击性能差，并需特殊表面处理	带有支撑薄膜
橡胶-酚醛	−73～93	不能在过低温度下使用	使用温度范围小，极低温度下其剥离强度小	压延薄膜
乙烯缩醛-酚醛	−253～129	价廉，在极低温度下具有较好的性能，易于操作	极低温度下剥离强度小，硬化过程中需用夹具	薄膜溶液＋粉末
环氧-聚酰胺	−253～82	室温固化，易于操作，价廉	剥离强度小，高温下不能使用	双组分
有填料环氧树脂	−253～177	能黏接各种材料，易于操作	剥离强度极低	双组分

胶黏剂和密封胶在汽车上的应用实例较多，详见表 5.21、表 5.22。

表 5.21　胶黏剂在汽车上的应用实例

分类	零部件名称	被黏接物件	胶黏剂种类	使用方法
结构用胶黏剂	制动蹄片	摩擦蹄片-钢板	丁腈/酚醛	加热、加压
	离合器摩擦片	摩擦片-钢板	丁腈/酚醛	加热、加压
	盘式制动摩擦片	摩擦衬片-钢	丁腈/酚醛	加热、加压
	变速器摩擦带	摩擦带-钢	丁腈/酚醛	加热、加压
	电机磁铁	磁体-镀锌表面	环氧	加热
准结构用胶黏剂	前罩	钢板-钢板	PVC 系和橡胶	自动涂敷
	行李舱盖	钢板-钢板	PVC 系和橡胶	自动涂敷
	顶篷	钢板-钢板	PVC 系和橡胶	自动涂敷
	门板	钢板-钢板	PVC 系和橡胶	自动涂敷
	门玻璃	玻璃-不锈钢板	环氧树脂	高频热压
	后视镜	玻璃-锌	乙烯丁缩醛	热压
	半圆部	钢板-钢板	环氧系	自动涂敷
	风窗玻璃层合	玻璃-玻璃	乙烯基丁缩醛	热压
	风窗玻璃安装	玻璃-涂漆钢板	聚氨酯系或聚硫橡胶	涂敷
	尾灯（组）	丙烯系-聚丙烯	环氧系	热压

续表

分类	零部件名称	被黏接物件	胶黏剂种类	使用方法
非结构用胶黏剂	风窗窗条	橡胶-玻璃、涂漆钢板	聚氨酯系	涂敷
	人造革顶篷	皮革-涂漆板	丁腈橡胶系	喷涂（压敏）
	树脂嵌条	ABS 树脂-不锈钢	丙烯酸酯/酚醛	热压
	侧保护条	PVC 系-涂漆板	丙烯酸酯	压敏
	侧装饰条	乙烯基板-涂漆板	丙烯酸酯	压敏
	行李舱盖密封条	橡胶-涂漆板	氯丁橡胶	喷枪
	门玻璃密封条	PVC-尼龙束	聚氨酯系	静电移植
	仪表板	发泡聚氨酯-ABS 树脂	氯丁橡胶	毛刷
	控制箱	乙烯基板-ABS 树脂	丙烯酸酯系	压敏
	车顶篷衬里	皮革-涂漆板	丙烯酸酯	压敏
	成型顶篷衬里	瓦菱-发泡 PUR	尼龙系	热熔
	成型顶篷衬里	PVC 表皮-发泡 PUR	聚氨酯系	滚子
	门辅助装置孔罩盖	PVC 薄膜-涂漆板	丁基胶系	黏接
	坐垫织物	绒布-织布	丁苯胶	滚子
	坐垫	发泡 PUR-绒布	丁苯胶	喷涂
	车顶篷隔音板	再生棉-涂漆板	氯丁胶	喷涂
	门柱衬里	发泡 PUR-涂漆板	丙烯酸酯	压敏
	成型地毯	地毯-再生布	聚乙烯系	热压
	三角窗装饰	PVC 片-发泡 PE	醋酸乙烯	热滚压
	行李舱装饰	PVC 薄膜-涂漆板	丙烯酸酯	压敏
	手套箱	发泡乙烯基板-柱	丙烯酸酯	静电

表 5.22　密封胶在汽车上的应用实例

种类	基本材料	形状	使用实例
点焊密封胶	异丁橡胶	糊状	护围板点焊部位
	丁苯橡胶	糊状	护围板点焊部位
	乙烯基塑料溶胶	糊状	护围板点焊部位
	烷基系树脂	糊状	护围板点焊部位
车身密封胶	PVC 塑胶	糊状	车身接缝密封
	丁苯橡胶	糊状	车身接缝密封
	沥青质	糊状	车身接缝密封
	乙烯基塑料溶液	糊状	车身接缝密封

续表

种类	基本材料	形状	使用实例
窗玻璃密封胶	聚异戊二烯	糊状	窗玻璃密封垫
	再生胶	糊状	窗玻璃密封垫
	聚硫橡胶	糊状	窗玻璃密封垫
	聚氨酯	糊状	窗玻璃密封垫
	丁基橡胶	胶带	窗玻璃密封胶带

综合训练题5

一、名词解释

1. 塑料

2. 橡胶

3. 玻璃

4. 陶瓷

5. 复合材料

二、填空题

1. 塑料由_____和_____两大部分组成。

2. 橡胶是以_____为主要原料,并添加适量的配合剂制成的高分子材料。

3. 普通陶瓷是以_____、_____、_____等天然硅酸盐为原料,经粉碎、成型、烧制而成的产品。

4. 复合材料一般由_____相和_____相组成。

5. 玻璃钢是以_____为基体,以_____增强的复合材料。

三、判断题

1. 尼龙是一种工程塑料。(   )

2. 钢化玻璃在受到冲击破碎后,碎片小而无棱角,可用于制作风窗玻璃。(   )

3. 夹层玻璃受到破坏时,碎片不易脱落,不影响透明性,不产生折光现象,可用于制作轿车的前风窗玻璃。(   )

4. 天然橡胶是从橡胶树上采集的胶乳制成的,因而不适宜制作汽车轮胎。(   )

5. 大多数陶瓷都具有较好的电绝缘性能,可直接作为传统的绝缘材料使用。(   )

四、简答题

1. 汽车上主要应用塑料的部件有哪些?

2. 轮胎、密封条、胶管、胶带减振元件及耐油元件是由哪种橡胶制成的?

3. 汽车前风窗玻璃用钢化玻璃是否合适?为什么?

4. 汽车上有哪些部件可用陶瓷制造?

5. 汽车上常用的复合材料主要有哪些?

"修复巨匠"李云鹤：匠心躬耕于沙漠，为敦煌文物献身 62 载

"古之立大事者，不唯有超世之才，亦必有坚忍不拔之志。"

风刀沙剑，面壁一生。载潜心修复，岁耕耘不歇。"壁画医生"李云鹤，守护、修复敦煌壁画 60 多年，为我国文物修复做出了突出贡献。漫漫修复之路，是什么支撑他一路走来的呢？

鞠萍姐姐讲大国工匠
故事：李云鹤

中国是享誉世界的文明古国，每一处文化古迹都是历史的见证，是人类精神文化和技术的结晶，传承优秀文化一直是我国发展中的重要课题之一。唤醒历史文物，是李云鹤一直在做的事情。敦煌洞中，他孜孜不倦、精益求精，洞中一日，笔下千年。

不唯有超世之才，亦必有坚忍不拔之志

1956 年，李云鹤刚满 24 岁，风华正茂、意气风发。他下定决心，准备响应国家号召去支援西北建设。他到达的第一站就是坐落于河西走廊的敦煌，看望在敦煌研究院工作的舅舅，然后去往终点站新疆。但他没有想到，他这一停留，就是 60 多年。

在李云鹤工作转正的第二天，敦煌研究院首任院长常书鸿先生就把他叫到办公室，说道："你的劳动态度很踏实，安排你做壁画彩塑的保护工作怎么样？"当时李云鹤是没有信心的，因为他虽然热爱文物，但对于修复文物的手法一无所知，他担心自己保护不好文物。常书鸿先生看出了他的顾虑，语重心长地说："这个任务在咱们国家也没有会的，就看你愿不愿意学，你先试着把那些东倒西歪的雕塑安置好，有关'治病'的问题慢慢解决。"

有了常书鸿的鼓励，李云鹤决心要做好这件事。他知道，文物保护意义无穷，他想让自己发挥纽带作用，唤醒文物，激醒现代人与优秀古文明精神通达的神经，让文物真正活起来。他相信这一天总会到来的。

逆水行舟用力撑，一篙松劲退千寻

大漠深处的敦煌，满目荒凉。曾经无数人因不甘于寂寞、艰苦，黯然离开。而李云鹤自下定决心的那一刻起，就一直在此默默耕耘。寒风凛冽，沙尘漫天，李云鹤的一天就从打扫洞窟卫生开始了。即使是寒冬腊月，这个山东小伙在来回清理积沙的路途中也汗流浃背。在文物修护的过程中，他虽然有很多不懂的地方，但虚心好学。

1957 年，捷克专家戈尔来到敦煌 474 窟进行修复试验，李云鹤闻讯赶来，主动请缨做戈尔助手。尽管他步步紧跟、万分留意每个细节，对修复流程也了然于胸，但戈尔的

壁画修复材料、技艺都对中国人保密，这让李云鹤十分失望。"偷师"未成，只能自力更生。

针对材料、资金紧缺问题，李云鹤就和同事就地取材，做出"敦煌泥巴"。同时，李云鹤还找来白纺绸做按压辅助材料。针对修复剂量没法有效控制的问题，他依据生活经验，用气球安装在注射器上，解决了这个问题。洞窟没有光亮，他就用镜子"借光"入洞。这些看似较土的方法，至今仍是修复利器。之后，他又和一位雕塑家孙继元学习塑像雕刻，学中反复用，用中反复学。脚踏实地，严谨对待。

万里敦煌道，望不尽岁月稠

调试、失败、创新、再试……不断摸索，在莫高窟的修复路上，李云鹤自力更生，走出了自己的一条康庄大路。1961 年，161 窟面临巨大危机，窟顶和四壁在空气流动下，将会大面积剥落。"我一定要救好它！"李云鹤怀着满腔赤诚，埋头钻研。他找来了所有的工具反复琢磨，废寝忘食，孜孜求索。

表面除尘、二次除尘、黏接滴注、三次注射……几天之后，李云鹤凭借自己的努力，钻研出一套完善的修复工艺。三年后，161 窟得到有效抢救，"起死回生"。虽然壁画不会说话，但是看着被修复好的成果，李云鹤心里觉得值了。此后，李云鹤修复技艺越来越娴熟，思路越来越明晰，技法也愈加完善。

如今的李云鹤年岁已高、满头银发，被誉为国内成功修复敦煌唐代壁画的"第一人"。"老骥伏枥，志在千里。"他仍在不断为敦煌文物修护献计献策，甚至亲力亲为。60 年来，李云鹤走访了全国 11 个省市，修复的壁画达四千余平方米。在"大国工匠年度人物"颁奖典礼的前一天，他才停下了手里的工作。

余辉映莫高，言行励后人

走上"大国工匠"领奖台，李云鹤秉承着传承优秀历史文化的信念，抒发了自己与文物的情感，并希望大家尊重、保护文物，尤其是年轻人，应该对优秀的文化遗产引起足够重视。

李云鹤认为，一切手工技艺，皆有口传心授。他常一边动手修复，一边教导学生：对文物要有感情，有耐心、有信心，更要专心。知道它的可贵，才能用心去保护它。对于有些游客破坏文物的行为，李云鹤曾不止一次地愤懑痛斥。文物虽无生命，但是它所积淀的文化力量，足够让每个人为之肃然起敬。李云鹤的学生对这位老师也非常敬重，因为他不仅有卓绝精湛的技艺，还有艰苦奋斗、高尚如梅的品格。

余辉映莫高，激励后来人。李云鹤的孙子李晓洋，从小就受到爷爷精神的浸染，一直都很喜欢爷爷，认为爷爷的工作十分神圣。李晓洋曾在澳洲留学 5 年，毕业后，他放弃了在国外发展的大好机会，毅然回国，回到爷爷身边，打算在敦煌扎根奋斗。他想像爷爷一样，修复文物，让文物活起来！如今，他已是修复文物的一员了。

结语

　　有"千佛洞"之称的敦煌莫高窟，是举世闻名的佛教艺术圣地。如今，每年有千万人次前来游览，莫高窟能有今日的热度，当然与李云鹤这样的文物保护者密不可分。中华文化博大精深、源远流长，敦煌莫高窟保存的大量唐代艺术精品形式多样、寓意深刻，其极高的艺术价值还有待进一步发掘。唤醒现代人对优秀历史文化的记忆，呼吁更多人对优秀历史文化遗产进行保护，是我们每个人的责任。

　　资料来源：亮子谈近史 . "修复巨匠"李云鹤：匠心躬耕于沙漠，为敦煌文物献身 62 载 . 百家号，2021－01－25.

第6章

汽车用燃料

6

知识点	技能点
车用汽油、柴油的使用性能及评价指标。车用汽油、柴油的牌号和规格。	学会车用汽油、柴油的合理选用和正确使用。

　　汽车作为一种现代化的运输工具，在其运行过程中必然要使用和消耗燃料、润滑材料及工作液等，通常把这些材料称为汽车运行材料。汽车运行材料大多是石油产品。

　　汽车作为交通工具在道路上行驶，需要消耗燃料以提供动力。燃料通常指能够通过燃烧将自身储存的化学能转化为热能的物质。目前汽油和柴油是汽车的主要燃料。近年来为了降低能源消耗、减少空气污染，开发了醇类燃料、天然气和液化石油气等汽车新能源。

6.1　　车用汽油

　　汽油是从石油中精炼出来的，主要由碳、氢元素组成的碳氢化合物，其中碳约占85%，氢约占15%。汽油是汽油发动机（点燃式发动机）的主要燃料，密度一般为 0.71～0.75g/cm³，有特殊的气味，是一种密度小且易于挥发的液体燃料，自燃点为 415～530℃。汽油分为车用汽油、航空汽油、工业汽油和溶剂汽油，汽车所使用的为车用汽油。

6.1.1　车用汽油的使用性能

　　车用汽油使用性能的好坏，对发动机的动力性、可靠性、经济性以及使用寿命都有很大影响。因此车用汽油必须满足的基本要求是：

　　（1）在极短的时间内由液体蒸发成气体，与空气形成良好的可燃混合气，使其快速、平稳地燃烧。

　　（2）汽油在油路中不挥发形成"气阻"。

　　（3）具有良好的抗爆性，不发生爆燃现象。

　　（4）在储存和使用过程中不发生明显的质量变化，燃烧后无积炭。

　　（5）不引起发动机零部件的腐蚀，不含有机械杂质及水分，环境污染少等。

　　车用汽油的使用性能主要包括蒸发性（挥发性）、抗爆性、安定性（稳定性）、清洁性和防腐性等。

6.1.1.1　蒸发性（挥发性）

汽油的蒸发性是指汽油由液体状态转化为气体状态的性能。汽油蒸发性是否良好，将直接关系到汽油发动机中的燃烧是否正常，影响发动机的功率和经济性。

由于现代汽油发动机的转速都比较高，燃烧速度比较快，所以要求燃料供给系统必须在极短的时间（0.02～0.04s）内形成良好均匀的可燃混合气。如果汽油蒸发性不好，汽化不完全，就难以形成足够浓度的混合气体，不但发动机不易起动，而且会有部分汽油以液体状态进入燃烧室，造成点火不良、发动机工作不稳定，增加油耗和排放污染（冒黑烟）。此外，未蒸发的汽油还会附着在气缸壁上，破坏润滑油膜，甚至窜入曲轴箱，使润滑油变稀，从而导致机油变质，加速机件磨损。

汽油的蒸发性越好就越容易汽化，发动机中的可燃混合气体燃烧速度就越快，燃烧越彻底；同时发动机容易起动，加速及时，工作平稳，输出功率就越大。但如果蒸发性过好，会使汽油在储存、运输、加注过程中由于蒸发太快而损耗增大，而且在夏季使用时，会使汽油在油管中产生大量的气泡，造成供油中断，形成"气阻"现象，从而导致发动机不易起动，怠速不稳，加速不良，甚至熄火。所以汽油的蒸发性要适当。

评定汽油挥发性的指标有馏程和饱和蒸气压。

1. 馏程

馏程指定量油品在规定条件下蒸馏时，从初馏点到终馏点的温度范围。馏程的测定方法如图 6.1 所示，取100mL 汽油，倒入带有支管的蒸馏烧瓶中，然后按一定条件加热烧瓶中的汽油，使其蒸发成气体，通过支管进入冷凝器，冷却后又变成液体经冷凝管流入量杯中。蒸馏出第一滴汽油时的温度称为初馏点；量杯中回收到10mL、50mL、90mL 冷凝液时的温度，分别称为10%、50%、90%馏出温度；当全部液体从蒸馏烧瓶底部蒸发时的温度称为终馏点。

图 6.1　馏程的测定方法

10%馏出温度表示汽油中轻质馏分的含量。该温度对汽油发动机冬季起动的难易程度和夏季是否发生"气阻"有很大影响。该温度低，发动机容易起动，起动时间短，耗油少；但温度过低，则易在夏季或高原地区产生"气阻"。要求该温度不高于70℃，一般以60～65℃为宜。汽油在10%馏出温度与起动温度的关系见表 6.1。

表 6.1　汽油 10%馏出温度与起动温度的关系

起动温度/℃	−21	−17	−13	−9	−6	−2
直接起动的最高 10%馏出温度/℃	54	60	66	71	77	82

50%馏出温度表示汽油的平均挥发性。它对发动机起动后到正常工作温度的预热时间、加速性能和工作稳定性有很大影响。该温度低，可改善发动机的加速性、工作稳定性和起动后的暖车升温性能，要求该温度不能高于120℃。汽油50%馏出温度与发动机预热时间的关系见表 6.2。

表 6.2　汽油 50%馏出温度与发动机预热时间的关系

50%馏出温度/℃	104	127	148
起动后到正常工作温度的预热时间/min	10	15	28 以上

90%馏出温度和终馏点表示汽油中含重质馏分的量。它们对汽油能否完全燃烧和发动机气缸的磨损程度有影响。这两个温度过高，说明汽油中含重质馏分多，蒸发性差，汽油燃烧不完全，会冒黑烟，油耗量增大。同时残留的重质馏分还会破坏缸壁上的油膜，加剧气缸的磨损。要求汽油 90%馏出温度不能高于 190℃，终馏点不能高于 205℃。终馏点与气缸磨损程度、油耗量的关系见表 6.3。

表 6.3　终馏点与气缸磨损程度、油耗量的关系

终馏点/℃	175	200	225	250
气缸磨损程度/%	97	100	200	500
油耗量/L	98	100	107	140

汽油蒸发后仍会有一些残留物，它们是汽油在储存中氧化生成的胶状物和汽油中的重质馏分。这些残留物会沉积在进气门、化油器量孔或电喷汽油发动机的喷嘴上，破坏发动机的正常工作，因此要严格控制其残留量。

2. 饱和蒸气压

饱和蒸气压是指汽油蒸发液、气两相达到平衡时，汽油蒸气对容器壁产生的压力，用来评定汽油在使用中产生"气阻"倾向的大小。饱和蒸气压越高，说明汽油中轻质馏分越多，挥发性、低温起动性越好，但产生"气阻"的可能性越大，在储存中的蒸发损耗也越大。规定饱和蒸气压春夏季不大于 74kPa，秋冬季不大于 88kPa。

6.1.1.2　抗爆性

汽油的抗爆性是指汽油在发动机气缸内燃烧时抵抗爆燃的能力。爆燃是指汽油在气缸内工作时不需点火而自燃的现象，是一种不正常的燃烧。造成爆燃的主要原因有：进气温度过高，点火提前角过大，压缩比过高，汽油自身的原因，发动机的结构和工作条件等。抗爆性好的汽油可以用在压缩比较高的发动机上，从而大大地提高了发动机的动力性和经济性。

抗爆性是车用汽油的一项重要的质量指标，用辛烷值来评定汽油抗爆性的好坏。辛烷值是表示点燃式汽油发动机燃料抗爆性的一个约定数值。在规定的标准发动机试验中，通过与标准燃料进行分析比较来测定，采用与被测定燃料具有相同抗爆性的标准燃料中异辛烷的体积百分数来表示。辛烷值越高，汽油牌号越高，其抗爆性越好。但是在发动机试验中，由于规定的额定条件不同，导致测定的辛烷值也随之改变。按照试验测定的方法可分为研究法辛烷值（RON）和马达法辛烷值（MON）两种。

研究法辛烷值表示汽油在中负荷、低转速运转条件下汽油的抗爆性。它是在以较低的混合气温度（一般不加热）和较低的发动机转速（一般为 600r/min）的中等苛刻条件为特征的实验室标准发动机上测得的辛烷值，它模拟了轿车在城市道路条件下行驶的工况。

马达法辛烷值表示汽油机在重负荷、高速运转条件下汽油的抗爆性。它是在以较高的混合气温度（一般加热至 140℃）和较高的发动机转速（一般为 900r/min）的苛刻条件为特征的实验室标准发动机上测得的辛烷值，它模拟了载货汽车在公路条件下行驶的工况。同一种汽油用研究法测定的辛烷值比用马达法测定的辛烷值要高 6～10 个单位，其差值称为汽油的灵敏度，可用来反映汽油抗爆性随运转工况激烈程度的增加而降低的情况，汽油灵敏度越低越好。

驾驶员选择汽油时一定要注意：爆燃只发生在汽油发动机上，牌号高的汽油可以避免爆燃的发生，但汽油辛烷值并不是越高越好。如果汽车只需要 93 号汽油，而加注 97 号汽油，这样不会提高效率或动力，反而会造成经济损失。因此，加注汽油前先查询发动机所需要汽油的牌号是多少，按使用说明所规定的牌号加注。

6.1.1.3 安定性（稳定性）

安定性是指汽油在正常储存和使用的条件下，避免氧化生胶而保持性质不发生永久变化的能力。汽油安定性的好坏直接影响发动机的工作能力。安定性好的汽油不会给发动机带来危害，而安定性较差的汽油，极容易发生氧化反应，从而生成胶状物质和酸性物质，使汽油的辛烷值降低，酸值增加，颜色变深。如果长期使用这种汽油，由于产生胶质黏稠沉淀，导致汽油滤清器、油管、电喷发动机的喷嘴等部位堵塞；由于产生的黏稠物质黏接气门，导致关闭不严，压缩比降低，燃烧不彻底，使产生的积炭明显增加，导致压力升高，气缸的散热也较差；由于积炭的增加会使火花塞的间隙减小，导致点火能力下降；等等。为此要求驾驶员选用汽油时特别要注意，一定要选择安定性（稳定性）好的汽油。

评定汽油安定性的主要指标有实际胶质和诱导期。

1. 实际胶质

实际胶质是指在规定条件下测得的发动机燃料的蒸发物，以 mg/100mL 表示。实际胶质是判断汽油在使用过程中生成胶的倾向，从而决定汽油能否使用和能否继续储存。对于汽油的实际胶质，规定出厂时不大于 5mg/100mL；出厂后 4 个月检查封样时不大于 10mg/100mL；油库交付给使用单位时不大于 25mg/100mL。

2. 诱导期

诱导期是指在规定的加速氧化条件下，油品处于稳定状态下所经历的时间周期，以 min 表示。诱导期越长，越不易氧化，生成胶质的倾向越小，安定性越好，适宜长期储存。一般国产汽油出厂时诱导期为 600～800min，在普通条件下储存 21 个月后，诱导期仍有 400～500min。

6.1.1.4 清洁性

汽油的清洁性是指汽油中不应含有机械杂质和水分。汽油中存有的机械杂质和水分一般是在汽油储存、运输和使用过程中因受到外界环境的影响而混入的。机械杂质能加大发动机的磨损，水分会加剧氧化生胶。因此要求汽油中不允许有机械杂质和水分。如果需要对汽油发动机进行检测，最简单的办法就是将 100mL 的汽油注入玻璃管中，静置一段时间（12～18h）后，观察玻璃管中的汽油，如果油色透明，没有悬浮物和沉淀物，即为合格。

6.1.1.5 防腐性

汽油在储存、使用过程中，不可避免地要与各种金属接触，这就要求汽油对金属不应有腐蚀性。汽油中的各种烃类物质本身并不腐蚀金属，引起金属腐蚀的物质主要是硫及硫化物、有机酸和水溶性酸或碱等。为此规定车用无铅汽油的硫含量不大于 0.05％，硫醇硫含量不大于 0.001％。

6.1.2 汽油的选择及使用注意事项

6.1.2.1 汽油的选择

一定要按照汽车使用说明书中发动机的压缩比和汽车生产厂家推荐的汽油牌号来选择相应牌号（即辛烷值）的汽油，这样不仅可以充分发挥发动机的动力性，提高经济性，还有利于延长发动机的使用寿命和降低成本，同时可以预防或减少发动机在保证正常运行工作中不发生爆燃现象。

我国车用汽油目前所使用的牌号有 90、93 和 97。要想保证发动机在工作中不发生爆燃现象，就必须合理地选择相应牌号的汽油，主要根据压缩比的高低来选择汽油。当发动机压缩比较高，爆燃倾向较大时，应选用牌号较高的汽油；反之，压缩比较低的发动机，应选用牌号较低的汽油。车用汽油的基本选用原则是：压缩比在 8.0 以下的发动机，应选用 90 号车用无铅汽油；压缩比在 8.0～8.5 的发动机，应选用 93 号车用无铅汽油；压缩比在 8.5～9.5 的发动机，应选用 93、95 号车用无铅汽油。

由于汽车排放控制标准的实施，我国从 2000 年 1 月起已禁用含铅汽油。最新国家标准为《车用汽油》（GB 17930—2016）。

汽油质量的好坏，可以根据一看、二嗅、三摸和四摇等方法来判定。

一看：主要是观察汽油的颜色，标准 97 号汽油的颜色为翠绿色，标准 93 号汽油的颜色为浅淡黄色或浅黄红色，含铅汽油的颜色为红色。如果汽油颜色太浅，甚至发白，则可能是伪劣产品，选择时应加以注意。

二嗅：主要是闻汽油的味道，加有甲基叔丁基醚（MTBE）的汽油会有一股酸味，如果适当少量地加入可以提高汽油的辛烷值；但如果超过 15％，氧的含量就超标。

三摸：主要检查汽油的蒸发性和黏度，如果将少许汽油放在手上很快蒸发掉，则说明汽油合格；如果很长时间还没有蒸发掉，则说明汽油与柴油或润滑油在储存或使用中混合。

四摇：主要是观察汽油的黏度和泡沫性能，其检查的方法主要是根据以往的经验。

6.1.2.2 汽油使用注意事项

若长期使用牌号不当的汽油，则会在燃烧室内产生大量的积炭，从而导致压缩比升高，爆燃的倾向加大，此时需要驾驶员及时维护发动机。为保证发动机正常工作必须注意以下事项。

（1）需要更换汽油牌号时要注意，对于传统的蓄电池点火的发动机，当汽油由低牌号改换为高牌号时，可以适当缩短到达点火提前角的时间，这样就可以充分发挥汽油的性能而不至于浪费；当汽油由高牌号改换为低牌号时，可以适当增加到达点火提前角的时间，这样可以避免爆燃的发生。对于电喷发动机则由电控单元和爆燃传感器自动调节。

（2）当车辆在炎热的夏季或高原地区时，由于温度高，气压低，易发生气阻，应该更换为饱和蒸气压较低的汽油。反之，选择牌号（即辛烷值）较高的汽油。

（3）由于发动机长期使用，燃烧室积炭，缸盖经多次修理，会使发动机缸压升高，而导致爆燃。因此，这类汽车在维修后应使用高一级牌号的汽油。

（4）汽油中不得掺入其他油液（如煤油或柴油等），如果掺入会引起不必要的麻烦，如爆燃，严重破坏发动机润滑性能，从而导致发动机的磨损增加。

（5）不要使用长期储存或已经变质的汽油，这些汽油燃烧后会产生大量的积炭而影响发动机的工作，特别是对电喷发动机的影响会更大。

（6）汽油易燃、易爆、易产生静电，使用时要注意安全。

6.2　车用柴油

柴油是车用柴油发动机的主要燃料，在国民经济中占有重要的地位。柴油和汽油一样也是从石油中精炼出来的，由碳、氢元素组成的水白、浅黄或棕褐色的液体。柴油分为轻柴油和重柴油，轻柴油用于高速运转的发动机，重柴油用于低速运转的发动机。

柴油发动机中柴油不是由火花塞直接点燃的，而是与被压缩的高温空气相遇后自行燃烧的，故柴油发动机又称为压燃式发动机。柴油发动机具有热效率高、耗油量低、燃料资源较汽油丰富、使用耐久可靠、燃料火灾危险性小等特点，因此柴油发动机广泛用于汽车、舰艇、坦克和工程机械，特别是一些大型重载汽车，大都使用柴油机。

6.2.1　柴油的使用性能

柴油的使用性能包括发火性、低温流动性、蒸发性、黏度、安定性、腐蚀性和清洁性等。

6.2.1.1　发火性（燃烧性）

发火性是指柴油在柴油发动机中的自燃能力。柴油的发火性主要取决于发火延迟期的长短。发火延迟期是指从柴油喷入燃烧室至开始着火的时期。发火性好的柴油，着火延迟期短，着火燃烧后气缸内压力上升平稳，柴油机工作柔和；如果发火性不好，着火延迟期就长，会使燃烧室的积油量增多，燃烧不充分，功率下降，油耗增加，磨损加大，排气冒黑烟等。同时会引起发动机工作粗暴，从而导致曲柄连杆机构受冲击力过大而产生弯曲并发出强烈的敲击声，并使零部件损坏。

柴油的发火性是以十六烷值评定的。与汽油辛烷值类似，十六烷值是用两种发火性差异很大的燃料作为基准物对比得出的数值。一种是正十六烷，发火性好，定其十六烷值为100；另一种是 α-甲基萘，发火性差，定其十六烷值为 0，按不同比例将它们混合在一起，可获得十六烷值 0～100 的标准燃料。然后在可变压缩比的标准单缸十六烷值测定柴油机上，将被测燃料与标准燃料进行同期闪火对比试验，若被测燃料与某标准燃料在相同条件下同期闪火，则标准燃料中正十六烷的体积百分数即为被测燃料的十六烷值。

柴油机的转速越高，燃烧速度越快，对十六烷值要求就越高，一般 1000r/min 以下的柴油机，应使用十六烷值为 35～40 的柴油；1 000～1 500r/min 的柴油机，应使用十六烷值为 40～45 的柴油；1 500r/min 以上的柴油机，应使用十六烷值为 45～60 的柴油。柴油的十六烷值越高，其发火性越好，汽车就越容易在较低气温下起动，但十六烷值也不宜过高，否则柴油的低温流动性、蒸发性等均会受到影响，导致燃烧不完全，降低发动机功率，增加油耗，排气冒黑烟。一般十六烷值为 40～50 的柴油基本可满足工作要求。柴油十六烷值与最低起动温度的关系见表 6.4。

表 6.4　柴油十六烷值与最低起动温度的关系

柴油十六烷值	30	40	50	60	70	80
可以起动的最低温度/℃	30	12	4	−4	−8	−11

6.2.1.2　低温流动性

低温流动性是指柴油在低温的条件下也应保持一定的流动状态以供发动机燃烧，从而保证发动机正常工作的性能。柴油的密度和黏度都比汽油大，随着温度的降低，柴油的黏度会变得更大，流动性变差。如果柴油的低温流动性不好，在低温工作时会堵塞油管或滤清器，从而无法形成良好的混合气而导致发动机工作不正常或根本无法起动。评定柴油低温流动性的指标有凝点、浊点和冷滤点。

1. 凝点

凝点又称凝固点。将柴油装在规定的试管内，冷却到预期的温度，将试管倾斜 45°，经过 1min 液面不移动，此时的温度便是柴油的凝点。凝点是柴油储存、运输和油库收发作业的低温界限温度，与柴油低温使用性能有一定的关系。发动机使用凝点过高的柴油，停车后再起动将会非常困难。凝点越低的柴油，在柴油发动机燃料供给系统中供油性能越好，因此，在室外工作的发动机一般应使用凝点低于周围气温 5～7℃的燃料，才能保证发动机的正常工作。

柴油的凝点是评定其性能的重要指标之一。我国轻柴油是按凝点来确定牌号的。例如，0 号柴油的凝固点是 0℃，10 号柴油的凝固点是 −10℃，25 号柴油的凝固点是 −25℃。

2. 浊点

浊点是指在规定条件下，柴油冷却至由于石蜡出现而失去透明时的最高温度。此时柴油虽仍可流动，但易造成油路堵塞而出现供油故障。

3. 冷滤点

冷滤点是指在规定条件下，1min 内通过 363 目/in^2（1in＝2.54cm）过滤器的柴油不足 20mL 的最高温度。冷滤点与柴油实际使用的最低温度有较好的对应关系，可作为根据气温选用轻柴油的依据。一般冷滤点要高于凝点 4～6℃，比浊点略低。

6.2.1.3　蒸发性（挥发性）

蒸发性是指柴油由液态转化为气态的能力。柴油的蒸发性要比汽油的蒸发性差得多，但是柴油的馏分比汽油重。柴油的蒸发性及蒸发的速度对发动机的工作有着重要的影响。蒸发性好，柴油发动机起动性能就好，燃烧充分，耗油低，积炭少，排烟也较少；如果蒸发性不好，会给柴油机带来不必要的影响，如混合气不易形成、燃烧不充分、耗油量增加、污染发动机的润滑油、排放污染增加等。但蒸发性过高，会影响储运及使用安全，发动机工作容易粗暴。

柴油的蒸发性主要用馏程、闪点等评定。柴油馏程测定方法与汽油基本相同，测定项目有50％、90％和95％馏出温度。50％馏出温度低，则轻质馏分多，易于起动。但50％馏出温度过低时，柴油蒸发太快，易引起全部柴油迅速燃烧，缸内压力剧烈升高，发动机工作粗暴。90％馏出温度与95％馏出温度越低，柴油中重质馏分含量越低，柴油燃烧更加充分，可提高柴油发动机的动力性，降低油耗，减少机械磨损。闪点指柴油在一定条件下加热时，油料蒸气与周围空气形成的混合气接近火焰，开始发出闪火时的温度。闪点低的柴油蒸发性好，但闪点太低会使柴油发动机工作粗暴，同时储运及使用中的安全性下降。

6.2.1.4　黏度

黏度是表示柴油稀稠度的一项重要指标。黏度是随温度变化而变化的，温度高时油料变稀，黏度变小；温度低时油料变稠，黏度变大。轻柴油的黏度是指20℃时的黏度。黏度过大，流动性能变差，影响供油量，同时，喷入气缸内的油粒较大，影响雾化，不易与空气均匀混合，这样燃烧不完全，燃油消耗量增加；黏度过小，在喷射时，因油粒细小，射程太短，同样不能很好地均匀分布，以致燃烧不完全，排气冒黑烟。因此，为了发动机能正常工作，要求柴油的黏度保持在适当范围内。

6.2.1.5　安定性

安定性是指柴油在储存、运输和使用过程中保持外观颜色、组成和性能不变的能力。安定性好的柴油无论是在储存还是使用过程中其颜色和性能基本保持不变；而安定性差的柴油在一段时间后其颜色和性能都会发生明显的变化，油中的实际胶质明显增多。经常使用安定性不好的柴油会使滤清器、油管、喷油器堵塞，燃烧室积炭快速增多。

影响柴油安定性的因素主要是内部的化学成分和外部的环境因素。化学成分主要包括碳氢化合物和非碳氢化合物两大部分，其中碳氢化合物中的烯烃是影响安定性的主要原因，非碳氢化合物中的硫化物和氮化物是影响安定性的次要原因。外部环境主要是指储油容器、空气中的氧含量、气候温度等。如果使用金属容器储油会对柴油的氧化有一定的催化作用，氧的含量增多，使柴油与氧的接触多，温度高会加快柴油变质的速度。因此为保证发动机正常工作，充分发挥其动力性能，要求驾驶员在选用柴油或储存柴油时，注意在合理的储存条件下进行柴油选择和使用，这样才能使发动机工作可靠，减少机件的磨损，延长发动机的使用寿命。

6.2.1.6　腐蚀性

腐蚀性是指柴油在储存和使用的过程中会腐蚀零件。腐蚀主要是因为柴油中含有硫化物、有机酸和碱等有害物质，这些有害物会影响发动机的正常工作。其中硫和硫醇硫对发动机的影响较大，因为它们燃烧完都会生成二氧化硫和三氧化硫等酸性有害物质，不仅会对发动机零部件进行强烈的腐蚀，如果硫的含量过多还会使发动机的润滑油变稀、变质，使零部件磨损加剧。使用硫含量过大的柴油，由于燃烧不彻底会使燃烧室、活塞顶、喷油器、进排气门等部位产生大量的积炭，加重气缸的磨损，从而缩短发动机的使用寿命。因为这些有害物质的存在会给发动机带来种种不良后果，所以要对柴油中的有害物质进行严格控制，规定柴油中的硫含量不得大于0.2％，硫醇硫含量不得大于0.01％。

6.2.1.7 清洁性

柴油的清洁性用灰分、机械杂质和水分等指标评定。灰分是指柴油中不能燃烧的矿物质，呈颗粒状，坚硬，它是造成气缸壁与活塞环磨损的重要原因之一。为保证发动机具有较高的动力性，要严格控制灰分在柴油中的含量，规定灰分在柴油中的含量不得高于0.01%。机械杂质和水分是柴油在储存和运输的过程中不慎混入的杂质。机械杂质会使柴油发动机中的精密偶件卡死、喷油器喷孔堵塞而影响供油。水分会降低柴油发热量，使柴油在冬季或低温下易结冰而堵塞油路，还有可能溶解可溶性的盐类使灰分增大。水分和有机酸混合在一起还会加快零件的腐蚀。因此要严格控制柴油中机械杂质和水分的含量，其中水分含量不得高于0.03%。

6.2.2 车用柴油的选用及使用注意事项

6.2.2.1 车用柴油的选用

我国柴油牌号是按照凝点来划分的，分为5、0、−10、−20、−35、−50六种。车用柴油应根据不同地区和季节的气温来选用。

为了保证发动机燃料在低温下正常供应，不发生凝固而失去流动性，造成油路堵塞，所选柴油牌号要比当地、当月最低气温低5～7℃。当地区温度较低时，选用较低牌号的柴油；当地区温度较高时，选择较高牌号的柴油。在气候温度允许的情况下应尽量选用高牌号的柴油，否则会造成使用成本增加。因为低牌号柴油的价格较高，如−35号柴油的价格是10号柴油价格的2倍。为了充分利用资源与降低成本，不同牌号的柴油可以掺兑使用，例如将等量的0号柴油与−10号柴油混合，其凝点为−5～−4℃，适合于冬季最低气温在−3～0℃的地区使用。最新国家标准为《车用柴油》(GB 19147—2016)。推荐选用的车用柴油见表6.5。

表6.5　推荐选用的车用柴油

牌号	适用地区及季节	适用最低气温/℃
5号	全国各地6～8月和长江以南4～9月	8
0号	全国各地4～9月和长江以南冬季	4
−10号	长江以南地区冬季和长江以南地区严冬	−5
−20号	长城以北地区冬季和长城以南、黄河以北地区严冬	−14
−35号	东北和西北地区严冬	−29
−50号	东北的漠河（黑龙江北部）和新疆的阿尔泰地区严冬	−44

6.2.2.2 车用柴油的使用注意事项

（1）为保证柴油的清洁，柴油加入油箱前，要充分沉淀，沉淀时间不少于48h，然后用鹿皮、绸布或细布仔细过滤，除去杂质。

（2）柴油与汽油不能混合使用，因为汽油的发火性差，如果混用会使发动机起动困难，甚至不能起动。

（3）在冬季或低温起动时，可以采用一定的预热措施，如对油底壳进行预热可以降低起动阻力，还可以相应地提高蓄电池电解液的密度以防止在寒冷地区结冰，而影响发动机的起动。

（4）在寒冷地区，缺乏低凝点柴油时，可以向高凝点柴油中掺入10％～40％的裂化煤油以降低柴油的凝点，但要注意掺入后必须搅拌均匀。

6.3   汽车新能源

汽车在石油产品的消耗中占据显著份额，随着汽车保有量的不断增加，汽车对石油产品的消耗量不断增加，对环境的污染也越来越严重。鉴于环境污染和能源形势日趋恶化，降低汽车油耗和开发汽车新能源迫在眉睫，这已成为现代汽车技术发展的重要课题。

6.3.1   汽车新能源的特点与应用现状

新能源汽车是指采用非常规的车用燃料作为动力来源的汽车，主要包括电动汽车、混合动力汽车、氢能源动力汽车和太阳能汽车等。其特点是废气排放量比较低。

汽车新能源必须能够替代目前汽车使用的汽油和柴油，因此应符合以下要求：

（1）热值要高，能量密度要大，只需携带少量的燃料就能行驶足够的里程。由于汽车行驶的道路和地区不同，以及车载重量的变化，对新能源的要求也就不同，必须能满足发动机的功率要求才能克服种种阻力。

（2）安全性能要好，无毒或低毒，对环境污染小。在使用的过程中对发动机无害，能充分燃烧，不挥发，燃烧后对环境的污染小。

（3）来源广泛，价格便宜。新能源必须来源广泛，才能满足汽车数量不断增加的需求；价格便宜才能满足大众的需求。

（4）运输、储存和使用方便，不影响发动机的可靠性。

（5）汽车新能源最好能与现代汽车的供给系统兼容，如果需要改进，尽量改进一些简单的装置，以便大众使用。

汽车新能源有着广阔的开发前景，目前正在开发的代用石油产品的能源有醇类燃料、乳化燃料、合成燃料、天然气、液化石油气、氢气、电能、太阳能等。其中，有的能源可以单独使用，而有的能源可以和柴油或汽油混合使用。各类新能源的特点及应用现状见表6.6。

表6.6   各类新能源的特点及应用现状

新能源	优点	缺点	现状及前景
醇类燃料	（1）甲醇、乙醇可以利用植物、天然气、煤炭制取，来源有长期保障 （2）储运方便 （3）辛烷值较高	（1）甲醇毒性大，而且会腐蚀金属和橡胶件 （2）污染较大，与汽油相当 （3）单独使用时，需要对发动机做一些改进 （4）成本高	目前世界上有相当数量的汽车燃烧甲（乙）醇和汽油的混合燃料，发展缓慢，可以作为能源的补充，在某些国家和地区可保持较大的比例

续表

新能源	优点	缺点	现状及前景
天然气	(1) 资源丰富，在今后相当长时间内有充足的保障 (2) 污染很小 (3) 辛烷值高 (4) 价格低廉 (5) 技术成熟	(1) 天然气储运不便 (2) 天然气也是非再生资源 (3) 新建加气站网络投资大 (4) 气态天然气能量密度小 (5) 汽车采用天然气会降低动力性 (6) 单烧天然气时需设计专门的发动机	在许多国家已获得广泛使用并大力推广，将成为汽车燃料的主流之一
电能	(1) 电能来源方式多 (2) 直接污染及噪声小 (3) 结构简单，维修方便	(1) 蓄电池能量密度小，汽车驾驶里程短，动力性差 (2) 蓄电池质量大，使用寿命短，价格高 (3) 蓄电池充电时间长 (4) 蓄电池制造和处理存在污染	从总体看仍处于试验研究阶段，推广使用还需一定时间，但有希望成为未来汽车新能源的主体
氢气	(1) 不产生有害气体 (2) 氢气的热值高 (3) 资源极其丰富	(1) 氢气制取成本高 (2) 气态氢能量密度小，且储运不便；液态氢技术难度大，成本高 (3) 需要开发专用的发动机	仍处于基础研究阶段，目前多采用混合动力，即燃料电池与发动机并联使用。但有希望成为未来汽车新能源的重要组成部分，前景难以预测

6.3.2 醇类燃料

醇类燃料主要是指甲醇和乙醇。目前，它们作为汽车替代能源已被使用，在技术和成本方面已经达到实用阶段。醇类燃料的资源比较丰富，可从多种原料中进行提取。如甲醇可从天然气、煤、油页岩、重质燃料、木材和垃圾等物质中制取。乙醇可从甜菜、甘蔗、秸秆、薯类、玉米等农作物中制取。

在我国，煤炭作为制取甲醇的物质之一，其储藏量非常丰富，这就决定了今后一段时间内我国的能源消费结构仍以煤炭为主。立足国内丰富的煤炭资源，以甲醇为替代燃料，弥补石油供应量不足是非常重要的措施。

我国作为农业国家，随着粮食的丰收，已出现了陈化粮长期库存积压的情况。因此，以农作物为原料生产乙醇，作为替代燃料，缓解我国石油紧缺的矛盾，也是非常可行的举措。

6.3.2.1 醇类燃料的理化性质

醇类燃料与汽油的主要理化性质比较见表 6.7。

表 6.7　醇类燃料与汽油的主要理化性质比较

项目	甲醇	乙醇	汽油
常温下物理状态	液态	液态	液态
密度/g·cm^{-3}	0.791 4	0.784 3	0.72~0.75
沸点/℃	64.8	78.3	30~220

续表

项目	甲醇	乙醇	汽油
闪点/℃	12	14	−43
自燃点/℃	470	420	260
饱和蒸气压/kPa	30.997	17.332	62.0～82.7
低热值/MJ·kg^{-1}	20.26	27.20	44.52
蒸发潜热/kJ·kg^{-1}	1 101	862	297
辛烷值（RON）	112	111	90、93、95
辛烷值（MON）	92	92	85、88、90
十六烷值	3	8	27
相对分子质量	32	46	100～115
着火极限（%）（体积分数）	6.7～36	4.3～19	1.3～7.6
理论空燃比（kg 空气/kg 燃料）	6.4	9.0	14.8

6.3.2.2 醇类燃料的特点

1. 辛烷值高

醇类燃料辛烷值与汽油辛烷值的比较见表6.8。

表6.8 醇类燃料辛烷值与汽油辛烷值的比较

燃料种类		MON	RON	灵敏度
甲醇		92	112	20
乙醇		92	111	19
汽油	90 号	85	90	5
	93 号	88	93	5
	97 号	92	97	5

从表6.8可以看出，醇类燃料的辛烷值比汽油高，所以使用醇类燃料的发动机可以通过增大压缩比来提高其热效率，从而提高其动力性和经济性。因此，醇类燃料是汽油车良好的替代燃料。另外，醇类燃料也可以作为高辛烷值组分调入汽油中，进而提高汽油的抗爆能力。

通过表6.8所示醇类燃料辛烷值和汽油辛烷值的比较，还可以看出，醇类燃料的灵敏度非常大。灵敏度是利用研究法测定的辛烷值与利用马达法测定的辛烷值之差值，即灵敏度＝RON−MON。灵敏度反映的是汽油发动机燃料的抗爆性能随汽油发动机运转工况（如转速提高等）激烈程度增加而降低的情况。对于汽油发动机，灵敏度越小越好。醇类燃料的灵敏度大，说明它们在低速时的抗爆性能比中、高速时要好。

2. 蒸发潜热大

蒸发潜热是指在常压沸点下，单位质量的纯物质由液体状态变为气体状态需吸收的热量或者由气体状态变为液体状态需放出的热量。

醇类燃料的蒸发潜热大，意味着醇类燃料在发动机内由液体状态变为气体状态形成可燃混合气时需要吸收的热量较多，所以醇类燃料在低温条件下起动时，往往会由于汽化所需热量不足，使形成的混合气浓度较低，从而使发动机起动困难。因此，燃烧醇类燃料的发动机需加装进气预热系统，以保证其低温起动性能。

醇类燃料蒸发潜热大的优点是：形成的混合气温度低，充气效率会提高，进而可使发动机动力性增强；蒸发潜热大，形成混合气时会对发动机内部机件有冷却作用，可减轻冷却系统和润滑系统的冷却负担，从而可延长发动机的使用寿命。

3. 着火极限宽

着火极限是指混合气体可以着火的最小浓度和最大浓度之间的范围，浓度以空气中可燃气体的体积分数表示。

醇类燃料的着火极限比汽油宽得多，可实现稀薄燃烧，能有效降低发动机在部分负荷时的能量消耗与排放污染。

4. 热值低

醇类燃料的热值比汽油低，甲醇热值约为汽油的一半，乙醇热值约为汽油的61%。但由于醇类燃料存在自供氧效应，理论空燃比比汽油低，甲醇理论空燃比约为汽油的43%，乙醇理论空燃比约为汽油的60%。所以，在同样的过量空气系数下混合气的热值与汽油相当，汽车使用醇类燃料时的动力性不会降低。

5. 腐蚀性强

醇类燃料的化学活性较强，对铜、铝等金属具有较强的腐蚀性，对橡胶和塑料等非金属材料也具有较大的溶胀作用。

6. 易产生气阻

醇类燃料的沸点低，有助于形成燃料与空气的混合气，但温度高时，容易在燃油供给系统中产生气阻现象，严重时会使供油中断，发动机熄火。

7. 储存和使用方便

醇类燃料在常温下为液体状态，和传统燃料的汽油、柴油相似，所以其储存和使用比较方便。

8. 排放污染低

醇类燃料的蒸发潜热大，甲醇的蒸发潜热约为汽油的3.7倍，乙醇的蒸发潜热约为汽油的2.9倍，所以使用醇类燃料的燃烧温度较低，对 NO_x 的生成有抑制作用。醇类燃料分子中没有 C-C 键结构，燃烧中不会有多环芳香烃通过缩合形成炭烟粒子的现象，因此排气中基本没有炭烟。醇类燃料含氧量高，且 CH 值较汽油小，混合气燃烧较完全，因而排气中未燃烃类与 CO 含量也相应降低。但醇类燃料的排气中未燃醇类和相应醛类较多。

6.3.2.3 醇类燃料的应用

醇类燃料的辛烷值高，是良好的汽油替代燃料。但由于其发火性差，十六烷值比柴油低很多，所以在柴油发动机上使用比较困难。汽油发动机中应用醇类燃料主要有两种方法：掺醇燃烧和纯醇燃烧。

1. 掺醇燃烧

掺醇燃烧就是把甲醇或乙醇以不同比例掺入汽油中。甲醇、乙醇与汽油的混合燃料分别用 M（Methanol）和 E（Ethanol）加一数字表示，其后的数字表示混合燃料中甲醇或乙醇的体积分数，如 M15 表示甲醇体积分数为 15％的混合燃料，E10 表示乙醇体积分数为 10％的混合燃料。

（1）掺醇汽油的优点。

掺醇汽油与纯汽油相比有如下优点：

1）抗爆性好。醇类燃料的辛烷值高于汽油，掺和后，可明显提高汽油的抗爆能力。试验表明，在汽油中添加 10％的乙醇，其辛烷值可提高约 3 个单位，甲醇汽油也有类似的效果。因此燃用掺醇汽油时，可通过提高发动机的压缩比来提高其热效率，进而提高其动力性和燃油经济性。

2）排放尾气中 NO_x、烃类及 CO 的含量低。醇类燃料的蒸发潜热高，使掺醇汽油形成的混合气燃烧温度低，因而排放尾气中 NO_x 含量低；醇类燃料含氧，且 CH 值较汽油小，使掺醇汽油形成的混合气燃烧较完全，因而尾气中烃类与 CO 含量也相应低。

3）价格低。甲醇燃料价格低于汽油价格，这使得甲醇汽油也比普通汽油经济。

（2）掺醇汽油的使用。

鉴于掺醇汽油的优点突出，对其使用的研究也非常多。我国对低比例掺醇汽油研究较多，使用掺醇比例低于 15％的低比例掺醇汽油，不需要改变现有汽车发动机，不增加改动成本，不存在技术上的难度。因此，低比例掺醇汽油是比较实用的醇类燃料利用形式。

国家标准《变性燃料乙醇》（GB 18350—2013）和《车用乙醇汽油（E10）》（GB 18351—2017）的具体指标，分别见表 6.9 和表 6.10。

表 6.9　变性燃料乙醇

项目		指标
外观		清澈透明，无可见悬浮物和沉淀物
乙醇（体积分数）/％	≥	92.1
甲醇（体积分数）/％	≤	0.5
实际胶质/mg·(100mL)$^{-1}$	≤	5.0
水分（体积分数）/％	≤	0.8
无机氯（以 Cl^{-1} 计）/mg·L^{-1}	≤	8
酸度（以乙酸计）/mg·L^{-1}	≤	56
铜/mg·L^{-1}	≤	0.08
pH 值		6.5～9.0

注：2002 年 4 月 1 日前，pH 值按 5.7～9.0 执行。

表 6.10　车用乙醇汽油（E10）（V）技术要求和试验方法

项目		质量指标			试验方法
		89	92	95	
抗爆性：					
研究法辛烷值（RON）	不小于	89	92	95	GB/T 5487
抗爆指数（RON+MON）/2	不小于	84	87	90	GB/T 503、GB/T 5487
铅含量^a/（g/L）	不大于	0.005			GB/T 8020

续表

项目		质量指标			试验方法
		89	92	95	
馏程： 10%蒸发温度/℃	不高于		70		
50%蒸发温度/℃	不高于		120		
90%蒸发温度/℃	不高于		190		GB/T 6536
终馏点/℃	不高于		205		
残留量（体积分数）/%	不大于		2		
蒸气压[b]/kPa 11月1日至4月30日			45～85		GB/T 8017
5月1日至10月31日			0～65[c]		
胶质含量/(mg/100mL)	不大于				
未洗胶质含量（加入清净剂前）			30		GB/T 8019
溶剂洗胶质含量			5		
诱导期/min	不小于		480		GB/T 8018
硫含量[d]/(mg/kg)	不大于		10		SH/T 0689
硫醇（博士试验）			通过		NB/SH/T 0174
铜片腐蚀（50℃，3h）/级	不大于		1		GB/T 5096
水溶性酸或碱			无		GB/T 259
机械杂质[e]			无		GB/T 511
水分（质量分数）/%	不大于		0.20		SH/T 0246
乙醇含量（体积分数）/%			10.0±2.0		NB/SH/T 0663
其他有机含氧化合物含量[f]（质量分数）/%	不大于		0.5		NB/SH/T 0663
苯含量[g]（体积分数）/%	不大于		1.0		SH/T 0693
芳烃含量[h]（体积分数）/%	不大于		40		GB/T 11132
烯烃含量[h]（体积分数）/%	不大于		24		GB/T 11132
锰含量/(g/L)	不大于		0.002		SH/T 0711
铁含量/(g/L)	不大于		0.010		SH/T 0712
密度(20℃)/(kg/m³)			720～775		GB/T 1884、GB/T 1885

[a] 车用乙醇汽油（E10）中，不得人为加入含铅、含铁、含锰的添加剂。

[b] 也可采用 SH/T 0794 进行测定，在有异议时，以 GB/T 8017 方法为准。换季时，加油站允许有 15 天的置换期。

[c] 广西全年执行此项要求。广东、海南两省使用车用乙醇汽油（E10）的地区全年执行此项要求。

[d] 也可采用 GB/T 11140、SH/T 0253、ASTM D7039 进行测定，在有异议时，以 SH/T 0689 方法为准。

[e] 也可采用目测法：将试样注入 100 mL 玻璃量筒中观察，应当透明，没有悬浮和沉降的机械杂质及分层。在有异议时，以 GB/T 511 方法为准。

[f] 不得人为加入。也可采用 SH/T0720 进行测定，在有异议时，以 NB/SH/T 0663 方法为准。

[g] 也可采用 SH/T 0713、GB/T 28768、GB/T 30519 进行测定。在有异议时，以 SH/T 0693 方法为准。

[h] 对于 95 号车用乙醇汽油（E10），在烯烃、芳烃总含量控制不变的前提下，可允许芳烃含量的最大值为 42%（体积分数）。也可采用 GB/T 28768、GB/T 30519、NB/SH/T 0741 进行测定。在有异议时，以 GB/T 11132 方法为准。也可采用 SH/T 0604 进行测定，在有异议时，以 GB/T 1884、GB/T 1885 方法为准。

低比例掺醇燃料虽然使用方便，不需对传统发动机进行改动，但它对缓解我国越来越大的能源不足压力所起作用较小。要从根本上解决能源紧缺问题，应研究高比例掺醇汽油的应用。由于醇类燃料的性质不同于汽油，所以高比例掺醇燃烧需要对现有的汽车发动机进行较大改动，以适应醇类燃料的特点。例如，需对燃油箱、油泵、喷油器、燃油管、滤清器、橡胶件等进行研究改进。

（3）掺醇汽油的缺点。

1）醇类燃料与汽油的互溶性较差。醇类燃料具有较强的极性，与汽油的互溶性较差。其互溶性受醇与汽油的混合比例、助溶剂的品种和加入量、混合温度等因素影响。图6.2所示为甲醇与汽油的互溶曲线，由图中曲线可看出，当醇含量很低或很高时，醇与汽油可以不借助于助溶剂实现互溶，但在很大比例范围内二者不能互溶，必须借助助溶剂。常用助溶剂有甲基叔丁基醚、叔丁醇、异丁醇、正丁醇等。混合温度越高，醇与汽油的互溶性越好。

图6.2 甲醇与汽油的互溶曲线
1—不加助溶剂；2—加1%助溶剂；
3—加2%助溶剂；4—加4%助溶剂

2）掺醇汽油易出现分层现象。掺醇汽油中醇与汽油的互溶性受水分影响较大，水分易引起体系分层。醇类燃料的吸水性强，在储存和使用掺醇汽油时会自动从空气中吸收水分，当水分含量达到一定程度时便出现油水分层现象。为解决掺醇汽油的分层现象，必须使用水含量低的醇类燃料。同时，在储存和使用过程中要严防水分混入。

3）掺醇汽油对发动机的金属、橡胶和塑料等材料具有一定腐蚀性。

4）掺醇汽油的低温流动性差，高温时易发生气阻。这主要是由醇类燃料蒸发潜热大、沸点低造成的。

2. 纯醇燃烧

纯醇燃烧是指单纯燃烧甲醇或乙醇燃料。从缓解石油资源短缺的角度来说，纯醇燃料用于发动机燃烧比掺醇燃料，尤其是低比例掺醇燃料更具有实际意义。因此，对纯醇燃料的使用也进行了许多研究工作。

纯醇燃烧时，可根据甲醇或乙醇燃料的特点对发动机进行改造，使其动力性、经济性和共放性比燃烧汽油时有较大提高。图6.3所示为点燃式内燃机分别燃用甲醇和汽油时的有关性能对比。试验时，发动机转速为2 000r/min，空气流量为5.4g/s。由图可知，燃烧甲醇时，发动机的平均有效压力、热效率比燃烧汽油高，排放气体中NO_x、未燃CH和CO的含量比燃烧汽油时低；但燃油消耗率和排放中的甲醛含量比燃烧汽油时高。燃烧乙醇时的有关性能和燃烧甲醇时相似，只是排放气体中未燃乙醇和乙醛的含量较大。

图 6.3　点燃式内燃机分别燃用甲醇和汽油时的有关性能对比
（发动机转速 2 000r/min，空气流量 5.4g/s）

使用纯醇燃料需对发动机进行较大改动，主要改动之处有：调整供油系统，加大油泵供油量，加装进气预热装置和改善零部件的抗腐蚀性能等。

6.3.3　乳化燃料

乳化燃料是指汽油和柴油等燃油与水相混合并经特殊处理后形成的一种相对稳定的乳化液。使用乳化燃料不仅能减少发动机排放中 NO_x 等有害成分的含量，还能有效地降低燃料的消耗。所以使用乳化燃料是节约能源和减少污染的良好措施之一。

6.3.3.1　乳化燃料节能减污的原理

乳化燃料的燃烧是个非常复杂的过程，其节能减污的原理目前尚在研究之中，常见的有两种解释理论：微爆理论和燃烧化学反应动力学理论。

1. 微爆理论

乳化燃料中含有油包水型分子基团，在乳化燃料受热汽化形成可燃混合气的过程中，由于水的沸点低于油，所以油包水型分子基团中的水会先于油蒸发，汽化压力冲破油膜的阻力使油滴发生爆炸，爆炸的结果是使油滴变得更加细小，与空气混合得更加均匀。因此，这种情况下形成的可燃混合气品质良好，可实现较完全的快速燃烧，从而达到节约能源和减少排放污染的双重目的。总之，微爆理论的实质是水的存在使燃料雾化蒸发过程中产生了二次雾化，使混合气形成的物理准备过程更加充分。

2. 燃烧化学反应动力学理论

在高温条件下，水蒸气分解时可产生 OH^- 根，而 OH^- 根的化学活性很强，可和烃在燃烧过程中形成的中间产物或不完全燃烧产物发生反应，推进烃类物质的燃烧进程，使燃料能在上止点附近完成燃烧，把全部热能及时释放，使发动机热效率提高，从而达到节能减污的目的。同时，由于乳化燃料中水分的蒸发需吸收热量，也会降低气缸内燃烧时的温度，使 NO_x 的排放量降低。

6.3.3.2　燃料乳化的方法

燃料由烃类物质组成，烃类物质是非极性化合物，而水是极性化合物，所以二者的混溶性很差。要使二者混合形成均匀、稳定的乳化液，配制上有一定的难度，这需借助乳化添加剂并采用适当的配制方法才能完成。

乳化添加剂是一种具有乳化作用的活化剂，其化学结构由极性基和非极性基两部分构成。极性基具有亲水作用，非极性基具有亲油作用。所以，在乳化添加剂存在的条件下，油与水的混合变得相对容易，并且可保证乳化液的稳定性。

燃料乳化的常用方法有超声波法和机械混合法两种。

1. 超声波法

超声波法是利用超声波在液体媒介中传播时会对传声媒质产生空化效应的原理配制乳化燃料的。超声波法的优点是设备简单，处理能力大，耗能少，乳化添加剂用量少，乳化效果好。超声波法是目前最常用的方法，其工艺流程如图 6.4 所示。

图 6.4　超声波法乳化燃料的工艺流程

2. 机械混合法

乳化燃料的配制也可采用机械混合法，把按比例配好的油、水、乳化添加剂进行搅拌、剪切、混合、雾化，使粒子直径达到要求。机械混合法设备简单，但乳化燃料的质量差，并且乳化工艺过程的耗能也比较大。

乳化燃料的稳定性直接影响其燃用效果。稳定性好，燃料燃烧状况稳定；稳定性差，燃料易出现油水分层等现象，这样会使发动机工作不平稳，严重时会出现熄火。乳化燃料稳定性差的主要表现为分层（乳化燃料逐步分成明显的两层）、变型（乳化燃料发生相转变，从油包水型变成水包油型）、破乳（乳化燃料中出现大液滴，使相对稳定性不复存在）等。乳化燃料的稳定性与乳化添加剂的类型、用量、储存温度、掺水量、搅拌速率等有密切关系。例如，随乳化添加剂用量的增多，稳定性提高；随储存温度的升高，稳定性降低；随掺水量的增加，稳定性降低；随搅拌速率的增大，稳定性提高。为此，应从多方面入手提高乳化燃料的稳定性。

另外，研究和开发更好的乳化设备、乳化添加剂，以及了解乳化燃料的使用及对发动机的影响都是有待进一步解决的问题。

6.3.4 天然气

天然气是各种替代燃料中最早被广泛使用的一种。天然气的资源非常丰富，待探明的储量潜力很大，并且近年来的年产量增长速度大大高于石油和煤的增长速度。目前天然气汽车已受到各国政府的普遍重视，21世纪将是天然气汽车大发展的时代。

6.3.4.1 天然气的主要成分

天然气的主要成分是甲烷（CH_4），其体积一般占天然气的80%～99%。另外，天然气中还含有乙烷、丙烷、丁烷、戊烷等气体化合物和氢气、氮气、二氧化碳、硫化氢等，它们在天然气中的含量一般都比较低。天然气主要分为气田气和油田气，由于气田和油田的地理位置和地质结构不同，所以，气田气和油田气的组分存在一定差异。表6.11所示为不同产地的天然气的组分构成。

表6.11　不同产地的天然气的组分构成（%，体积分数）

名称	CH_4	C_2H_6	C_3H_8	C_4H_{10}	C_mH_n	H_2	N_2	CO_2	H_2S
气田气（四川）	97.20	0.70	0.20	—	—	0.10	0.70	1.0	0.10
油田气（四川）	88.59	6.06	2.02	1.54	0.06	0.07	1.46	0.2	—
大庆天然气	91.05	1.64	2.70	2.23	1.09	—	—	—	—

6.3.4.2 天然气的主要物化特性

天然气的主要物化特性见表6.12。

表6.12　天然气的主要物化特性

物化特性参数	数值	物化特性参数	数值
H/C原子比	4	理论空燃比（质量比）	17.25
密度（液相）/$kg \cdot m^{-3}$	424	理论空燃比（体积比）	9.52
密度[1]（气相）/$kg \cdot m^{-3}$	0.715	高热值/$MJ \cdot kg^{-1}$	55.54
相对分子质量	16.043	低热值/$MJ \cdot kg^{-1}$	50.05
沸点/℃	−161.5	混合气热值/$MJ \cdot m^{-3}$	3.39
凝点/℃	−182.5	混合气热值/$MJ \cdot kg^{-1}$	2.75
临界温度/℃	−82.6	低热值（液态）/$MJ \cdot L^{-1}$	21.22
临界压力/MPa	4.62	辛烷值（RON）	130
汽化热/$kJ \cdot kg^{-1}$	510	着火极限（体积分数）（%）	5～15
比热容（液体，沸点）/$kJ \cdot kg^{-1} \cdot K^{-1}$	3.87	着火温度（常压F）/℃	537
比热容（气体，25℃）/$kJ \cdot kg^{-1} \cdot K^{-1}$	2.23	火焰传播速度/$cm \cdot s^{-1}$	33.8
气/液容积比（15℃）	624	火焰温度/℃	1 918

注：[1]标准状态下的密度。

6.3.4.3 天然气的特点

与其他燃料相比，天然气具有如下比较突出的特点。

1. 着火界限宽

天然气与空气的混合气具有很宽的着火界限。其过量空气系数的变化范围为 0.6～1.8，可在大范围内改变混合比，提供不同成分的混合气。所以，使用天然气可以实现稀薄燃烧，能有效减少发动机在部分负荷时的能量消耗与排放污染。

2. 与空气的理论混合气热值低

虽然天然气的理论空燃比（质量比）和理论空燃比（体积比）都比汽油略高，但与空气的理论混合气的热值比汽油略低，只有 $3.39MJ/m^3$，比汽油低 10% 左右，这就使得燃用天然气的发动机的功率要比燃用汽油的发动机的功率低一些。

3. 火焰传播速度低

天然气燃烧的火焰传播速度为 33.8cm/s，比汽油的火焰传播速度稍慢。

4. 点火能量高

天然气着火温度为 537℃，比汽油着火温度高得多，并且天然气的火焰传播速度比汽油低，所以，要想天然气能及时、迅速燃烧，必须有较高的点火能量。

5. 抗爆性好

天然气的研究法辛烷值为 130，比汽油高得多，其抗爆性非常好。在这种情况下，为充分发挥其抗爆能力，可适当提高发动机的压缩比，进而可提高发动机的热效率，增强汽车的动力性。对于燃用天然气的专用发动机，比较合理的压缩比为 12。

6. 密度小

天然气的液相密度为 $424kg/m^3$，汽油密度为 $740kg/m^3$。天然气的密度低于汽油，使吸入发动机的新鲜空气质量减少，将导致发动机的输出功率降低。

7. 排放污染小

天然气的燃烧温度低，会降低 NO_x 的生成量；天然气常温常压下呈气态，与空气同相，所以形成的混合气均匀，燃烧完全，会减少 CO、CH 等的排放量；排放物中的 CH 成分多为甲烷，性质稳定，所以在大气中也不会形成光化学烟雾，避免造成进一步污染。

8. 携带性较差

天然气常温常压下为气体，携带不方便。为此对其进行液化，但需要较低的温度和较高的压力，其技术要求很高。

9. 使发动机的磨损减小

燃用天然气时，燃烧室积炭少，且燃烧产物中不含液体燃料成分，对润滑油破坏小。

6.3.4.4 天然气在汽车上的使用

1. 天然气的存在形式

作为车用燃料的替代品，天然气根据其存在形式分为压缩天然气（CNG）和液化天然气（LNG）两种。

（1）压缩天然气。

压缩天然气是将天然气经过脱水、脱硫净化处理后，经多级压缩至 20MPa 左右储存在气瓶中，使用时经减压器减压后供给发动机燃烧。

（2）液化天然气。

液化天然气是经过一定工艺，将天然气在 $-162℃$ 左右变为液态，储存在高压气瓶中。与压缩天然气相比，液化天然气工作压力降低，储气瓶体积减小，续驶里程延长。但它对低温储存技术要求较高。

2. 天然气汽车的类型

根据天然气的储存形式，天然气汽车分为压缩天然气汽车和液化天然气汽车。

（1）压缩天然气汽车。

目前国内外发展较快的是压缩天然气汽车。为保证压缩天然气的质量能满足汽车的使用需求，我国车用压缩天然气的技术指标见表 6.13。

表 6.13　车用压缩天然气的技术指标

项目	技术指标
高位发热量/MJ·m^{-3}	＞31.4
总硫（以硫计）/mg·m^{-3}	≤200
硫化氢/mg·m^{-3}	≤15
二氧化碳（体积分数）（%）	≤3.0
氧气（体积分数）（%）	≤0.5
水露点/℃	在汽车驾驶的特定地理区域内，在高操作压力下，水露点不应高于 $-13℃$；当最低气温低于 $-8℃$，水露点应比最低气温低 $5℃$

注：气体体积为在 101.325kPa，20℃状态下的体积。

压缩天然气汽车按燃料供给系统不同，又可分为专用压缩天然气汽车、压缩天然气与汽油两用燃料汽车、压缩天然气与柴油双燃料汽车。

专用压缩天然气汽车以 CNG 作为唯一燃料，其发动机的燃料供给系统专为 CNG 燃料设计，能充分发挥 CNG 燃料的优势。

压缩天然气与汽油两用燃料汽车是根据现成汽油车改装而成的，有两套燃料供给系统，一套为保留的原车燃料供给系统，另一套为增加的 CNG 供给装置。发动机可以分别使用 CNG 和汽油作为燃料，两种燃料的转换利用选择开关实现。由于发动机结构未做改动，当使用天然气燃料时，往往不能充分发挥其优点，导致汽车功率下降。

压缩天然气与柴油双燃料汽车是根据现成柴油车改装而成的。其燃料供给系统可根据发动机的运行工况按一定比例同时供给 CNG 和柴油两种燃料。其中，柴油只作引燃燃料，CNG 是主要燃料。

（2）液化天然气汽车。

液化天然气对储存技术要求较高，使得储存容器的成本高，这在一定程度上限制了液化天然气汽车的发展。但由于液化天然气在储存能量密度、汽车续驶里程、储存容器压力等方面均优于压缩天然气，能解决压缩天然气汽车所存在的一些问题，因而，液化天然气作为天然气的使用方式之一，是今后的重点发展方向。

3. 天然气汽车技术

天然气汽车技术是指车用天然气储存、加注、合理运用等方面的技术，主要包括以下几个方面。

（1）加气站技术。

无论是压缩天然气还是液化天然气，把它们往汽车里加注时，所需加气设备都比汽油、柴油等传统燃料的加注设备复杂一些，必须保证压缩天然气的压力和液化天然气的低温，这需要较高的技术水平。

（2）发动机技术。

天然气的性质不同于汽、柴油，因此燃用天然气的发动机的结构也不同于汽油发动机和柴油发动机，应对其燃料混合、发动机燃烧室结构、点火系统等进行研究与开发。

（3）气瓶技术。

由于汽车具有运动性，燃料必须时刻携带，携带天然气的气瓶如何保证储存压力和绝热能力，并尽量降低制造成本，这需要较高技术水平。

6.3.5　液化石油气

液化石油气价格便宜，液化容易，储存和使用方便，其配套设施如加气站等的建设费用也比较低，所以，液化石油气作为车用替代燃料，近年来发展较快。

6.3.5.1　液化石油气的主要成分

我国液化石油气资源主要有油田和石油炼厂两种来源。油田的液化石油气是在伴生石油气处理过程中的轻烃产品，如大庆、胜利、中原等油田都有该产品。油田的液化石油气主要成分是丙烷和丁烷，其内不含烯烃，所以适于直接作车用燃料。石油炼厂的液化石油气是在石油的催化裂化和延迟焦化炼油过程中产生的，其主要成分是丙烷、丙烯、丁烷和丁烯等。表 6.14 所示为我国几个石油炼厂液化石油气主要成分的体积分数。

表 6.14　我国几个石油炼厂液化石油气主要成分的体积分数（%）

石油炼厂	C_3H_8	C_3H_6	C_4H_{10}	C_4H_8	$C_2H_6+C_2H_4$	其他
南京石油化工厂	18.17	23.06	29.04	26.45	1.28	2.0
大庆炼油厂	13.60	50.90	—	31.80	0.20	3.5
锦州石油六厂	8.50	24.50	23.90	33.40	1.30	8.4

由表 6.14 中数据可知，石油炼厂的液化石油气内含有大量的烯烃，烯烃为不饱和烃，燃烧后结胶、积炭严重，所以这种产品不适于直接作车用燃料。

虽然液化石油气可从油田和石油炼厂等处获得，资源比较丰富，但由于它是石油开采和石油精制过程中的伴生物，所以它的来源受石油资源的限制，不能成为汽油、柴油的稳定替代能源。

6.3.5.2　液化石油气的主要物化特性

车用液化石油气的主要成分是丙烷和丁烷，其主要物化特性见表 6.15。

表 6.15　液化石油气的主要物化特性

物化特性参数	丙烷	丁烷	物化特性参数	丙烷	丁烷
H/C 原子比	2.67	2.5	理论空燃比（质量比）	15.65	15.43
密度（液相）/kg·m^{-3}	528	602	理论空燃比（体积比）	23.81	30.95
密度①（气相）/kg·m^{-3}	2.02	2.598	高热值/MJ·kg^{-1}	50.38	49.56
相对分子质量	44.097	58.124	低热值/MJ·kg^{-1}	45.77	46.39
沸点/℃	−42.1	−0.5	混合气热值/MJ·m^{-3}	3.49	3.52
凝点/℃	−187.7	−138.4	混合气热值/MJ·kg^{-1}	2.79	2.79
临界温度/℃	96.7	152.0	低热值（液态）/MJ·L^{-1}	27.00	27.55
临界压力/MPa	4.25	3.8	辛烷值（RON）	111.5	95
汽化热/kJ·kg^{-1}	426	385	着火极限（体积分数）（%）	2.2~9.5	1.9~8.5
比热容（液体，沸点）/kJ·kg^{-1}·K^{-1}	2.48	2.36	着火温度（常压下）/℃	466	430
比热容（气体，25℃）/kJ·kg^{-1}·K^{-1}	1.67	1.68	火焰传播速度/cm·s^{-1}	38	37
气/液容积比（15℃）	273	236	火焰温度/℃	1970	1975

注：①标准状态下的密度。

6.3.5.3　液化石油气的特点

液化石油气作为车用替代燃料，比较突出的特点有以下几个方面。

1. 抗爆性高

液化石油气的研究法辛烷值在 100 左右，比汽油的辛烷值高，所以液化石油气的抗爆能力强，用于发动机后，可适当提高发动机的压缩比，提高发动机热效率。

2. 排放污染小

液化石油气常温常压下呈气态，与空气同相，混合均匀，燃烧较完全且燃烧温度低，所以，排放物中 CO、CH、NO$_x$ 等的排出量会大幅度减少。

3. 火焰传播速度低

液化石油气燃烧的火焰传播速度比汽油稍低。

4. 点火能量高

液化石油气着火温度比汽油高，并且其火焰传播速度比汽油低，所以，需要较高的点火能量。

5. 与空气的理论混合气热值低

虽然液化石油气的质量热值和体积热值都比汽油略高，但其与空气的理论混合气热值却比汽油略低，所以液化石油气发动机的功率要比汽油发动机功率低些。

6. 便于携带

液化石油气在 690kPa 左右就可以完全液化，压力比较低，因此，它几乎同汽油和柴油一样便于携带。

6.3.5.4　液化石油气在汽车上的使用

1. 对车用液化石油气的技术要求

为保证液化石油气的质量能满足汽车的使用需求，我国对车用液化石油气的技术要求见表 6.16。

表 6.16　车用液化石油气的技术要求

项目		质量指标	试验方法
密度（15℃）/kg·m³		报告	SH/T 0221[a]
二烯烃（包括1，3-丁二烯）摩尔分数/%	不大于	0.5	SH/T 0614
硫化氢		无	SH/T 0125
铜片腐蚀（40℃，1h）/级	不大于	1	SH/T 0232
总硫含量（含赋臭剂[b]）/(mg/kg)	不大于	50	ASTM D 6667[c]
蒸发残留物/(mg/kg)	不大于	60	EN 15470
C5 及以上组分质量分数/%	不大于	2.0	SH/T 0614
游离水[d]		通过	EN 15469

[a]　测定方法也包括用 ISO 8973。
[b]　气味检测未通过时，需要添加赋臭剂。
[c]　试验方法也包括用 SH/T 0222，结果有争议时，以 ASTM D 6667 为仲裁方法。
[d]　在 0℃和饱和蒸气压下，目测车用液化石油气中不含游离水。允许加入不大于 2 000mg/kg 的甲醇，但不允许加入除甲醇外的防冰剂及其他非烃化合物。

表 6.16 中的车用丙烷包括丙烷和少量丁烷，可作为低温条件下的车用燃料；车用丙丁烷混合物包括丙烷、丁烷和少量戊烷，可作为一般温度条件下的车用燃料。

2. 液化石油气汽车的类型

液化石油气汽车按燃料供给系统不同，可分为专用液化石油气汽车、液化石油气与汽油两用燃料汽车、液化石油气与柴油双燃料汽车。

专用液化石油气汽车以 LPG 作为唯一燃料，其发动机的燃料供给系统专为 LPG 燃料设计，能充分发挥 LPG 燃料的优势，使用性能最佳。

液化石油气与汽油两用燃料汽车是根据现成汽油车改装而成的。它有两套燃料供给系统，一套为保留的原车燃料供给系统，另一套为增加的 LPG 供给装置。发动机可以分别使用 LPG 和汽油作为燃料，两种燃料的转换通过电磁阀实现。由于发动机结构改动较小，因此当使用液化石油气燃料时，往往不能充分发挥其优点，导致汽车性能不如专用液化石油气汽车。

液化石油气与柴油双燃料汽车是根据现成柴油车改装而成的。同液化石油气与汽油两用燃料汽车一样，它也有两套燃料供给系统，一套为原车燃料供给系统，另一套为增加的 LPG 供给装置。两套燃料供给系统可根据发动机的运行工况按一定比例同时供给 LPG 和柴油两种燃料。其中，柴油只作引燃燃料，LPG 是主要燃料。

6.3.6 氢气

氢气作为内燃机的替代燃料，具有两个非常突出的特点：其一，氢气可用水来制取，并且氢气燃烧后又生成水，这种快速的资源循环，使得氢能源取之不尽、用之不竭，这决定了氢气将在未来不可再生资源消耗殆尽时起主导作用；其二，氢气是非常理想的清洁燃料，燃烧生成水，无 CO_2、CO、CH、炭烟等污染物质。所以，目前世界上各国都纷纷投入大量人力、物力和财力从事这方面研究。

6.3.6.1 氢气资源

在自然状态下，大气中只含有极微量的氢气，因此，要想利用氢气必须依靠制取。制取氢气的资源很多，如煤、石油、天然气、水等。尤其是水，在地球上的储量极其丰富，并且可快速循环使用。所以，尽管氢气不像煤、石油、天然气等有较大的自然储量，但作为氢气来源的资源非常丰富，这为氢气的研究和广泛使用提供了有力保障。

6.3.6.2 氢气的主要物化特性

氢气的主要物化特性见表 6.17。

表 6.17 氢气的主要物化特性

物化特性参数		数值	物化特性参数	数值
质量热值/MJ·kg^{-1}	高	141.8	理论空燃比（质量比）	0.029 15
	低	120.1	理论空燃比（质量比）	34.38
摩尔热值/MJ·kmol^{-1}	高	285.8	空气中燃烧界限（体积分数）（%）	4.1～75
	低	242.1	极限过量空气系数	0.15～7.0
标态体积热值/MJ·m^{-3}	高	12.74	着火温度/℃	571
	低	10.80	与空气燃烧理论体积分数（%）[F/(A+F)]	29.5
与空气理论混合气热值/MJ·m^{-3}		3.186		
理论混合气点火能量/J		3.18×10^{-5}	气态密度/kg·m^{-3}	0.089 87
最小点火能量/J		1.34×10^{-5}	液态密度/kg·L^{-1}	0.071
空气中最大火焰速度/cm·s^{-1}		291	气态黏度/mPa·s	0.020 2
最大火焰速度时温度/K		2 380	汽化热/kJ·kmol^{-1}	90.4
最大火焰速度时当量比		1.7	沸点/℃	−253

6.3.6.3 氢气的特点

氢气作为燃料，有以下比较突出的特点。

1. 着火界限宽

氢气在空气中燃烧的界限非常宽，为 4.1%～75%，比汽油和柴油的着火界限宽很多。所以，氢气可以实现稀薄燃烧，可以降低发动机在部分负荷时的能量消耗与排放污染。

2. 点火能量低

氢气最小点火能量为 1.34×10^{-5}J，比一般烃类低一个数量级以上。所以，氢气点火能量低，比汽油小得多，当掺入汽油后，可降低汽油的点火能量，并改善汽油发动机的性能。

3. 火焰传播速度高

氢气燃烧的火焰传播速度高达 291cm/s，约是汽油的 7 倍。这说明氢气在汽油发动机中燃烧时的抗爆性很好。

4. 与空气的理论混合气热值低

虽然氢气的质量热值在所有的化学燃料里面是最大的，质量热值为 120.1MJ/kg，约为汽油的 3 倍。但由于氢气的相对分子质量小，质量轻，使得其低标态体积热值只有 $10.80MJ/m^3$，其与空气的理论混合气热值也只有 $3.186MJ/m^3$，比汽油低 15％，发热量仅相当于汽油的 85％，所以燃氢发动机的功率要比燃用汽油的发动机功率低 15％。

5. 自燃温度高

氢气的自燃温度比较高，为 580℃，而柴油为 350℃，这就决定了燃氢发动机难以压燃，比较适合于点燃。故而汽油发动机易于改为燃氢发动机，这就为将来燃氢发动机的开发运用提供了一个有利的条件。

6. 燃烧排污少

氢气是一种无色、无臭、无毒的干净燃料，同时也是一种无碳燃料，完全不产生汽油等烃类燃料燃烧时所排放的 CO、CO_2、CH 等化合物，燃烧只生成水和 NO_x，并且 NO_x 的排放也比目前的汽油发动机低得多，即使有一定的排放量，也非常容易控制。先进的氢燃料电池和催化氢技术，排放中只有水，如果利用这些氢能开动车辆，则可以真正实现零排放。因而，氢气作为发动机动力有利于环境保护。

7. 提高发动机的热效率

氢气的自燃温度比较高，其辛烷值比异辛烷（辛烷值为 100）高，其抗爆性高于汽油，因此，用氢气做燃料时，可以通过提高发动机压缩比来提高其热效率。并且氢气在空气中的火焰传播速度非常快，这也使得发动机的热效率有较大的提高。

8. 发动机的磨损量减小

氢气燃烧的产物比较单一，使得它对发动机润滑油的污染比较小。同时，由于氢气的沸点比较低，仅为 −253℃，在发动机上使用液氢，当其汽化时，可较好地降低发动机的机体温度，使得发动机润滑油的高温氧化程度低。这些都有利于保证发动机的正常润滑，减小机械磨损。

6.3.6.4 氢气在发动机上的使用

氢气既可单独作为内燃机燃料用于发动机，也可与汽油混合作为混合燃料用于发动机。

1. 氢气单独作为内燃机燃料

氢气单独作为内燃机燃料在发动机上使用时，其供氢方式有缸内直接供氢法、预燃室喷氢法、进气道间歇喷射-电磁控制法、进气道间歇喷射-进气门座工作面吸入法、进气管连续喷射-空气导流法和进气管连续喷射-混合器法等。

为提高发动机的功率，一般利用内部混合气形成的氢，即缸内直接供氢法。这种缸内喷射的氢混合气的热值比汽油混合气高 20%，比外部混合气形成的氢发动机的功率约高 41%。在进气门关闭后，将氢直接喷入缸内形成混合气的喷射由于喷射压力的不同有低压喷射型和高压喷射型两种形式。

（1）低压喷射型。

低压喷射型的喷射压力比较低，约为 1MPa。它是指在发动机压缩行程的前半行程将氢喷入缸内。其优点是可提高发动机的功率，不发生回火现象。

（2）高压喷射型

高压喷射型的喷射压力比较高，需大于 8MPa。它是指在发动机压缩行程末上止点附近将氢喷入缸内。其优点是可增大发动机的压缩比，提高其热效率，且也不会发生回火、爆燃及早燃等现象。

但随着氢气喷射压力的提高，对发动机的技术要求更高，如为保证喷射系统的密封性，必须采用非常精密的零件；为保证混合气燃烧充分，应使发动机燃烧室形状与氢喷束相适应；等等。

2. 氢气与汽油混合作为燃料

目前，氢气燃料在汽车上的使用多为氢气与汽油混合作为燃料。由于氢气具有点火能量低、火焰传播速度快、燃烧界限宽等特点，所以向汽油中掺入一部分氢气后，可使汽油发动机燃烧着火延迟期大大缩短，火焰传播速度加快，燃烧持续期缩短。再加上氢在燃烧时释放出 OH、H、O 等活性中心，可大大地加快燃烧速度，抑制爆燃。这样便可提高发动机的压缩比，从而提高热效率和改善汽油发动机的性能。

汽油掺氢后燃烧，也可以减少排放污染，如 CO 和 NO_x 等的排放率都会明显降低。

6.3.6.5 氢气的储存

氢气的储存常有金属氢化物吸附、高压容器、液氢三种方式。

金属氢化物吸附氢气就像海绵吸水一样，效率很高，但金属氢化物储氢方式的装置重量大，且氢压太低，使得氢气很难直接喷入气缸。

高压容器是将氢气压缩后存储其中，这种储氢方式能提供较高的压力，但高压容器储氢方式的装置重量也比较大，与金属氢化物储氢方式相当。

液氢是指把氢气液化后存储在绝热容器中，这种储氢方式的装置重量轻，并且借助小型液氢泵还可获得 8～10MPa 的高压，以满足高压喷射的需要。但这种储氢方式需使用绝热容器，价格昂贵，并且还容易发生蒸发泄漏等。

6.3.6.6 氢气的安全性

由于氢气的自燃温度高，若无明火，一般不会着火，使用比较安全；另外，氢气的密度比较小，质量轻，如在储存过程发生泄漏，也会很快扩散到空气中，不会发生爆炸或着火。因此氢气的使用安全性比较好。

但是，氢气在储存、使用过程中，也存有一定的危险，如泄漏能力强、易被高温炽热点燃等。

6.3.6.7 使用氢气存在的问题

氢气作为内燃机替代燃料，在使用和推广应用过程中还存在一系列技术问题。

1. 在汽车上安全方便储运的方法

因为液氢采用低温储运方式，其液化保温是技术难题。另外，还要避免氢气在储运过程中的蒸发损失等。

2. 大量生产廉价氢气的方法

目前，如采用电解水，其耗电费用甚至高于汽油价格。

3. 氢气燃料的供给系统

由于氢气本身的物理和化学特性及燃烧特性，氢气燃料的供给系统需要专门的结构，以保证燃料的供应量。

但是，从长远和发展的观点来看，氢气是最有前途的替代燃料。

6.3.7 电能

电能具有对环境没有污染、噪声较小、操纵和使用方便等优点。用电能作为替代燃料的汽车称为电动汽车。电动汽车用电池主要有铅酸电池、镉镍电池、镍氢电池、锂电池等。目前铅酸电池是使用最广的电池，大约有90%的电动汽车使用铅酸电池。铅酸电池的技术比较成熟，功率较大，寿命在800～1 000次，成本较低，在未来的几年中仍然是电动汽车的主流电池。铅酸电池的缺点是比能低，快速充电技术不成熟。

目前，影响电动汽车发展的最主要问题是电池。电池充电时间长，行驶里程短，需要较多的充电站，电池对环境有污染等。要想实现电动汽车通用化，就必须研究一种容量大、循环次数多、使用价格便宜、适合大众使用的全能电池。

6.3.8 太阳能

太阳能是取之不尽的能源，通过太阳能电板可直接利用太阳能来驱动汽车。太阳能是目前所有新能源中最经济、最简单的能源。但目前开发的太阳能电池效率低、体积大、成本高，驱动的汽车容量很小，短期内难有实用价值。

此外，正在研究开发的汽车新能源还有合成燃料、水、空气、植物油等，因尚处于研究阶段，许多技术问题还有待解决，所以目前还无法在汽车上应用。

-------- | 综合训练题6 | --------

一、名词解释

1. 爆燃

2. 气阻

3. 着火延迟期

4. 闪点

5. 凝点

6. 新能源

二、填空题

1. 车用汽油的使用性能主要包括_____、_____、_____、_____和_____等。

2. 我国车用汽油按_____来划分牌号，_____越高，汽油牌号_____，其抗爆性越好。目前我国所使用的汽油牌号有_____、_____和_____。

3. 柴油的使用性能包括_____、_____、_____、_____、安定性、腐蚀性和清洁性等。

4. 我国柴油牌号是按照_____来划分的，分为5、_____、_____、_____、_____和－50六种。

5. 目前正在开发的代用石油的燃料有_____、_____、_____、氢气、电能、太阳能、乳化燃料和合成燃料等。

三、判断题

1. 一般柴油发动机的耗油量比汽油发动机的耗油量要高。（　　）

2. 汽油发动机的温度过低，就会造成混合气形成不良。（　　）

3. 牌号不同的柴油可以掺兑使用，以降低柴油的凝点。（　　）

4. 甲醇是一种易挥发的液体，有毒，饮后能导致失明。（　　）

四、选择题

1. 评定汽油抗爆性的指标是（　　）。

A. 十六烷值 　　　　　　　　　B. 辛烷值

C. 馏程 　　　　　　　　　　　D. 饱和蒸气压

2. 柴油的发火性是以（　　）评定的。

A. 十六烷值 　　　　　　　　　B. 辛烷值

C. 馏程 　　　　　　　　　　　D. 压缩比

3. 当柴油需要进行掺兑时，－10号和－20号柴油各50%掺兑后，其凝点为（　　）。

A. －15号柴油 　　　　　　　　B. －16～－17号柴油

C. －13～－14号柴油 　　　　　D. 不确定

4. 要按照（　　）和汽车生产厂家推荐的汽油牌号来选择汽油。

A. 辛烷值 　　　　　　　　　　B. 发动机压缩比大小

C. 蒸汽压 　　　　　　　　　　D. 实际胶质

5. 车用柴油应根据（　　）来选用。

A. 十六烷值 　　　　　　　　　B. 地区和季节的气温高低

C. 凝点 　　　　　　　　　　　D. 黏度

五、简答题

1. 汽油的牌号是根据什么来划分的？主要有哪些牌号？如何进行选用？

2. 柴油的牌号是根据什么来划分的？主要有哪些牌号？如何进行选用？

3. 简述汽油发动机对汽油的基本要求。

4. 简述柴油发动机对柴油的基本要求。

5. 如何确定汽油的辛烷值和柴油的十六烷值？

6. 影响车用柴油安定性的主要因素有哪些？

7. 简述汽车新能源的种类和特点。

刘佑年：30年匠心练出"金耳朵"　一辈子铸好编钟的"哆来咪"

痴迷了编钟一辈子，刘佑年说，他就是爱听从这编钟敲出的"哆来咪"，清脆悠扬、动听悦耳。

鞠萍姐姐讲大国工匠
故事：刘佑年

精耕细作30年，作为一名大师级的"铸钟人"，殊不知，他拿着钟锤上在编钟上这样轻轻一敲，敲出的是历久弥新的编钟韵味，敲出的是千磨百练的高超技艺，敲出的是的博大精深的中国文化。

找到刘佑年可费了不少劲，他所在的武汉机械工业研究所淹没在一片相对破旧的筒子楼中。一所20世纪50年代的旧办公楼，几间味道呛鼻、原始简陋的大厂房，便是刘佑年这30年工作的地方。在这里，他从一名不折不扣的理工男变成对乐理精通的艺术学者，他在机器的轰鸣声和调音的噪声中练就了一听就准的"金耳朵"，他把与音乐为友、与编钟为伴的青春，毫无保留地献给了这里，只为铸造一件件精美的编钟艺术品。

绝不放过每一次学习的机会

编钟，作为中国古代大型打击乐器，很多普通人并不熟悉。它兴起于西周，兴盛于春秋战国时期直至秦汉，多用青铜铸成，由大小不同的扁圆钟按照音调高低的次序排列起来，悬挂在一个巨大的钟架上，用木槌或木棒分别敲打，可以演奏出美妙的歌曲。厚重的铜壁上，凝结着穿越时空的中国智慧和天籁之音。

毫无疑问，编钟可以说是一个极其冷门的小众文化，铸造编钟也算得上是一门传统古老的技艺了。"之前我们都没怎么学过特别系统的铸造方法，全靠自己琢磨出来的经验。"到今天，刘佑年已经是武汉机械工业研究所的第四任铸钟人。

"我干这玩意儿，没有兴趣肯定坚持不下来。"说起来，刘佑年是一名从机械专业毕业的学生，这与传统音乐器械制造完全搭不上边。但是，刘佑年就是凭借着对音乐的喜爱，毫不犹豫地选择了现在的职业。从1986年进入武汉机械工业研究所开始，他便一直扎根在生产一线从事艺术铸造和经营管理工作。

最开始制造编钟，刘佑年可是个不折不扣的音乐黑洞。"那时候我们做的最多的工作就是复制和仿制编钟，做出来的作品能让人能听出音符在调上就行，没啥大标准。"音调、音色、响度等乐理知识，刘佑年都不太了解。但是他并没有放低对自己的要求，不放过任何一个学习的机会，经常向老师傅学习，争取把别人的智慧都变成自己的智慧。

汽车应用材料

1991年，上海民族乐团来到研究所定制33件套的编钟，行家一看刘佑年就不懂音乐，便从五线谱开始教他。为了更好地了解编钟的构造，刘佑年不知跑了博物馆多少趟，湖北省博物馆的学者也给了他很多帮助。经过自己的不断努力，刘佑年完成了33件套编钟的制作。本以为做得很好了，但是当上海民族乐团的音乐家来验收产品时，有11口钟当场被判为不合格。

"你们这个钟没有调过音。"也就是从这开始，刘佑年第一次知道原来制造一口编钟，还需要调音这道工序，不是只要保证音准就行。"要把音乐艺术和操作技能结合起来，才能制造出精美的作品。"

虽然自己的作品被判为不合格，但是，刘佑年感觉自己的铸钟本领上了一个大台阶，也找到了自己以后的发展方向。

把噪声留给自己，把美妙的音乐留给别人

编钟多为成套，根据大小不同一套编钟少则几口多则十数口。铸造一口编钟，至少需要经过二十多道工序：蜡模、制范、脱蜡、焙烧……最后一步也是最关键的一步，就是调音。焙烧前，一口编钟多则穿9件"衣服"，少则7件"衣服"，然后再一层层"脱掉"。每道工序，都必须手工打造，温度、湿度、精度都要精准控制。

所谓调音，就是用机械砂轮将钟体内的多余材料磨掉，从而得到好听的乐音。稍微有一点偏差，多磨了几秒钟，磨得不到位，哪怕是有零点几毫米的误差，都会导致音准、音色不对，整个编钟成为废品，前面完成的工序都前功尽弃。

"打磨是个不可逆的过程，在我们之前的生产过程中就出现过个别工人瞒天过海，以为出点小差错没事就交给下一个工序的负责人，导致最后一整套编钟就缺一个无法成套，而单独为了一口编钟重新铸造，少则两个月，多则一年。"刘佑年说，"所以干我们这一行，行就是行，不行就是不行，不可以瞒天过海。"

这个学费不是不能交，是交不起。因为编钟对音准、音色、音高等各个方面都有极高的要求，刘佑年30年如一日守在工作岗位上，不敢大意。

特别是夏天调音，打磨下来的铜粉无孔不入，钻到脖子里、身上、耳朵里，防护服、护目镜、耳塞都不好使。长此以往，就会导致皮肤过敏，奇痒难耐。辛苦是辛苦，但是刘佑年却总说："这么多年了，哪怕有时受点挫折，累一点，也不感觉怎么样，还是蛮开心的。"

寂寞，是刘佑年对这个不太景气的行业最大的感受。"制作一套编钟，光调音一坐就是几个月，几个月重复干一件事情，耐不住寂寞真的不行。"几十年如一日地反复甄别，让刘佑年拥有了一双"金耳朵"。"基本上声音一出来，我就能知道问题出在哪里，需要以什么角度、什么厚度重新打磨。"

把噪声留给自己，把美妙的音乐留给别人。这是刘佑年的经典语录。

30年，刘佑年创作了仿制8件套清代金编钟、仿制16件套镈钟、国韵系列青铜打击乐器——国韵荟萃。这些清脆明亮的韵律奏响了中华优秀传统文化传承发展的新乐章。

让外国人听听我们的中国音乐

1997年香港回归庆典，在世界著名音乐家谭盾的指挥下，刘佑年所率团队复制的曾侯乙编钟，奏响了"天·地·人"乐章。

2010年，中国历史上第一部青铜打击乐器国家标准由工信部正式发布，刘佑年的名字被排在了第一个。

自己的宝贝每一次在大舞台上亮相，刘佑年都十分骄傲。"每一个国家民族都有自己的音乐文化，编钟蕴含着很浓厚的历史文化底蕴，我们不能总让它在犄角旮旯里，绝对不能让老祖宗的东西埋在地下。"

让每一个国人能享受编钟这件乐器，也让外国人听听我们的中国音乐，是刘佑年最大的愿望。"文化内涵、技术艺术这方面，如果是一百分的话，我只能说，刚刚及格吧。只有当我们的编钟走出国门的时候，才感觉我们做这件事儿，特别有意义。"

弘扬中华优秀传统文化，刘佑年一直在路上。他说，只要我做的事情今天比昨天有进步，明天比今天更好，我就觉得挺好。

资料来源：刘尚君. 刘佑年：30年匠心练出"金耳朵" 一辈子铸好编钟的"哆来咪". 中国青年网，2016-12-04.

汽车用润滑材料

知识点	技能点
发动机润滑油、车辆齿轮油和润滑脂的使用性能。 发动机润滑油、车辆齿轮油和润滑脂的分类、牌号和规格。	会合理选用发动机润滑油、车辆齿轮油和润滑脂并正确使用。 掌握润滑材料的检查和更换操作。

据统计，汽车零部件的主要失效形式是磨损，磨损型的故障约占汽车使用故障率的50%，由此带来的维修费用约占汽车使用费用总数的25%，而且汽车燃料的热能中约有10.5%消耗在汽车的各种摩擦损失中。由此可见，减少摩擦损失、减少磨损、延长车辆使用寿命的重要措施和有效途径就是润滑。

汽车用润滑材料主要包括发动机润滑油、车辆齿轮油和汽车润滑脂等。

7.1   发动机润滑油

发动机是汽车的动力装置，汽车在正常行驶过程中，发动机的零部件间将产生相对运动，加之受载荷和温度的影响，会引起零部件的磨损。为减缓零部件的磨损、减少故障、延长发动机的使用寿命，最大限度地发挥发动机的应有功率，要正确地选择和使用发动机润滑油。

发动机润滑油是由石油中的重油经精加工，并加入各种添加剂制成的。发动机润滑油是汽车润滑材料中品种最多、用量最大、性能要求较高、工作条件异常苛刻的一种油品。

7.1.1 发动机润滑油的作用及工作条件

7.1.1.1 发动机润滑油的作用

发动机润滑油的主要作用是润滑、清洁、冷却、密封、防锈和减振。

1. 润滑

润滑是发动机润滑油的主要作用。发动机在高速运动时，润滑油被发动机润滑系统送到各摩擦表面形成油膜，使金属间的干摩擦变成润滑油层间的液体摩擦，从而减少机件间的磨损，保证机件正常运行。

2. 清洁

发动机润滑油在循环过程中，能把附着在摩擦表面的金属磨屑、杂质、脏物等带走，并把它们送到机油盘中沉淀或由滤清器滤除，使发动机机件表面保持清洁。

3. 冷却

润滑油流过各个摩擦表面时，能将摩擦表面生成的热量带走，使机件保持正常的工作温度。

4. 密封

发动机润滑油工作时会填满活塞与缸壁间的间隙，形成油封，起到良好的密封作用，防止气体的泄漏，从而保证了发动机正常的输出功率。

5. 防锈

润滑油能吸附在金属表面形成油膜，避免了水及腐蚀介质与金属的直接接触，从而防止或减少它们对金属的锈蚀。

6. 减振

当机件受到冲击载荷时，载荷需通过机件间隙中的润滑油膜才能传递，由此起到缓冲和消振作用。

7.1.1.2　发动机润滑油的工作条件

发动机润滑油是在高温、高压、高速以及润滑困难的恶劣条件下进行工作的，所以润滑油极易变质，导致零件摩擦表面难以形成良好的油膜，最终导致零件因磨损而报废。

1. 高温、高压

发动机工作时，许多机件处于较高的温度，如活塞头部温度为 205～300℃，气缸上部温度为 180～270℃，曲轴箱中温度为 85～95℃；同时，发动机的主轴瓦、连杆瓦、凸轮轴轴瓦等部位必须施加一定的压力进行润滑。润滑油在这样的高温、高压下工作，极易氧化变质。

2. 高速

发动机正常工作时，润滑油在发动机内的循环次数为 100 次/h 以上，高速循环的润滑油膜容易破坏，加速零部件的磨损。

3. 燃烧废气和燃料的侵蚀

发动机工作中，燃烧的废气和未完全燃烧的混合气，在气缸密封不良时会窜入曲轴箱，这些气体冷凝后将形成水和酸性物质，稀释、腐蚀润滑油。

4. 杂质的污染

发动机运转中，空气中的尘埃、机件磨损产生的金属屑以及燃烧生成的积炭等都会进入润滑油，对润滑油造成严重污染。

7.1.2　发动机润滑油的主要使用性能

由于发动机润滑油的工作条件非常恶劣，为保证发动机的正常润滑，发动机润滑油的主要使用性能包括适当的黏度、良好的黏温性、较强的氧化安定性、良好的清净分散性、较好的抗腐蚀性和良好的耐磨性等。

7.1.2.1　适当的黏度

黏度是指润滑油在外力作用下当液体发生流动时分子间的内摩擦力。黏度是发动机润滑油的一项重要指标，是润滑油分类和使用的主要依据。对于汽车发动机，润滑油的黏度直接影响发动机的起动性能、机件的磨损、燃料和油料的消耗以及功率的损失等。

黏度过小，就不易在摩擦表面形成足够厚的油膜，使机件得不到正常的润滑，以致加剧机件的磨损，同时由于润滑油黏度过小，会导致密封不良，气缸漏气，发动机功率下降，还会使混合气窜入曲轴箱使油底壳内的润滑油变稀变质从而失去原有的性能。黏度小的润滑油其蒸发性就好，当润滑缸壁时润滑油有可能参与燃烧，这样不仅增加润滑油的消耗。还会使发动机工作不稳。

黏度过大，消耗在润滑油之间的摩擦功率较多，造成发动机低温起动困难，降低发动机的有效功率，增加燃料的消耗。此外，由于润滑油的黏度过大，油的流动性变差，润滑油循环速度减慢，单位时间内流过摩擦表面的油量减少，从而降低了润滑油的冷却和清洗效果。所以，要求润滑油的黏度要适当，以免带来不必要的故障。

表示油料黏度的方法主要有动力黏度、运动黏度和条件黏度。我国润滑油规格中采用动力黏度和运动黏度表示。发动机使用的润滑油，其 100℃ 运动黏度以 $100mm^2/s$ 左右为宜，黏度指数应在 90 以上。润滑油的黏度受温度影响很大，所以在使用中应考虑其工作环境温度，以便选用适当黏度的品种。

7.1.2.2 良好的黏温性

润滑油黏温性可以用黏度指数来表示，它是发动机润滑油的一项重要指标。黏度指数越大，表明黏度受温度影响越小，黏温性越好。润滑油的黏度是随温度的变化而变化的。当温度升高时，润滑油的黏度变小；当温度降低时，黏度变大。润滑油的黏度随温度变化而变化的特性即为润滑油的黏温性。润滑油的工作温度范围很宽，发动机冬季起动时曲轴箱及摩擦表面的油温与气温相近，而发动机长时间运行后活塞区油温可达 300℃ 左右。如果润滑油的黏温性差，即低温时黏度过大，高温时黏度过小，会造成机件磨损和损坏。因此，为保证润滑油在高温和低温时都有适宜的黏度，要求润滑油必须具有良好的黏温性。

为了提高润滑油的黏温性，通常在低黏度润滑油中添加黏度指数改进剂（增稠剂），使之能适应较宽温度范围的使用要求，这种油称为多级油。

7.1.2.3 较强的氧化安定性

氧化安定性是指润滑油在储存和使用过程中，抵抗氧化反应的能力。润滑油一旦和空气中的氧接触，就会发生氧化反应，而引起润滑油变质，并腐蚀零件或影响发动机正常工作。常温下润滑油的氧化速度比较慢，但在高温时，氧化速度明显加快，尤其是在曲轴强烈搅拌下，飞溅的油滴蒸发成油雾，增大了与氧接触的面积，在金属催化作用下氧化反应非常激烈，并生成氧化物。氧化物不仅会使油的外观和理化性质发生变化（颜色变暗、黏度增加、酸度增大），同时还会引起机件磨损、破坏发动机正常工作、加速润滑油的老化变质。因此，要求润滑油具有良好的抗氧化能力（即较强的氧化安定性），特别是在高温下的抗氧化能力。为减少润滑油的氧化变质，延长使用寿命，通常在油中添加各种性能良好的抗氧化剂。

7.1.2.4 良好的清净分散性

清净分散性是指发动机润滑油能抑制积炭、漆膜和油泥的生成或将已经生成的沉淀物清除的性能。

发动机在使用过程中，因受到废气、燃气、高温和金属催化作用，会生成各种氧化物，它们与金属磨屑等机械杂质混合在一起，在油中形成胶状沉积物附在活塞、活塞环槽上，形成积炭和漆膜，或沉积下来形成油泥，堵塞油孔等，从而使发动机散热不良，机件磨损加剧，油耗增加，功率下降等。清净分散性良好的润滑油能使这些氧化物浮在油中，通过发动机滤清器将其过滤掉，从而减少以上不良因素的产生。因此，润滑油中通常加入清净分散剂，使润滑油具有良好的清净分散性。

7.1.2.5　较好的抗腐蚀性

腐蚀性表示润滑油长期使用后对发动机机件的腐蚀程度。无论润滑油的品质多么高级，在发动机高温、高压和有水分的工作条件下，都会逐渐老化。润滑油中的抗氧化剂也只能抑制、延缓油料的氧化过程，减少氧化物，但不能从根本上消除润滑油的老化。造成润滑油老化的主要原因是润滑油老化后产生的弱酸性物质，这些物质在高温、高压和有水分的条件下对金属起到腐蚀作用，特别是滑动轴承的抗腐蚀性较差，易被酸性物质腐蚀，产生麻点、凹坑、剥落等现象。为此要提高润滑油的提炼精度，减少酸值；或是添加防腐剂，使润滑油具有较好的抗腐蚀性。

此外，发动机润滑油还应有良好的耐磨性和抗起泡性等。

7.1.3　发动机润滑油的分类及规格

7.1.3.1　发动机润滑油的分类

目前国际上广泛采用的是美国汽车工程师协会（SAE）的黏度分类法和美国石油协会（API）的使用性能分类法两种。

1. SAE 黏度分类法

黏度分类法是指根据所测定的黏度将润滑油分为冬季用油（W 级）和非冬季用油。冬季发动机润滑油的分类，规定用在 $-18℃$ 所测定的黏度来划分，共有 0W、5W、10W、15W、20W、25W 六个等级，其数字越小，说明其低温黏度越小，低温流动性越好，适应的温度越低。如 0W 适合在 $-35℃$ 地区使用，5W 适合在 $-30℃$ 地区使用，10W 适合在 $-25℃$ 地区使用，15W 适合在 $-20℃$ 地区使用，20W 适合在 $-15℃$ 地区使用，25W 适合在 $-10℃$ 地区使用。非冬季用油按 $100℃$ 时的运动黏度分级，共有 20、30、40、50 和 60 五个等级，其数字越大，适用的最高温度越高。

另外，为增大润滑油对季节和气温的适应范围，还规定了多级油的黏度级号，如 5W/30、5W/40、10W/30、20W/40 等多级油，其分子表示低温黏度等级，分母表示 $100℃$ 时的运动黏度等级。多级油在油中添加了黏度指数改进剂，能同时满足某一 W 级油和非 W 级油的黏度要求，有较宽的温度使用范围。例如，5W/40 既符合 5W 级油黏度要求，又符合 40 级油黏度要求，在全国冬季均可使用。

2. API 使用性能分类法

使用性能分类法是指根据使用场合和使用对象将润滑油分为汽油发动机润滑油（S 系列）和柴油发动机润滑油（C 系列）两类。每一系列又按油品特性和使用场合的不同，分为若干等级。目前，汽油发动机润滑油系列分为 SA、SB、SC、SD、SE、SF、SG、SH

等级别，其中 SA、SB、SC、SD 级润滑油已经不再使用；柴油发动机润滑油系列分为 CA、CB、CC、CD、CD-Ⅱ、CE、CF-4 等级别，其中 CA 和 CB 级润滑油已不再使用。各类油品的级号越靠后，其使用性能越好，适用的机型越新，使用的工作条件越苛刻。发动机润滑油的级别、特性和使用场合见表 7.1。

表 7.1　发动机润滑油的级别、特性和使用场合

应用范围	级别代号	特性和使用场合
汽油发动机润滑油	SE	适用于 1972 年以后生产的轿车和汽油发动机货车。抗氧化性、抗高温吸附性、抗锈性、抗腐蚀性要比 SD 级好
	SF	适用于 1980 年以后生产的轿车和汽油发动机货车。抗氧化性和耐磨性都比 SE 级好
	SG	由发动机生产厂家推荐使用在 1989 年以后生产的汽油发动机轿车、轻型客车、轻型货车。它包含 CC 级的性能，抗吸附性、抗氧化性、耐磨性、抗腐蚀性、抗锈性都比 SF 好
	SH	由发动机生产厂家推荐使用在 1993 年以后生产的汽油发动机车辆。拥有 SG 级的最低性能，且抗吸附性、抗氧化性、耐磨性、抗腐蚀性、抗锈性都比 SG 级好。符合 DOD CID-A-A-52390 和 ILSAC GF-1 等发动机生产厂家要求的台架实验
	SJ	由发动机生产厂家推荐使用在 1996 年以后生产的汽油发动机车辆。与 SH 级具有相同的抗吸附性、抗氧化性、耐磨性、抗腐蚀性、抗锈性，增加抗低温、油分子耐蒸发性、高温耐泡沫性。尾气排放有改善（轻微节约燃料）
	SL	适用于 2002 年以后生产的车辆。能节约燃料，高温时具有抑制吸附能力
	SM	适用于 2004 年以后生产的车辆。性能比 SL 级好，以降低添加剂中的磷含量实现环保要求，抗氧化性、高温耐磨性、抗高温吸附性和泵送性有提高
柴油发动机润滑油	CC	适用于高负荷条件下运行的非增压及低增压柴油发动机，并包括一些重负荷汽油发动机。具有抑制高温沉积及轴承腐蚀的性能，也能抑制汽油发动机的低温沉积
	CD	适用于使用各种质量燃料的高增压柴油发动机，包括高硫燃料非增压和增压柴油发动机。具有抑制轴承腐蚀和高温沉积的性能，并可取代 CC 级
	CD-Ⅱ	适用于重负荷二冲程柴油机，具有优良的磨损和沉积控制性能，也适用于所有使用 CD 级油的汽车
	CE	适用于低速高负荷和高速高负荷条件下操作的大功率、高增压柴油发动机，主要包括 1983 年后生产的重负荷增压柴油发动机。它改进了 CD 级油的油耗、增稠和活塞沉积问题
	CF	适用于间接喷射柴油发动机，对燃料的要求较松，如硫含量可以超过 1.5%。具有很强的抑制磨损、沉积物和铜轴承腐蚀的能力。可用于 1993 年以来制造的自然吸气涡轮增压式柴油发动机，也可满足要求使用 CD 级油的发动机
	CF-2	适用于要求高效抑制气缸磨损、活塞环积炭和沉积物的重负荷二冲程柴油机，以及要求使用 CD-Ⅱ级油和 CD 级油的发动机
	CF-4	适用于高速四冲程柴油发动机。在油耗和活塞沉积物控制方面性能优于 CE 级并可替代 CE 级。特别适用于高速公路行驶的重负荷货车
	CG-2	适用于二冲程大功率、重负荷的柴油发动机。节省燃料、排放少
	CG-4	适用于高速公路行驶的大功率、重负荷增压直喷式柴油发动机。燃料宜用低硫、低芳烃柴油，对排放要求更严格，更有效地防止发动机关键部件表面沉积物的形成

7.1.3.2　发动机润滑油的规格

发动机润滑油的规格是由品种（使用等级）与牌号（黏度等级）两部分构成的。每一特定品种都附有规定的牌号，国产发动机润滑油的品种与牌号见表 7.2，产品按统一的方法命名，例如，SD30 是指使用等级为 SD 级、黏度等级为 SAE30 的汽油发动机润滑油；SJ5W/40 为使用等级为 SJ 级，并且既符合 SAE5W 级油黏度要求，又符合 SAE40 级油黏度要求的多级汽油发动机润滑油；SF/CD5W/30 则为多级汽油发动机/柴油发动机通用润滑油，它符合 SF 级汽油发动机润滑油和 CD 级柴油发动机润滑油使用性能，并且既符合 SAE5W 级油黏度要求，又符合 SAE40 级油黏度要求。

表 7.2　国产发动机润滑油的品种与牌号

品种	牌号							
SC	5W/20	10W/30	15W/40	30	40			
SD（SD/CC）	5W/30	10W/30	15W/40	30	40			
SE（SE/CC）	5W/30	10W/30	15W/40	20/20W	30	40		
SF（SF/CC）	5W/30	10W/30	15W/40	30	40			
CC	5W/30	5W/40	10W/30	10W/40	15W/40	20W/40	30　40　50	
CD	5W/30	5W/40	10W/30	10W/40	15W/40	20W/40	30　40	

7.1.4　发动机润滑油的选用及使用注意事项

7.1.4.1　发动机润滑油的选用

由于润滑油对发动机的使用性能和寿命都有很大影响，因此应严格按照汽车使用说明书规定，选用相同系列、使用等级、黏度等级的润滑油。汽车说明书推荐的润滑油是根据发动机的工作性能和销售地域的气温等情况而定的，对润滑油的选用有一定的指导作用，并留有较大的安全系数，同时也是发动机保用期内索赔的前提条件之一。若无说明书，可按下列方法选用合适的润滑油规格。

1. 润滑油使用等级选择

汽油发动机润滑油的选择，主要考虑的是发动机的结构特点，并依据使用说明书和发动机的工作条件来进行。汽油发动机的工作条件是比较苛刻的，其苛刻程度与发动机进、排气系统中有无附加装置及附加装置类型有关，因此，可按附加装置的类型来选用汽油发动机润滑油的使用等级。没有附加装置的汽油发动机可选用 SD 级油；有曲轴箱强制通风（PVC）装置的汽油发动机可选用 SE 级油，如 CA1091 载货汽车发动机和吉普 BJ2020 等都要求使用 SE 级油；有排气再循环（EGR）系统的汽油发动机应选用 SF 级油，如改进型 492Q 发动机就要求使用这个级别的机油；装有三元催化转化器或中低档电喷燃油系统的汽油发动机，要选用 SG 级以上的机油，如桑塔纳 2000、富康、红旗系列电喷轿车；对于采用新型材料和新技术的中高档电喷汽油发动机则选用 SJ 级以上的润滑油，如奥迪 A4、奥迪 A6、别克、本田轿车等。

另外，对于从欧、美、日等汽车生产地进口的汽车也可以根据生产年份来大致区分汽油机润滑油的使用等级。如 1989—1993 年用 SG 级油；1994—1996 年用 SH 级油；

1996—2001 年用 SJ 级油；2001 年至今用 SJ 或 SL 级油。这是因为汽车的生产年份越靠后，其性能改进越多，润滑油的工作条件通常要比早年生产的汽车苛刻。

柴油发动机润滑油的选择，主要考虑的是发动机的强化程度，发动机的强化程度一般可采用强化系数来表示。强化系数越大，柴油机的热负荷和机械负荷越高，其润滑油的工作条件就越苛刻，所选润滑油的等级也就越高。强化系数与柴油发动机润滑油使用等级之间的关系，见表 7.3。

表 7.3　强化系数与柴油发动机润滑油使用等级之间的关系

发动机的强化系数	柴油发动机润滑油使用等级	应用机型
35～50	CC	玉柴，扬柴，朝柴 4102、4105、6102，锡柴，大柴 6110，日野 ZM400，五十铃 4BD1、4BG1 等
50～80	CD	康明斯、斯太尔、依维柯、索菲姆等增压柴油发动机
＞80	CE 以上	在低速高负荷和高速高负荷条件下运行的低增压和增压式重负荷柴油发动机

2. 润滑油黏度等级的选择

发动机润滑油的黏度等级主要根据气温、工况和发动机润滑油的技术状况选用，应同时满足低温起动性和高温润滑性。

黏度是评价发动机润滑油品质的一个重要指标。它的大小直接影响发动机润滑油的减摩、降温、清洁、除锈、防尘、吸振和密封等作用。黏度越小，流动性就越好，清洁、冷却效果越好，但高温油膜易破坏，润滑效果较差；黏度越大，油膜、密封等方面越好，但低温起动时上油较慢，易发生干摩擦或半流体摩擦，冷却、清洁作用也较差。因此发动机润滑油黏度等级选择要适当，一般要遵循以下原则。

（1）根据工作地区的环境温度、发动机负荷、转速选用适宜黏度等级的发动机润滑油，以保证零件正常润滑。

（2）尽量选用黏温性好、黏度等级高的多级油。多级油使用温度范围比单级油宽，具有低温黏度油和高温黏度油的双重特性。如 5W/30 多级油同时具有 5W、30 两种单级油的特性，其使用温度区间由 5W 级油的 −30～10℃ 和 30 级油的 0～40℃ 组合为 −30～40℃。与单级油相比，扩大了使用范围，不仅可以减少因气温变化带来更换发动机润滑油的麻烦，还会减少发动机润滑油的浪费。

一般我国南方夏季气温较高，对于重负荷、长距离运输、工况恶劣的汽车应选用黏度较大的发动机润滑油。我国北方地区冬季气温低，应选用低黏度发动机润滑油，以保证发动机具有良好的低温起动性，减少零部件磨损。发动机润滑油黏度等级的选择，还与发动机润滑油的技术状况有关。新发动机应选择黏度较小的发动机润滑油，以保证在磨合期内正常磨合；磨损严重的发动机应选择黏度较大的发动机润滑油，以维持所需的润滑油压力，保证正常润滑。发动机润滑油的黏度要保证发动机低温易于起动，而走热后又能维持足够黏度，保证正常润滑。

从工况方面考虑，重载低速和高温下应选择黏度较大的发动机润滑油；轻载高速应选择黏度较小的发动机润滑油。发动机润滑油黏度等级选择可参考表 7.4。

表 7.4　常用发动机润滑油黏度等级与适用温度范围

黏度等级	适用温度/℃	黏度等级	适用温度/℃
5W/20	−30～20	20/40W	−15～40
5W/30	−30～30	10W	−25～−5
10W/30	−25～30	20	−10～30
10W/40	−25～40	30	0～30
15W/40	−20～40	40	10～50

7.1.4.2　发动机润滑油的使用注意事项

（1）要注意使用过程中润滑油的颜色和气味的变化。一旦发现颜色、气味以及性能指标有较大变化，应及时更换，不应教条地按照换油期限更换。

（2）要保证油面的正常高度，正常油面高度应位于油尺满刻度的标志和 1/2 刻度标志之间。当油面过低时，会使润滑油快速变质或因缺油而导致机件加速磨损甚至烧坏。油面过高时，不仅会加大润滑油的消耗，还会使润滑油窜入曲轴箱，使燃烧室内的积炭增加。

（3）在更换发动机润滑油时一定要采用热机放油法。油温高时润滑油容易放出，并且会使油中的悬浮物、油泥分散，易和旧润滑油一起排出。

（4）汽油发动机润滑油和柴油发动机润滑油不能互相使用，只有在特殊标明的情况下才可以通用。不同牌号发动机的润滑油不可混用，以免发生化学反应。

（5）应保持空气滤清器和机油滤清器清洁，并及时更换滤芯，保持润滑油清洁。

（6）选购时，应尽可能购买有影响力、有知名度的正规厂家的发动机润滑油，要特别注意辨别真假，确保润滑油的品质。

（7）使用等级较高的润滑油可以代替使用等级较低的润滑油，但绝不能用使用等级低的润滑油代替使用等级高的润滑油，否则会导致发动机早期磨损。

7.2　车辆齿轮油

7.2.1　车辆齿轮油的工作条件与性能要求

车辆齿轮油是用于汽车、拖拉机和工程机械等车辆的变速器、驱动桥和齿轮传动机构的润滑油。它和发动机润滑油一样，具有润滑、防锈、密封、清洁、冷却和降噪的作用，但齿轮油的工作条件和润滑油不同，因此对车辆齿轮油的性能要求也有所不同。

7.2.1.1　车辆齿轮油的工作条件

1. 承受压力大

齿轮在啮合过程中，啮合部分接触面积小，单位接触压力很高。一般汽车齿轮单位接触压力可达 2 000～3 000MPa，双曲线齿轮可达 3 000～4 000MPa，因此齿轮啮合部位的油膜极易破裂，导致摩擦和磨损，甚至引起擦伤和胶合。齿轮传动不仅有线接触，还有滑动接触，特别是双曲线齿轮，齿轮间具有较高的相对滑动速度，一般可达 8m/s 左右，在这样的高速大负荷条件下，会使油膜变薄甚至局部破裂，导致摩擦和磨损加剧。

2. 工作温度不高

齿轮油的工作温度要比发动机润滑油低，其油温的升高主要是由传动机构摩擦产生的热量引起的，并随外界环境温度和行驶中外部空气冷却强度的变化而变化，齿轮油的工作温度一般不超过 100℃。现代轿车采用双曲线齿轮，因其轴线偏置量较大，在车速高时，会使齿轮齿面间的相对滑动速度很高，使油温达到 160～180℃。

7.2.1.2　对车辆齿轮油的性能要求

根据车辆齿轮油的工作条件，对齿轮油的主要性能要求是：具有良好的极压抗磨性，适宜的黏度和良好的黏温性，良好的低温流动性、氧化安定性和抗泡沫性等。

7.2.2　车辆齿轮油的主要使用性能

7.2.2.1　良好的极压抗磨性

极压抗磨性是指齿轮油在摩擦表面接触压力非常高的条件下，仍能保持有足够厚的油膜，防止摩擦表面产生烧结、胶合等损伤的性能。当汽车在重载荷下起动、爬坡或遇到冲击载荷时，齿面接触区中有相当一部分处于边界润滑状态，因此要求齿轮油在较高的负荷下仍能保持有足够厚的油膜。齿轮油黏度的增加有利于承载能力的提高和油膜的保持，但黏度太大会增加摩擦损失。所以在车辆齿轮油中一般都加有极压抗磨剂，它能和金属零件表面发生化学反应生成一种性能极强的保护油膜，同时还具有保护金属零件、抗腐蚀的作用，这样可以减少齿轮间的磨损并延长使用寿命。

7.2.2.2　适宜的黏度及良好的黏温性

黏度与黏温性也是齿轮油的重要使用性能。一般而言，高黏度的齿轮油，可以有效防止齿轮和轴承损伤，减小机械运转噪声，减少漏油现象；低黏度的齿轮油，可以提高传动效率，加强散热和清洁的作用。因此适宜的黏度应该既能保证发动机在低温不经预热便可以顺利起动，又能使齿轮和轴承得到良好的润滑。

齿轮油的黏度是随温度的变化而变化的，其变化幅度越小，证明齿轮油的黏温性就越好。汽车传动机构温度变化较大，如汽车减速器在冬季起动时温度可能在 0℃ 以下，而工作温度却在 80～100℃，有时高达 150～170℃。若齿轮油的黏温性不好，则起动时由于黏度太大会增加起动阻力，而当温度上升时，又使黏度下降而削弱润滑性，因此，齿轮油应具有良好的黏温性。

7.2.2.3　良好的低温流动性

低温流动性是指齿轮油在低温下或冬季仍能保持最佳流动性的能力。车辆起动时，齿轮油的温度与外界温度几乎保持一致，尤其是在温度较低或冬季起动时齿轮油流动性的好坏对发动机能否正常起动具有非常重要的影响，所以齿轮油应具有良好的低温流动性。

7.2.2.4　良好的氧化安定性

氧化安定性是指齿轮油在高温条件下抵抗氧化的能力。如果氧化安定性不好，就会使齿轮油的黏度增加，并降低齿轮油的流动性，还会生成油泥，并使齿轮油早期变质。同时氧化产生的腐蚀性物质，会加快金属零部件的腐蚀和磨损。在齿轮油中加入抗氧化剂是提高齿轮油氧化安定性的最佳途径。

7.2.2.5　良好的抗泡沫性

抗泡沫性是指齿轮油在强烈搅动的条件下，抵抗泡沫生成并能及时消除的能力。如果齿轮油生成的泡沫能及时消除就不会影响正常工作；如果形成较多的泡沫并且不能及时消除，则会发生溢流或磨损等现象。因此齿轮油应具有良好的抗泡沫性。

7.2.3　车辆齿轮油的分类及规格

7.2.3.1　车辆齿轮油的分类

车辆齿轮油的分类依然采用的是美国汽车工程师协会（SAE）的黏度分类法和美国石油协会（API）的使用性能分类法两种。

1. SAE 黏度分类法

黏度分类法是根据车辆齿轮油的黏度达到 $1.5 \times 10^5 MPa \cdot s$ 时的最高温度和 100℃ 时的运动黏度，将齿轮油分为 70W、75W、80W、85W、90、140 和 250 七种黏度牌号，见表 7.5。表中凡带字母 W 的为冬季用齿轮油，是根据齿轮油黏度达到 $1.5 \times 10^5 MPa \cdot s$ 时的最高温度划分的。低温黏度规定为 $1.5 \times 10^5 MPa \cdot s$，超过这一黏度，驱动桥双曲线齿轮和主减速器主动齿轮轴承的润滑条件会恶化，易发生损坏。不带字母 W 的为夏季用齿轮油，黏度等级根据 100℃ 时的运动黏度范围划分。

表 7.5　车辆齿轮油的黏度分类

SAE 黏度牌号	黏度为 $1.5 \times 10^5 MPa \cdot s$ 时的最高温度/℃	100℃ 时的运动黏度/（mm^2/s^{-1}）	
		最小	最大
70W	−55	4.1	—
75W	−40	4.1	—
80W	−26	7.0	—
85W	−12	11.0	—
90	—	13.5	小于 24.0
140	—	24.0	小于 41.0
250	—	41.0	—

车辆齿轮油也有多级油，常见的多级齿轮油有 75W/90、80W/90、85W/90 和 85W/140 等。例如，80W/90 表示这种油在冬季使用时相当于 80W，其 −26℃ 表面黏度不大于 $1.5 \times 10^5 MPa \cdot s$；在夏季使用时相当于 90 号，其 100℃ 时的运动黏度控制在 13.5～24.0 mm^2/s。由于多级齿轮油具有良好的低温起动性和良好的高温润滑性，能够同时满足不同地区、不同季节温度下齿轮润滑的要求，因此许多汽车用户使用多级齿轮油。

2. API 使用性能分类法

使用性能分类法是根据齿轮的承载能力和使用条件不同，将齿轮油分为 GL-1、GL-2、GL-3、GL-4、GL-5 和 GL-6 六个等级，等级中的数字越大，代表齿轮油的承载能力越强，适应的工作条件也就越苛刻，其适用的范围见表 7.6。

分类等级	适用范围
GL-1	低齿面压力、低滑动速度下运行的汽车螺旋伞齿轮、蜗轮后轴和各种手动变速器。直馏矿油能满足这级油的要求
GL-2	汽车蜗轮后轴，其负荷、温度及润滑速度的状况用 GL-1 级齿轮油不能满足要求
GL-3	中等速度及负荷运转的汽车手动变速器和后桥螺旋伞齿轮规定用 GL-3 级齿轮油，其承载能力比 GL-2 级齿轮油高，比 GL-4 级齿轮油低
GL-4	在高速低转矩及低速高转矩下运行的轿车和其他车辆的各种齿轮，特别是准双曲面齿轮
GL-5	在高速冲击负荷、高速低转矩、低速高转矩条件下运行的轿车和其他车辆的各种齿轮，特别是准双曲面齿轮
GL-6	高速冲击负荷下运转的轿车和其他车辆的各种齿轮，特别是高偏置双曲线齿轮，偏置大于 5cm 或接近大齿圈直径的 25%

7.2.3.2　车辆齿轮油的规格

我国参照 API 黏度分类法将车辆齿轮油分为普通车辆齿轮油、中等负荷车辆齿轮油和重负荷车辆齿轮油三个品种，分别相当于 API 的 GL-3、GL-4 和 GL-5。

1. 普通车辆齿轮油

普通车辆齿轮油以石油润滑油、合成润滑油及它们的混合组分为原料，并加入抗氧化剂、防锈剂、抗泡剂和少量的极压抗磨剂制成，适用于中等速度和较高负荷下工作的手动变速器和螺旋锥齿轮的驱动桥。按照石油化工行业标准《普通车辆齿轮油》（SH 0350-1992）的规定，普通车辆齿轮油有 80W/90、85W/90 和 90 三个黏度牌号。

2. 中等负荷车辆齿轮油

中等负荷车辆齿轮油由精制矿物油加抗氧化剂、防锈剂、抗泡剂和极压剂等制成，适用于高速低转矩、低速高转矩条件下工作的各种齿轮和使用条件不太苛刻的双曲线齿轮。我国还没有制定中等负荷车辆齿轮油的国家标准，目前国产中等负荷车辆齿轮油采用的是中国石油化工总公司暂定技术条件，有 75W、80W/90、85W/90、90 和 85W/140 五个黏度牌号。

3. 重负荷车辆齿轮油

重负荷车辆齿轮油由精制矿物油加抗氧化剂、防锈剂、抗泡剂和极压剂等制成。与中等负荷车辆齿轮油相比，添加剂品种一样，但剂量要增加一倍。它适用于高速冲击负荷、高速低转矩和低速高转矩条件下工作的各种齿轮，特别是客车和其他车辆的双曲线齿轮。按照国家标准《重负荷车辆齿轮油（GL-5）》（GB 13895—2018）的规定，重负荷车辆齿轮油有 75W-90、80W-90、80W-110、80W-140、85W-90、85W-110、85W/140、90、110 和 140 十个黏度牌号。

近年来，由于进口品牌的齿轮油在国内大量销售，国内市场出售的齿轮油，基本上都使用国际标准的级别，即 SAE 黏度分类级别和 API 使用性能分类级别。按照国际标准为汽车选用齿轮油，就可以保证汽车使用的要求。旧牌号国产齿轮油与 SAE 规格、API 规格齿轮油的对应关系及使用范围见表 7.7。

表 7.7　旧牌号国产齿轮油与 SAE 规格、API 规格齿轮油的对应关系及使用范围

国产齿轮油	使用范围	相对应的 SAE 规格 （按黏度分类）	相对应的 API 规格 （按使用性能分类）
20 号普通齿轮油	冬季，用于一般汽车的齿轮传动装置	SAE90	GL‑2
30 号普通齿轮油	长江以南地区全年，长江以北地区夏季，用于一般汽车的齿轮传动装置	SAE140	GL‑2
22 号渣油型双曲线齿轮油	冬季，用于具有准双曲面齿轮传动装置的汽车	SAE90	GL‑3
28 号渣油型双曲线齿轮油	夏季，用于具有准双曲面齿轮传动装置的汽车	SAE140	GL‑3
18 号馏分型双曲线齿轮油	气温在 −30～−10℃ 地区，用于具有准双曲面齿轮传动装置的汽车	SAE90	GL‑4
26 号馏分型双曲线齿轮油	气温在 32℃ 以上地区，用于具有准双曲面齿轮传动装置的汽车	SAE140	GL‑4
13 号馏分型双曲线齿轮油	气温在 −35～−10℃ 严寒地区，用于具有准双曲面齿轮传动装置的汽车	SAE85W	GL‑5

7.2.4　车辆齿轮油的选用及使用注意事项

7.2.4.1　车辆齿轮油的选用

车辆齿轮油主要根据汽车生产厂家的使用说明书要求来选择。如果没有使用说明书，可以按照工作条件选择品种，按照当地气温选择牌号；也可以根据齿轮传动的种类和承载能力及使用条件和工作温度来确定齿轮油的使用等级和黏度等级。

1. 使用等级的选择

使用等级的选择就是根据齿轮工作条件的苛刻程度来选择。齿轮工作条件的苛刻程度是由齿轮的类型及工作时的负荷和运动速度决定的。比如中外合资生产的轿车、载货汽车和工程车辆驱动桥中的双曲线齿轮，其齿轮的接触压力可达 3 000MPa 以上，相对运动速度可达 10m/s，齿轮油的温度可高达 120～130℃，在高负荷下运转时主要靠齿轮油内的极压抗磨剂的作用来减轻磨损，所以双曲线齿轮或其他工作条件苛刻的齿轮，必须使用重负荷的齿轮油（GL‑5）。

车辆变速器的负荷一般较轻，转速又比较快，所以很容易形成良好的油膜给予润滑以减轻磨损。因此普通的齿轮油就能够满足其润滑的要求。但通常为了简便省工，并在使用等级要求相差不大的情况下，通常转向机构的齿轮传动部分和变速器可以使用同一种润滑油。有的车辆要求驱动桥使用中、重负荷齿轮油，变速器使用普通齿轮油即可。

2. 黏度等级的选择

黏度等级的选择，主要根据当地季节气温和齿轮油温度来进行。

车辆齿轮油应具有良好的黏温性，既能保证在低温下顺利起动，还必须保证在高温时能形成良好的油膜。车辆齿轮油的黏度达到 150 000MPa·s 时的最高温度，决定其适用的最低温度。黏度为 75W、80W 和 85W 的齿轮油牌号适用的最低温度分别为−40℃、−26℃和−12℃。

通常长江流域及冬季气温不低于−10℃的地区，全年可使用 90 号的齿轮油；长江以北及冬季气温不低于−12℃的地区，一般车辆全年可使用 85W/90 号的齿轮油；负荷特别重的车辆，可全年使用 85W/140 号的齿轮油；长城以北及冬季气温不低于−26℃的寒冷地区，可以全年使用 80W/90 号的齿轮油；黑龙江、内蒙古、新疆等冬季最低温度在−26℃以下的严寒地区，冬季应使用 75W 号的齿轮油，而夏季应换用 90 号的齿轮油；在我国北方地区，可以选用四季通用的多级齿轮油。车辆齿轮油适用的环境温度及地域见表 7.8。

表 7.8　车辆齿轮油适用的环境温度及地域

黏度等级	适用环境温度/℃	适用地域
75W/90	−40～30	尤其适用于特寒区冬季使用，与合成油类润滑油及防冻液配合使用效果更佳
80W/90 80W/140	−26～40 −26～50	华东、华北、华中、华南地区冬夏通用
85W/90 85W/140	−12～40 −12～50	华东、华北、华中地区冬夏通用；华南、西南地区冬季使用
90、140	−5～50	全国各地夏季通用；华南地区冬季可用

7.2.4.2　车辆齿轮油的使用注意事项

（1）使用齿轮油时，不能将使用等级较低的齿轮油用在要求较高的车辆上，如将普通齿轮油加在准双曲面齿轮驱动桥中，将使齿轮很快磨损和损坏。使用等级较高的齿轮油可以用在要求较低的车辆上，但成本增加。

（2）在保证润滑的条件下，尽量使用黏度合适的齿轮油。如果使用黏度较高的齿轮油，将会使燃料消耗明显增加，所以尽可能使用合适的多级齿轮油。

（3）齿轮油在使用过程中，应按规定及时更换。一般汽车每行驶 40 000～50 000km后，结合定期维护予以换油。更换齿轮油时，应趁热放出旧的齿轮油，并将齿轮及齿轮箱清洗干净后再加入新的齿轮油，同时将换下的废油集中处理，以免污染环境。

（4）等级不同的齿轮油不能混合使用，即使是同类、同级别牌号的齿轮油也不能混合使用，否则会降低齿轮油的使用效果。

（5）齿轮箱的油面要适当，既不可过高也不可过低。加注齿轮油时油面应与加油口下缘平齐。同时应经常检查各齿轮箱是否漏油，并保持油面干净，不能混入杂质等。

7.3　汽车润滑脂

润滑脂又称黄油，它是由基础油、稠化剂和液体润滑剂组成的润滑材料，是一种稠化了的润滑油，常温下呈黏稠的半固体油膏状态，颜色一般为深黄色。润滑脂具有许多优良的性能，它是汽车中不可缺少的润滑材料。

7.3.1 润滑脂的特点及组成

7.3.1.1 润滑脂的特点

（1）在金属零件表面具有良好的黏附性能，不易流失，在不容易密封的部位使用，可以简化润滑系统的结构。

（2）润滑使用周期长，不需要经常添加，可以减少维护工作量，降低维护作业的费用。

（3）具有较强的承压抗磨性能，在高负荷和冲击负荷下，仍能保持良好的润滑能力。

（4）具有较好的密封作用和对金属部件的防腐蚀能力。

（5）由于润滑脂适应的温度范围广，适应的工作条件也较宽，所以汽车或各种机械上不宜用润滑油的部位，如轴承、传动轴花键、发电机、水泵和离合器轴承等均使用润滑脂。

润滑脂的主要缺点是黏性大，流动性差，运动时阻力大，功率损失也较大，冷却和清洁作用差，杂质混入后不易清除，所以润滑脂在使用范围上受到一定限制。

7.3.1.2 润滑脂的组成

润滑脂主要由基础油、稠化剂、添加剂和填料四部分组成。一般润滑脂中基础油占80％～90％，稠化剂占10％～20％，其余为添加剂和填料。

1. 基础油

基础油是润滑脂中起润滑作用的主要成分，它对润滑脂的使用性能有较大的影响。润滑脂一般都使用精制的矿物润滑油馏分或采用中等黏度和高黏度的润滑油作为基础油。为能适应机械设备在苛刻工作条件下的润滑和密封的需要，通常采用合成润滑油（酯类油、硅油等）作为基础油。

2. 稠化剂

稠化剂也是润滑脂的重要组成部分，它的性质和含量决定了润滑脂的黏稠程度以及抗水性和耐热性。稠化剂可分为皂基稠化剂和非皂基稠化剂，90％的润滑脂都采用皂基稠化剂，它是用动、植物油或脂肪酸与氢氧化物反应制成。常用的有钙皂、钠皂和锂皂等。

3. 添加剂和填料

添加剂是润滑脂所特有的，又称为胶溶剂，常用的有甘油和水，它能使油皂结合更加稳定。钙基润滑脂中一旦失去水，其结构就会完全破坏，不能成脂；甘油在钠基润滑脂中可以调节脂的稠度。另一种添加剂和润滑油中的一样，如抗氧化剂、极压抗磨剂和防锈剂等，但其用量一般较润滑油中的多。为了进一步提高润滑脂的润滑能力，还可以加入石墨、二硫化钼和炭黑等固体润滑剂作为填料。

7.3.2 润滑脂的主要使用性能

润滑脂的使用范围很广，工作条件差别也很大，不同车辆或机械设备对润滑脂使用性能的要求也有所不同。根据车辆或机械设备的工作条件，对其使用性能的基本要求是：适当的稠度，良好的高温性能、低温性能、耐磨性、抗水性、防腐蚀性和氧化安定性等。

203

7.3.2.1 稠度

稠度是指润滑脂的浓稠程度。适当的稠度可使润滑脂容易加注并保持在摩擦表面上，以保持持久的润滑和密封作用。稠度可以用锥入度来表示。锥入度是指在规定的时间和温度条件下，以规定质量的标准锥体刺入润滑脂试样的深度，以 0.1mm 为单位。测定时，在 25℃ 条件下，将锥体组合件从锥入度计上释放，当锥体下落 5s 时，测定其刺入的深度。

锥入度反映润滑脂在低剪切速率下变形和流动阻力的性能。锥入度越大，润滑脂越软，即稠度越小，越容易变形和流动；锥入度越小，润滑脂越硬，即稠度越大，越不容易变形和流动。我国用锥入度划分润滑脂的稠度牌号，它是润滑脂选用的重要依据。润滑脂的稠度等级和相应的锥入度范围见表 7.9。

表 7.9　润滑脂的稠度等级和相应的锥入度范围

稠度等级	000	00	0	1	2	3	4	5	6
锥入度 (25℃，0.1mm)	445～475	400～430	355～385	310～340	265～295	220～250	175～205	130～160	85～115

7.3.2.2 高温性能

高温性能是指润滑脂在较高使用温度条件下，仍能保持其附着性，并具有抵抗氧化变质的能力。温度对润滑脂的流动性有很大影响，温度升高，润滑脂变软，黏附在摩擦表面上的润滑脂会自动流失而失去润滑作用。同时高温下还会使润滑脂的蒸发损失增大，氧化变质和凝缩分油现象加重等。润滑脂的高温性能可用滴点、蒸发损失和漏失量等性能指标评定。

7.3.2.3 低温性能

低温性能是指润滑脂在低温条件下，仍能保持良好润滑能力的性能。车辆或工程机械设备在起动时润滑脂的温度几乎和外界环境温度相等，当环境温度较低时其黏度会较大，所以要求润滑脂在寒冷的地区或冬季使用时仍然能保持良好的润滑性能。它主要取决于润滑脂的相似黏度及黏温性能，相似黏度是指在一定的温度和一定的剪切速率下所测得的黏度。相似黏度对起动阻力、功率损失以及润滑脂进入摩擦面间隙时的难易程度都有影响，因此润滑脂的相似黏度是评定润滑脂低温性能的重要依据。

7.3.2.4 耐磨性

耐磨性是指润滑脂通过保持在运动部件表面间的油膜，减小或防止摩擦的能力。润滑脂与润滑油的耐磨性几乎是一样的，润滑脂的稠化剂本身就是油性剂，因此润滑脂的耐磨性一般要比基础油好。为了使润滑脂具有更好的润滑性能，通常在润滑脂中添加二硫化钼等极压抗磨剂，使之在较为苛刻的润滑条件下要比普通润滑油的润滑效果更好，这种润滑脂称为极压型润滑脂。

7.3.2.5 抗水性

抗水性是指润滑脂遇水后不改变其结构和稠度的能力。抗水性差的润滑脂遇水后稠度下降，甚至造成乳化而流失。汽车在雨天和涉水行驶时，底盘各摩擦点可能与水接触，所以要求润滑脂应具有良好的抗水性。测定润滑脂抗水淋性采用抗水淋性能测定法（SH/T 0109—2004），即在规定条件下，将已知量的润滑脂加入试验机的轴承中，在运转时受水喷淋，根据试验前后轴承中润滑脂的重量差值，得出因受水喷淋而损失的润滑脂量。

7.3.2.6　防腐蚀性

防腐蚀性是指润滑脂抵抗与其相接触的金属被腐蚀的能力。润滑脂本身如果含有过量的游离酸、碱或活性硫化物，或在储存、使用过程中因氧化产生的有机酸，都可能腐蚀金属，因此润滑脂中不能含有过量的游离酸、碱等。

7.3.2.7　氧化安定性

氧化安定性是指润滑脂在储存和使用过程中抵抗因氧化而变质的能力。润滑脂中的基础油和稠化剂与空气接触时，在不同程度上会被氧化，使其酸值增加，稠度变低，易腐蚀金属，而使其寿命缩短。因此通常在润滑脂中加入抗氧化剂，以提高润滑脂的抗氧化能力。

7.3.3　润滑脂的分类、品种与规格

7.3.3.1　润滑脂的分类

（1）按基础油分为矿物油脂和合成油脂。

（2）按用途分为减摩润滑脂、防锈润滑脂、密封润滑脂。

（3）按特性分为高温润滑脂、耐寒润滑脂、极压润滑脂。

（4）按稠化剂的类别分为皂基润滑脂和非皂基润滑脂。皂基润滑脂又分为单皂基润滑脂（如钠基、锂基、钙基润滑脂等）、混合皂基润滑脂（如钙钠基润滑脂）和复合基润滑脂（如复合钙、复合锂、复合铝基润滑脂等）；非皂基润滑脂分为烃基润滑脂、无机润滑脂、有机润滑脂等。

7.3.3.2　润滑脂的品种与规格

汽车常用润滑脂有钙基润滑脂、钠基润滑脂、通用锂基润滑脂等品种。

1. 钙基润滑脂

钙基润滑脂是由动、植物脂肪与石灰制成的钙皂稠化矿物润滑油，并以水作为胶溶剂。钙基润滑脂按锥入度分为1、2、3、4四个牌号，号数越大，脂越硬，滴点也越高。钙基润滑脂的特点是不溶于水，抗水性较强，且润滑、防护性能较好，但其耐热性较差，在高温、高速部位润滑时易造成油皂分离，所以钙基润滑脂最高使用温度一般不高于60℃，且使用寿命较短。

复合磺酸钙基润滑脂技术要求和试验方法见表7.10。

表7.10　复合磺酸钙基润滑脂技术要求和试验方法

项目		质量指标		试验方法
		1号	2号	
外观		均匀光滑油膏		目测
工作锥入度/0.1mm		310～340	265～295	GB/T 269
滴点/℃	不低于	280	300	GB/T 3498
钢网分油（100℃，24h）（质量分数）/%	不大于	6	4	NB/SH/T 0324
氧化安定性（99℃，100h，760kPa） 压力降/kPa	不大于	70		SH/T 0325

续表

项目	质量指标		试验方法
	1 号	2 号	
腐蚀（T_2 铜片，100℃，24h）	铜片无绿色或黑色变化		GB/T 7326，乙法
防腐蚀性（50℃，48h，蒸馏水）	合格		GB/T 5018
延长工作锥入度（100 000 次）与工作锥入度差值/0.1mm 　　　　　　　　　　　　　　　　不大于	40		GB/T 269
滚筒安定性（80℃，100h） 1/4 工作锥入度变化值/0.1mm 不加水 加水ᵃ	±15 ±20		SH/T 0122
水淋流失量（79℃，1h）（质量分数）/%　不大于	6	4	SH/T 0109
极压性能 烧结负荷（四球机法）P_D/N　　　　不小于	3 089		SH/T 0202
承载能力 OK 值（梯姆肯法）/N　　　　　　不小于	200		NB/SH/T 0203
抗磨性能（四球机法） （75℃，1 200r/min，392N，60min） 磨斑直接/mm　　　　　　　　　不大于	0.55		SH/T 0204
相似黏度（−10℃，10s⁻¹）/(Pa·s)ᵇ　不大于	600	1 000	SH/T 0048

ᵃ 用刮刀将 50g 试样均匀地涂在滚筒内表面，加入 10g 蒸馏水，然后把滚柱放入筒内，并上紧筒盖。
ᵇ 没有泵送的应用场合此项不作要求。

2. 钠基润滑脂

钠基润滑脂是以动、植物脂肪加烧碱制成的钠皂稠化矿物润滑油，外观为深黄色至暗褐色的纤维状均匀油膏，按锥入度有 2 号和 3 号两个牌号。钠基润滑脂的特点是滴点很高（可达 160℃），耐热性好，可在 120℃下较长时间内工作，并有较好的承压耐磨性能，可适应较大的负荷。但它的抗水性很差，遇水易乳化变质，因此不能用于潮湿和易于与水接触的摩擦部位，适用于离发动机很近、温度较高的风扇离合器等部位。钠基润滑脂的规格见表 7.11。

表 7.11　钠基润滑脂规格

项目	质量指标		试验方法
	2 号	3 号	
滴点/℃不低于	160	160	GB/T 4929
锥入度/0.1mm 延长工作（10 万次）　　不大于	265～295 375	220～250 375	GB/T 269
腐蚀试验（T2 铜片，室温，24h）	铜片无绿色或黑色变化		GB/T 7326 乙法
蒸发量（99℃，22h）/%	2.0	2.0	GB/T 7325

3. 通用锂基润滑脂

通用锂基润滑脂是由天然脂肪酸锂皂稠化低凝点润滑油，并加入抗氧化剂、防锈剂制成。稠度牌号为2号，滴点达180℃。它具有良好的氧化安定性、防锈性和抗水性，适用于−30～120℃，汽车轮毂轴承、底盘、水泵和发电机等各摩擦部位润滑。进口车辆和国产新车普遍推荐使用这种润滑脂。其规格见表7.12。

表 7.12　锂基润滑脂规格

项目		质量指标	试验方式
锥入度（25℃，60次）/0.1mm		265～295	GB/T 269
滴点/℃不低于		180	GB/T 4929
钢网分油（100℃，30h）/%	不大于	5	SY 2729
相似黏度（−20℃，$D=10s^{-1}$）/Pa·s(P)	不大于	1 500（15 000）	SH/T 0048
游离碱/（NaOH%）	不大于	0.15	SH/T 0329
腐蚀（100℃，3h，紫铜片）		合格	SH/T 0331
蒸发量（100℃，22h）/%	不大于	2.0	GB/T 7325
漏失量（104℃，6h）/g	不大于	5.0	SH/T 0326
抗水性（加水10%，10万次工作锥入度）	不大于	375	GB/T 269
剪切安定性（10万次工作与60次工作锥入度差值）		50	GB/T 269
氧化安定性（100℃，0.8MPa，100h）	不大于	0.3	SH/T 0335
防腐蚀性（52℃，48h，相对湿度100%）		1级	GB/T 5018

此外，汽车常用润滑脂还有极压锂基润滑脂和石墨钙基润滑脂等。极压锂基润滑脂适用于高负荷齿轮和轴承的润滑，高性能的进口轿车推荐使用这种润滑脂。石墨钙基润滑脂具有良好的抗水性和抗压性，适用于汽车钢板弹簧、半挂车转盘等承压部位的润滑。常见润滑脂的性能比较见表7.13。

表 7.13　常见润滑脂的性能比较

润滑脂	耐热性	氧化安定性	抗水性	防锈性	极压抗磨性	使用寿命	最高使用温度/℃	价格
钙基脂	差	—	好			—	65	低
钠基脂	一般	—	极差	一般		—	80	低
铝基脂	差	—	差	好		—	50	低
通用锂基脂	好	—	好	好			120	适中
极压锂基脂	好	—	好	好	好		120	适中
二硫化钼极压锂基脂	好	—	好	好	好		120	适中
膨润土润滑脂	好	—	好	差	—		130	较高
复合钙基脂	好	—	好	好	—		130	较高
极压复合锂基脂	好	好	好	好	好		160	较高
聚脲脂	好	好	好		好	长	—	高

7.3.4　润滑脂的选用及使用注意事项

7.3.4.1　润滑脂的选用

选择润滑脂时主要根据车辆或机械设备使用说明书的规定，选用与用脂部位操作条件相适应的润滑脂品种和稠度牌号。在没有使用说明书的条件下，根据工作温度、运动转速、承载负荷和工作环境等条件来选择。

1. 工作温度

润滑部位温度的高低对润滑脂的使用效果和使用寿命影响很大，一般轴承温度升高10～15℃，润滑脂的寿命下降1/2。若对润滑脂影响最大的是工作温度，就应选用合适滴点的润滑脂。工作温度越高，选用的滴点越高；工作温度低，可选用滴点低的润滑脂。温度高的部位一定要选用氧化安定性好、热蒸发损失少、滴点高、分油量少的润滑脂；温度较低的部位，一定要选用低温起动性好、相似黏度小的润滑脂。例如水泵轴承、离合器分离轴承、轮毂轴承、发电机轴承等均可选用复合钙基润滑脂。

2. 运动速度

若对润滑脂影响最大的是运动速度，就应该选用合适的黏度指标。速度越大，选用的黏度越大；反之应选用低黏度的润滑脂。

3. 承载负荷

对于重负荷机械，应选用稠度大的润滑脂。若承载负荷对润滑脂的影响最大，就应选用合适锥入度指标的润滑脂。承载负荷较大、速度较低的摩擦件选用锥入度较小的润滑脂；承载负荷较小的摩擦件，选用锥入度较大的润滑脂。

4. 工作环境

选用润滑脂时还应考虑润滑部位的湿度、灰尘、腐蚀性等因素，特殊环境选用特殊性能的润滑脂。若润滑部位直接与水接触，就应选用抗水性强的润滑脂，如汽车钢板弹簧可选用石墨钙基润滑脂。传动轴中间支承轴承和十字轴承的工作温度虽然不高，但容易与水接触，应选用钙钠基润滑脂和通用锂基润滑脂。

7.3.4.2　润滑脂的使用注意事项

（1）润滑脂的选用要合理，否则会造成很大的浪费。轮毂轴承是主要用脂部位，我国南方地区可四季通用2号润滑脂；我国北方地区冬季可使用1号润滑脂，夏季可使用2号润滑脂。但不少用户习惯常年使用3号润滑脂，该润滑脂稠度较大，会增加轮毂轴承的传动阻力。试验表明，用2号润滑脂比用3号润滑脂节能，3号润滑脂只适合在热带重负荷车辆上使用。

（2）润滑脂的填充量要适当。油脂填充量大，工作时搅动阻力大，轴承温升高，燃料消耗量相应增加。因此更换轮毂轴承润滑脂时，只要在轴承的滚珠（或滚柱）之间塞满润滑脂，而轮毂内腔采用"空毂润滑"，即在轮毂内腔仅薄薄地涂上一层润滑脂，起防锈作用即可。这样既利于散热，又可节约润滑脂。电动机轴承在添加润滑脂时，一般只添加1/2或1/3即可。如果添加过多，会增加摩擦阻力，使轴承易发热，导致电量消耗过大。

（3）钙基润滑脂的耐热性较差，因为它是以水为稳定剂的钙皂水化物，温度在100℃

左右便开始水解，当超过100℃时便丧失润滑脂的稠度。所以在使用时不要超过规定温度，以免失水并破坏结构而引起油皂分离，失去润滑作用。

（4）要保持润滑脂的清洁性。润滑脂混入杂质后不易清除，所以在储存和使用过程中要尽量避免灰尘、水分等杂质混入其中。在加注润滑脂时必须保证场所干燥清洁，尽可能减少与空气的接触。

（5）润滑脂不能混合使用，否则会破坏原有结构而失去润滑的作用。钙基润滑脂要避免放在阳光直射处，最好放在阴凉干燥的地方。

综合训练题7

一、选择题

1. 下列（　　）不是车用润滑材料。
A. 发动机润滑油　　B. 车辆齿轮油　　C. 汽车润滑脂　　D. 汽油

2. 国产重负荷车辆齿轮油相当于API使用性能分类中的（　　）级齿轮油。
A. GL-2　　　　B. GL-3　　　　C. GL-4　　　　D. GL-5

3. 润滑脂的稠度通常用（　　）表示。
A. 滴点　　　　B. 锥入度　　　　C. 黏度　　　　D. 水分

4. 现代汽车普遍推荐使用（　　）润滑脂。
A. 钙基　　　　B. 钠基　　　　C. 钙钠基　　　　D. 汽车通用锂基

二、填空题

1. 发动机润滑油的主要作用是＿＿＿、＿＿＿、＿＿＿、＿＿＿、防锈和减振。

2. 发动机润滑油的主要使用性能包括适当的＿＿＿、良好的＿＿＿、较强的＿＿＿、良好的＿＿＿、较好的抗腐蚀性和良好的耐磨性等。

3. 按SAE黏度分类法将润滑油分为冬季用油和非冬季用油。冬季发动机润滑油共有0W、5W、10W、15W、20W、25W六个等级，其数字越小，说明其低温黏度越＿＿＿，低温流动性越＿＿＿，适应的温度越＿＿＿。非冬季用油共有20、30、40、50和60五个等级，其数字越大，适用的最高温度越＿＿＿。

4. 按API使用性能分类法将齿轮油分为GL-1、GL-2、GL-3、GL-4、GL-5和GL-6六个等级，等级中的数字越大，代表齿轮油的承载能力越＿＿＿，适应的工作条件也就越苛刻。

5. 润滑脂的稠度可以用＿＿＿来表示。＿＿＿越大，润滑脂越软，即稠度越小，越容易变形和流动。

6. 汽车钢板弹簧适合选用＿＿＿润滑脂进行润滑。

三、简答题

1. 如何选用发动机润滑油？
2. 车辆齿轮油应具备哪些使用性能？如何选用车辆齿轮油？
3. 比较钙基润滑脂、钠基润滑脂和通用锂基润滑脂在使用性能上的差别。
4. 使用发动机润滑油、车辆齿轮油和润滑脂时应分别注意哪些事项？

中国梦·大国工匠

大国工匠："独臂焊侠"诠释工匠精神，攻克 99 式坦克焊接难题

以匠人之心，铸国之重器，我国军力科研技术的飞速发展离不开军工人的无悔付出，他们中有科学家、有院士、有教授，更有普普通通但又极其重要的军工产品生产一线的特殊工匠们。

鞠萍姐姐讲大国工匠
故事：卢仁峰

今天的主人公是内蒙古第一机械集团一名"独臂焊侠"——卢仁峰。

中国兵器工业集团承担着我国最先进主战坦克的生产任务。一辆坦克的车体由数百块钢板焊接而成，焊缝达 800 多条，当坦克被装甲弹击中时，每平方厘米承受的压力会达几十吨，甚至数百吨。如果焊接不牢，那么这些焊缝就将成为最先撕裂的开口。坦克焊接最关键也最复杂的驾驶舱部位尤为重要，焊接难度也最高。驾驶舱这一最大难度的焊接任务始终交由卢仁峰专门负责，他是全厂最出色的焊接工。几十年间，卢仁峰焊接的产品合格率为 100%，就是这个 100% 凝聚了无数的汗水与坚韧，因为这个 100% 是他仅靠一只手完成的。

1986 年，一场意外让卢仁峰的左手遭受重创，经过 24 小时的手术，被切去的左手虽然勉强接上，但已完全丧失功能，别说辅助焊接，就连端杯水的动作都无法完成。这种情况下，大家都以为他要永远离开焊接岗位时，卢仁峰却重新走进了熟悉的厂房，他不想放弃自己热爱的岗位。为了能够焊接，他在焊帽里加了一个 O 形圈，通过用牙咬住的方式来稳住焊帽。通过牙咬焊帽、加厚手套的方式，卢仁峰开始从头练习单手焊接，高难度的操作使他的牙齿经常咬出血。身体也时常被飞溅的钢花灼伤，尤其是仰焊时，电焊渣子常常在焊接作业最关键的时刻落下，卢仁峰无法躲开，只能硬忍着疼痛坚持完成作业。

"焊花闪耀，四季寒暑"，卢仁峰的执着就像一根根焊条将他与这份事业牢牢焊在了一起，"独臂焊侠"再次成为全厂焊接技术的领军人。21 世纪初，我国正研制新型主战坦克和装甲车辆，这些国之重器要使用极其坚韧、焊接难度也极其高的特种钢材。这项任务再次落在了卢仁峰肩上，面对全新挑战，卢仁峰和同事们满怀信心地开始作业，然而结果却是谁焊谁裂，这让他们一筹莫展。为了啃下这块硬骨头，卢仁峰将家里的煤气灶具都搬进工厂，每天吃住在车间，单手托举焊枪反复试验，凭着超出常人的坚韧毅力，实现了突破。

整整5年时间，400多次的艰难试验，卢仁峰终于对新型钢材的性能了如指掌，一举攻克焊接难题。42载披星月，梦犹伴兵车行，从我国最早的59式坦克到如今的99式主战坦克，42年间，卢仁峰一次次突破自己的焊接技术，如同这铁甲洪流般一路超越，勇往直前。

　　军工制造离不开优秀的焊工、钳工、车工、铣工，他们用自己的精湛技艺诠释了什么是军工人，什么是大国工匠。让我们向他们致敬！

　　资料来源：这个世界很名谣．大国工匠："独臂焊侠"诠释工匠精神，攻克99式坦克焊接难题．百家号，2023-03-29.

第8章

汽车用工作液

8

知识点	技能点
汽车制动液、发动机冷却液和液力传动油的使用性能。 汽车制动液、发动机冷却液和液力传动油的分类、牌号和规格。	会合理选用汽车制动液、发动机冷却液和液力传动油。 能正确使用、检查和更换汽车制动液、发动机冷却液和液力传动油。

　　汽车用工作液是指汽车正常工作中所使用的液态工作介质。汽车用工作液在汽车发动机、制动系统、传动系统以及悬架系统中得到广泛应用，它对汽车的动力性、安全性、行驶平顺性以及发动机排放性都有直接影响，因此需要合理选择和正确使用。

　　汽车用工作液主要包括汽车制动液、汽车发动机冷却液、液力传动油、减振器油和液压油等。

8.1　　　　　　　　　汽车制动液

　　制动液又称刹车油或刹车液，是车辆液压制动系统中传递压力的工作介质。当驾驶员踩刹车时，从脚踏板传力至制动总泵的活塞，通过制动液传递能量到车轮各制动分泵，使摩擦片张开，达到制动的目的。汽车制动液质量的好坏直接影响到汽车的行驶安全，使用质量低劣的制动液，会发生高温气阻、低温制动迟缓等故障，导致车辆制动失灵而引起交通事故。

8.1.1　汽车制动液的性能要求

　　为保证汽车在严寒、酷暑的气温条件和高速、重负荷、大功率及频繁刹车的操作条件下，有效、可靠地灵活制动，确保行车安全，要求汽车制动液具有良好的高温抗气阻性、低温流动性和黏温性、与橡胶的配伍性、抗腐蚀性、溶水性和抗氧化性等。

8.1.1.1　高温抗气阻性

　　高温抗气阻性是指制动液在高温时抵抗气阻产生的能力。车辆在行驶时由于频繁制动，在制动过程中由于摩擦而产生的热会使制动液的温度显著增加，有时可达 150℃ 以上。如果制动液的沸点低，会在高温作用下蒸发成蒸气，使制动系统产生气阻，从而导致制动失灵。为保证车辆行车安全可靠，要求制动液必须具有较高的沸点。

8.1.1.2　低温流动性和黏温性

制动液的工作温度范围很宽，冬季接近最低气温，而在制动时由于摩擦发热可使制动系统工作温度达 70～90℃，有时高达 150℃。为保证制动液在低温下制动油缸活塞能随踏板的动作灵活移动，在高温时又有适宜的黏度，不影响油缸的润滑和密封，要求制动液有良好的低温流动性和黏温性。为此，在制动液的使用技术条件中规定了各级制动液在 −40℃和 100℃时的运动黏度。

8.1.1.3　与橡胶的配伍性

良好的与橡胶的配伍性是指制动液对橡胶零件不会造成显著的溶胀、软化和硬化等不良影响。在汽车制动系统中采用了许多橡胶零件，如皮碗、油管和油封等，这些橡胶零件经常泡在制动液中，如果制动液对这些橡胶零件有溶胀作用，则其体积和质量就会发生变化，出现渗漏，制动压力下降，严重时导致制动失灵，因此要求制动液与橡胶有良好的配伍性。

制动液与橡胶的配伍性是通过皮碗试验测定的。测试时要求在 120℃下经过 70h 和在 70℃下经过 120h 的浸泡后，取出皮碗，观察皮碗外观，要求不发黏、无鼓泡、不析出炭黑，皮碗根径增值能控制在规定范围内。

8.1.1.4　抗腐蚀性

抗腐蚀性是指制动液对金属零部件不产生腐蚀而导致制动失灵的现象。制动系统中传动装置多数采用铸铁、铜、铝等金属制成，长期与制动液接触，极易产生腐蚀，使制动失灵。为减少对金属的腐蚀，在制动液使用技术条件中，要求制动液能通过金属腐蚀试验。其方法是将镀锡铁皮、铸铁、黄铜、纯铜、钢和铝等金属片，置于 100℃的制动液中浸泡 120h 后，观察其质量变化，要求不超过各自的规定值。

8.1.1.5　溶水性

溶水性是指制动液吸水后还能与水相溶，不产生分离和沉淀。车辆在频繁制动时，制动液难免与空气接触，这样空气中的水分就会被制动液所吸收，如果这些水分不被制动液溶解，将会对金属零部件产生一定的腐蚀，并且这些水分还会随工作温度的变化而变化，在较低的温度下会结冰，在高温下会蒸发形成蒸气，从而导致制动性能差。因此要求制动液能将这些水分溶解。

8.1.1.6　抗氧化性

制动液在常温下是比较稳定的，但在受高温和金属催化等因素影响时，会氧化而变质，所以要求制动液具有良好的抗氧化性。抗氧化性决定制动液在储存和使用的过程中是否容易因氧化而变质，抗氧化性越好，制动液就越不容易变质，储存和使用期就会越长。

8.1.2　汽车制动液的分类及规格

8.1.2.1　汽车制动液的分类

根据制动液的组成和特性不同，可将制动液分为醇型、矿油型和合成型制动液三类。其中合成型制动液是目前应用的主要品种。

1. 醇型制动液

醇型制动液是由低碳醇类和蓖麻油按同等比例调和，经过沉淀和过滤制成的制动液。

其价格虽然低廉，但其高低温性能均较差，容易分层，易发生交通事故，为此我国自 1990 年 5 月起就已淘汰。

2. 矿油型制动液

矿油型制动液是用精制轻柴油馏分为原料，加入稠化剂和其他多种添加剂调和而成的。其特点是工作温度范围广，一般在 −50～150℃，具有良好的润滑性，对金属无腐蚀作用，但其与水混合后易产生气阻，对天然橡胶有溶胀作用，必须使用耐油橡胶密封件，以免导致制动失灵。因此在我国也未推广使用。

3. 合成型制动液

合成型制动液由基础液、润滑剂和添加剂组成。其工作温度范围宽，黏温性好，对橡胶和金属的腐蚀作用均很小，故适用于高转速、大功率、重负荷和制动频繁的车辆，是目前使用最多、最广的一种制动液。按其基础液不同，常用的有醇醚制动液、酯制动液和硅油制动液三种。

（1）醇醚制动液。醇醚制动液基础液主要有乙二醚类、甘醇醚类化合物或聚醚等。常用的润滑剂有聚乙二醇、聚丙二醇、环氧乙烷和环氧丙烷共聚物等，润滑剂约占总量的 20%。添加剂主要有抗氧化剂、抗腐蚀剂、抗橡胶溶胀剂和 pH 值调整剂等。醇醚制动液平衡回流沸点较高、性能稳定、成本低，是目前用量最大的一种制动液。但其缺点是吸湿性强，湿沸点较低。

（2）酯制动液。酯制动液是为克服醇醚制动液吸湿性强的缺点而生产的一种制动液，其基础液通常采用乙二醇醚酯、乙二醇酯或硼酸酯等。这类制动液能保持醇醚的高沸点，同时吸湿性小或基本不吸湿，适合在湿热环境下使用。

（3）硅油制动液。硅油制动液的高温稳定性、氧化安定性、高低温润滑性均优于其他制动液。缺点是具有过分的疏水性，只有少量水混入制动系统，在低温下就有可能结成冰，对制动系统会造成不利的影响。另外，硅油制动液的原材料成本高，因此该制动液并未普及，只在军车等车辆使用。

8.1.2.2　汽车制动液的规格

1. 国外汽车制动液规格

国外汽车制动液典型规格有三个系列。

（1）美国联邦机动车辆安全标准（FMVSS），具体规格是 FMVSS 116 DOT3、DOT4、DOT5，这是世界公认的通用标准。

（2）美国汽车工程师协会（SAE）标准，具体规格是 SAEJ1703e、SAEJ1703f、SAEJ1705 等。

（3）国际标准化组织（ISO）标准《道路车辆—液压制动系统用非石油基制动液规范》（ISO 4925：2005），它是参照 FMVSS 116 DOT3 制定的，100℃的运动黏度不小于 $1.5\text{mm}^2/\text{s}$，平衡回流沸点不低于 205℃，湿平衡回流沸点不低于 140℃。

2. 国内汽车制动液规格

我国目前采用《机动车辆制动液》（GB 12981—2012），该标准参照国际通行的 ISO 分类规格，按产品使用工况温度和黏度要求的不同，分为 HZY3、HZY4、HZY5、HZY6 四种级别，并规定各级制动液应达到的规格要求和使用范围。例如，牌号 HZY3 的含义为：

H、Z、Y分别表示"合成""制动""液体"，是合成制动液的汉语拼音，数字表示级号。

8.1.3 汽车制动液的选用及使用注意事项

8.1.3.1 汽车制动液的选用

合成制动液是按等级来划分的，应严格按照车辆使用说明书的规定，选用合适等级的制动液，以确保行车安全。若国产车使用进口制动液或进口车使用国产制动液，应根据其对应关系正确选用。如无使用说明书，可根据车辆的工作条件进行选择。

1. 根据环境条件

主要指气温、湿度和道路条件，如在炎热的夏季、在山区多坡或高速公路上行驶，车辆制动强度大，制动液工作温度高，特别是在湿热条件下，要选用沸点较高的制动液，如HZY5，非湿热条件可选用 HZY3、HZY4（JG3 或 JG4 级）等合成制动液；在车速不高的平原地区，除冬季外可以使用 JG1 级制动液，在严寒的冬季，应选用 JG0 级制动液。

2. 根据车辆的速度

高速车辆，特别是高级轿车与一般载货汽车相比，制动液工作温度较高，应选用级别较高的制动液。

3. 优先选用高级别产品

选择车辆制动液时，应选用高于或等于车辆规定使用级别的产品，最好选用合成制动液，尽量选用经常为车辆制造厂提供配套制动液的生产厂家的产品，以确保质量的可靠性和使用性能的稳定性。

8.1.3.2 汽车制动液的使用注意事项

（1）不同型号、不同厂家的制动液不能混用，否则会影响制动效果。

（2）加注或更换制动液时，最好使用专业设备。更换制动液时应彻底清洗制动系统，特别要防止水分、矿物油和机械杂质混入。因为水分等杂质会导致制动失灵，水分还会使制动系统中的金属零部件产生腐蚀。当换用不同品种制动液时，应用新液清洗一次。

（3）制动液使用一定时间后会发生变质而影响车辆的制动性，所以制动液要按期更换，更换期一般为车辆行驶 20 000～40 000km 或一年。

（4）制动液应密封储存，以免吸收大气中的水分后使沸点降低。

（5）制动液多以有机溶液制成，易挥发、易燃，使用中应注意防火，存放时应避免阳光直射。

8.2 汽车发动机冷却液

汽车发动机在工作过程中，气缸内的气体温度可达 1 700～1 800℃。为了保证发动机能够正常工作，就必须对在高温条件下工作的零部件进行冷却。目前汽车发动机广泛采用强制循环水冷冷却系统，冷却液就是冷却系统中带走高温零部件热量的工作介质。发动机冷却液与润滑油一样，是发动机正常工作必不可少的工作物质。

汽车应用材料

8.2.1 冷却液的作用

8.2.1.1 冷却作用

冷却是冷却液的基本作用，也是其最主要的作用。发动机工作时，由于燃料的燃烧以及各运动部件之间的摩擦产生大量的热量，使零件受热。发动机工作过程中的热效率只有30%～40%，其余能量通过废气和以热的形式散失掉，发动机散热有40%左右通过润滑油带走，其余60%要通过冷却系统带走。

发动机的温度取决于发动机的结构和发动机的工作条件，水冷发动机的温度可用冷却液的出口温度来表示，一般发动机正常的工作温度范围为90～105℃，冷却液过冷和过热的现象都应避免发生。

发动机过热容易降低充气系数，减少充气量，引起"爆燃"，造成发动机转矩和功率的损失，还会由于零部件受热膨胀，使零件间的正常配合间隙被破坏，引起轴承和其他运动部件的损坏。同时发动机过热也会使润滑油的黏度减小，甚至会使润滑油氧化变质或烧焦。

发动机过冷对发动机同样很危险。过冷会使吸入气缸的空气温度较低，使燃料蒸发和燃烧困难，从而造成发动机工作粗暴、功率下降、油耗增加等；另外会使润滑油的黏度增大，造成润滑不良，加剧零件的磨损，增加功率消耗。

8.2.1.2 防腐作用

发动机冷却系统的散热器、水泵、缸体及缸盖、分水管等部件是由钢、铸铁、铝、黄铜等不同金属制成的，如果冷却液对金属有腐蚀，容易使发动机散热器、缸体上下水室、冷却管道、接头及散热器排水管等处出现故障。同时如果腐蚀产物堆积堵塞管道，造成冷却液循环不畅，会引起发动机过热甚至毁坏。若腐蚀穿孔，易使冷却液泄漏渗入燃烧室或曲轴箱而对发动机产生严重的破坏。因此在发动机冷却液中都加入了一定量的防腐蚀添加剂，以防对冷却系统产生腐蚀。

8.2.1.3 防冻作用

水具有良好的导热性能和吸热性能，是发动机冷却液的理想组分。但是水的冰点较高，在0℃以下就开始结冰并且伴随着体积膨胀。汽车发动机在冬天露天停放或长时间停车，发动机温度降至0℃以下时，容易使散热器冻结甚至开裂，因此要求冷却液应具有一定的防冻性能。一般发动机冷却液中均加入了一些能够降低水的冰点的物质作为防冻剂，以保证发动机在低温天气时不冻结。

8.2.1.4 防垢作用

冷却系统中的水垢来源于水中的钙、镁离子，这些金属阳离子在较高温度条件下，容易与水中的硅酸根离子、碳酸根离子、硫酸根离子、磷酸根离子等阴离子反应生成水垢。

水垢能磨损水泵密封件并且覆盖在气缸体水套内壁，使金属的导热性能降低，在结垢严重时甚至会使缸盖高温区温度剧增而引起缸盖开裂。因此要求冷却液应具有减少水垢生成的作用。一般冷却液在生产和加注过程中均要求使用经过软化处理的去离子水或蒸馏水。为了提高冷却液对不同水质环境的适应性能，方便加注，有的冷却液中还特意加入了对硬水中的无机盐离子具有配合作用的有机聚合物以抑制水垢的生成。

8.2.2 冷却液的使用性能

为保证汽车发动机正常工作和延长发动机使用寿命，要求发动机冷却液应具备以下性能。

8.2.2.1 低温黏度小、流动性好

汽车发动机冷却液的低温黏度越小，越有利于冷却液在冷却系统中流动，这样冷却系统散热的效果就越好。

8.2.2.2 冰点低

冰点是指在没有过冷情况下冷却液开始结晶时的温度，或者在有过冷情况下结晶开始、短时间内停留不变的最高温度。若汽车在低温条件下停放时间过长，而发动机冷却液的冰点又达不到应有温度，则发动机冷却液就会结冰同时体积膨胀变大，发动机就会被冻裂。因此，要求发动机冷却液的冰点要低。

8.2.2.3 沸点高

沸点是在发动机冷却系统的压力与外界大气压力相平衡的条件下，冷却液开始沸腾时的温度。发动机冷却液在较高温度下不沸腾，可保证汽车在满载、高负荷、高速或在山区、热带夏季正常行车，同时沸点高则冷却液蒸发损失也少。因此，要求发动机冷却液应具有较高的沸点。

8.2.2.4 防腐性好

为了使发动机冷却液具有良好的防腐性，要保持冷却液呈碱性状态。冷却液的 pH 值最好在 7.5～11.0，如果超出该范围将对冷却系统中的金属材料产生不利影响。

8.2.2.5 不易产生水垢，抗泡性好

水垢对汽车发动机冷却系统的危害在前面内容已经讲到，因此，要求冷却液在工作中，应不产生水垢。

冷却液在工作时是在水泵的高速推动下强制循环的，通常会产生泡沫。发动机冷却液如果产生过多的泡沫，不仅会降低传热系数，加剧气蚀，还会使冷却液溢流。因此，要求冷却液的抗泡性要好。

另外，汽车冷却液还应有传热效果好、蒸发损失少、不易损坏橡胶制品、热化学安定性好、热容量大等性能。

8.2.3 冷却液的组成

发动机冷却液由水、防冻剂和各种添加剂组成。

8.2.3.1 水

水是冷却液的重要组成部分，因为水具有良好的流动性能、导热性能和较大的比热容，而且乙二醇防冻剂只有在配成一定浓度的水溶液后才能充分发挥冷冻作用。

水质对冷却液的影响很大，自来水、河水、湖水、井水、泉水中含有大量的溶解性物质，如钙、镁、钠、铁、钾等金属阳离子，同时还含有很多硅酸根离子、碳酸根离子、硫酸根离子、磷酸根离子和氯离子等阴离子，水中存在的这些阴、阳离子会影响冷却液的质量，一方面会加剧对冷却系统的腐蚀，另一方面在加热条件下阴、阳离子容易结合形成水

垢。因此，在生产冷却液和给冷却系统补加水的过程中，必须使用蒸馏水或去离子水。

8.2.3.2 防冻剂

由于水的冰点较高，因此车辆在严寒低温天气下使用时容易结冰，所以在发动机冷却液中都会加入一定量的防冻剂。

能够降低水的冰点的物质很多，盐类化合物如氯化钙、氯化钠、氯化镁等降低冰点的效果非常明显，但是由于这些化合物中的氯离子对铸铁、低碳钢和黄铜具有较强的腐蚀性，所以很少在冷却系统中使用。目前冷却液中通常使用的防冻剂主要有两种类型：乙二醇和丙二醇。

由于乙二醇的沸点、黏度比较适中，降低冰点的效果好，而且价格低廉，所以一直是冷却液最主要的防冻剂。但近年由于社会对环境保护逐渐重视，丙二醇的价格虽然较贵但其具有无毒的特性，因此丙二醇在冷却液中的使用逐渐增多。

8.2.3.3 添加剂

冷却液中所使用的添加剂主要有缓蚀剂、缓冲剂、防垢剂、消泡剂和着色剂等。

（1）缓蚀剂。缓蚀剂是冷却液中最主要的添加剂，其主要作用是减缓或防止冷却系统中金属零部件因腐蚀而穿孔，以免造成冷却液渗漏和流失。不同的缓蚀剂对不同的金属有不同的保护效果，因此对于发动机冷却系统应根据其金属种类来选择合适的缓蚀剂。常用的冷却液缓蚀剂主要有硼酸盐、硅酸盐、磷酸盐、硝酸盐、亚硝酸盐和苯甲酸盐等。这些缓蚀剂除了能直接抑制腐蚀，还能中和冷却液中的酸性物质。所以，为了保证冷却系统的金属少腐蚀，必须加有足够的缓蚀剂。

（2）缓冲剂。冷却系统中的金属零部件在弱碱条件下容易得到保护，因此为了使冷却液在使用过程中维持一定的 pH 值，防止其酸化，冷却液中通常都加入缓冲剂，使冷却液具有一定的缓冲能力。

（3）防垢剂。为了防止冷却系统内水垢的产生，有的冷却液中还含有一定量的防垢剂。通常使用的防垢剂有配合型和分散型两种。

（4）消泡剂。为了降低冷却液泡沫产生的危害，冷却液中一般都含有一定量的消泡剂。消泡剂通常使用硅油、甲基丙烯酸酯等，以使所产生的泡沫及时破灭。

（5）着色剂。冷却液在使用过程中，一般都要求加入一定的着色剂，使它具有醒目的颜色，以便与其他液体相区别。这样在冷却系统发生泄漏时，通过观察冷却系统外部管路就能够很容易判断出其泄漏的位置。冷却液着色剂一般有染色剂和 pH 值指示剂两种。染色剂是通过染料或颜料的作用使冷却液具有一定的颜色；pH 值指示剂除了具有显色作用，它的颜色还会随着冷却液 pH 值的变化而变化，这样用户可以根据其颜色来大致确定冷却液是否需要更换。

8.2.4 乙二醇型汽车发动机冷却液

8.2.4.1 汽车发动机冷却液的类型

发动机冷却系统最早使用水作为冷却液，它来源广泛、经济、比热容大、流动性好、冷却效果好。但在一般水中含有大量的盐类，容易对发动机冷却系统的金属产生腐蚀，同时容易形成水垢。更严重的是，由于水的冰点较高，在结冰时体积膨胀，会使发动机冷却系统部件冻裂。因此需要在水中加入一种能够降低水冰点的物质，使冷却液具有防冻作用，能全年在汽车发动机中使用。常用的降低水冰点的物质主要有酒精、甘油和乙二醇等。

（1）酒精-水冷却液。流动性好、散热快、配制简单，其配制时酒精含量与冰点的关系是酒精含量越多，冰点越低。但是酒精-水冷却液沸点低，蒸发损失大，同时闪点低，容易着火，所以目前已被淘汰。

（2）甘油-水冷却液。沸点较高，不易蒸发和着火，对金属的腐蚀较小。但甘油-水冷却液降低冰点的效率低，需要较多的甘油，不够经济，成本较高，且甘油的吸水性很强使其保存密封要求很严等。

（3）乙二醇-水冷却液（乙二醇型冷却液）。冰点低、沸点高、闪点高、不起泡、流动性和化学稳定性好，并且在腐蚀抑制剂存在下能长期防腐防垢，其性能远优于水。因而乙二醇型冷却液被广泛使用。其缺点是有毒性，对金属有腐蚀作用，并对橡胶零件有轻度侵蚀作用。

8.2.4.2 乙二醇的特性

乙二醇俗称甘醇，由两个碳原子、六个氢原子和两个氧原子组成，分子式为 $C_2H_4(OH)_2$，其相对分子质量为 62.07。在常温下乙二醇是无色透明黏稠状液体，稍有甜味。乙二醇具有一定的毒性，挥发性小，闪点和沸点高，其主要的物理性质见表 8.1。

表 8.1 乙二醇的物理性质

物理性质	数值
密度（20℃）/mg·L^{-1}	1.115 5
沸点（101 325Pa）/℃	197.2
冰点/℃	−11.5
比热容/kJ·(kg·℃)$^{-1}$	2.40
蒸气压（20℃）/Pa	0.027
闪点（开口）/℃	115.6
着火点/℃	121.0
黏度（20℃）/Pa·s	$2.093×10^4$
热导率/J·cm·(s·cm^2·℃)$^{-1}$	0.002 89
自燃温度/℃	412.8

乙二醇比较突出的特性是能够与水以任意比例互溶，沸点为 197.4℃，冰点为 −11.5℃，但在与水混合后，混合液的冰点可显著降低，最低可达 −68℃。乙二醇型冷却液的冰点与乙二醇含量的关系见表 8.2。

表 8.2 乙二醇型冷却液的冰点与乙二醇含量的关系

冰点/℃	乙二醇含量/%	相对密度（20/4℃）
−10	28.4	1.034 0
−15	32.8	1.042 6
−20	38.5	1.050 6

续表

冰点/℃	乙二醇含量/%	相对密度（20/4℃）
-25	45.3	1.058 6
-30	47.8	1.062 7
-35	50	1.067 1
-40	54	1.071 3
-45	57	1.074 6
-50	59	1.078 6
-11.5	100	1.113 0

乙二醇有微毒，所以在保管、配制和使用时不能吸入体内。乙二醇具有较强的吸水性，其储存容器应密封，以防吸入水分后溢出，造成损失。

冷却液可以制成浓缩液，由用户自行加蒸馏水或去离子水稀释后使用；也可按规定的浓度比例制成一定冰点的产品直接加注使用。

8.2.4.3 乙二醇型冷却液及其标准

（1）国外标准。

欧美各国和日本等工业发达国家都制定了各自的汽车发动机冷却液标准。最早作出规定的是美国，现在许多国家制定的发动机冷却液标准都是以美国材料测试与试验协会（ASTM）所制定的标准为依据。

日本的冷却液工业规范为《发动机防冻冷却剂》（JIS K 2234：2018），使用的浓度为30%～50%（体积分数）。日本在该规范内将汽车冷却液分为两类：第一类是只在冬天使用的防冻型冷却液，即普通冷却液（AF）；第二类是全年均可使用的冷却液，即长寿冷却液（LLC）。第一类冷却液具有一定的碱性，对发动机冷却系统机件有轻微的腐蚀性，故只能短期使用（主要是冬季使用）。

该规范中的发泡性是指常温下的发泡性，方法是在100mL的量筒中加入50mL30%（体积比）的冷却液，常温下放置30min后，用手上下摇动100次（约30s），静止10s后记录泡沫的体积，如果10s后在量筒内壁上还有层环形泡沫，但量筒中部没有泡沫，则泡沫的体积记为零。

美国使用的冷却液规范主要有美国材料与试验协会（ASTM）的行业规范和美国汽车工程师协会（SAE）行业规范。其中，ASTM的冷却液行业规范为《汽车和轻型设备用乙二醇基发动机冷却液的标准规范》（D3306－21）。ATSM成立了专门的D15委员会负责冷却液标准和规范的制定。该规范将以前的乙二醇型和丙二醇型的浓缩液和稀释液规范并到了一起，将冷却液分为四种类型：1型是乙二醇型浓缩液、2型是丙二醇型浓缩液、3型是乙二醇型稀释液（50%Vol）、4型是丙二醇型预稀释液（50%Vol）。

（2）我国标准。

我国采用《机动车冷却液 第1部分：燃油汽车发动机冷却液》（GB 29743.1—2022）和交通行业标准《汽车发动机冷却液安全使用技术条件》（JT 225—1996）。冷却液按含水量不同分为冷却液浓缩液和冷却液稀释液。浓缩液由乙二醇、适量的防腐添加剂、消泡剂和适量的水组成。浓缩液中的水用于溶解添加剂并保证产品在−18℃时能从包装容器中倒出。在产品性能满足技术要求的情况下，乙二醇冷却液中可含有其他的醇类，如丙二醇和二乙二醇，但含量不得超过 15%（体积分数）。在对浓缩液进行稀释时，应使用去离子水或蒸馏水。

　　乙二醇型冷却液技术要求见表 8.3。

表 8.3　乙二醇型冷却液技术要求

项目		质量指标							试验方法
		浓缩液	冷却液						
			−25 号	−30 号	−35 号	−40 号	−45 号	−50 号	
颜色		有醒目的颜色							目测
气味		无异味							嗅觉
密度（20℃）/kg·m^{-3}		1 107～1 142	≥1 053	≥1 059	≥1 064	≥1 068	≥1 073	≥1 075～1 097	SH/T 0068
冰点/℃	不高于		−25.0	−30.0	−35.0	−40.0	−45.0	−50.0	SH/T 0090
含 50%（体积分数）蒸馏水	不大于	−36.4							
沸点/℃	不低于	163.0	106.0	106.5	107.0	107.5	108.0	108.5	SH/T 0089
含 50%（体积分数）蒸馏水	不低于	107.8							
对汽车有机涂料的影响		无影响							SH/T 0084
灰分（质量分数）/%	不大于	5.0	2.0	2.3	2.5	2.8	3.0	3.3	SH/T 0067
pH 值		7.5～11.0							SH/T 0069
含 50%（体积分数）蒸馏水		7.5～11.0							
水分（质量分数）/%	不大于	5.0							SH/T 0086
储备碱度/mL		报告							SH/T 0091
氯含量/mg·(kg)$^{-1}$	不大于	25							SH/T 0621
玻璃器皿腐蚀 试片变化值/mg·片$^{-1}$ 　紫铜 　黄铜 　钢 　铸铁 　焊锡 　铝		−5～+5 −5～+5 −10～+10 −10～+10 −30～+30 −30～+30							SH/T 0085
模拟使用腐蚀 试片变化值/mg·片$^{-1}$ 　紫铜 　黄铜 　钢 　铸铁 　焊锡 　铝		−10～+10 −10～+10 −20～+20 −20～+20 −60～+60 −60～+60							SH/T 0088

续表

项目	质量指标							试验方法
	浓缩液	冷却液						
		—25 号	—30 号	—35 号	—40 号	—45 号	—50 号	
铝泵气穴腐蚀/级　　不小于	8							SH/T 0087
铸造铝合金传热腐蚀/mg·cm^{-2}　　不大于	1.0							SH/T 0620
泡沫倾向 　泡沫体积/mL　　不大于 　泡沫消失时间/s　　不大于	150 5.0							SH/T 0066

注：以上引用标准均应为现行有效标准。

8.2.5　丙二醇型冷却液

丙二醇由三个碳原子、八个氢原子和两个氧原子组成，其分子式为 $C_3H_6(OH)_2$，相对分子质量为 76.10。常温下丙二醇为无色透明黏稠状液体，微有辛辣味，对人体无刺激性作用，化学稳定性好，与乙二醇一样能与水以任意比例互溶。

丙二醇毒性低，降解性能好，对人体和环境危害较小，同时还具有良好的防冻和其他性能，作为冷却液的基础液，可以获得与乙二醇相似的效果。因此，近年来丙二醇在冷却液中使用逐渐增多，但是由于丙二醇的原材料价格较高，加工和使用成本较高，目前在我国应用很少。

8.2.6　冷却液的选择与使用

8.2.6.1　汽车发动机冷却液的选择

汽车发动机冷却液的选择主要包括发动机冷却液防冻性的选择和产品质量的选择。

发动机冷却液防冻性的选择原则是汽车发动机冷却液的冰点要比车辆运行地区的最低气温低 10℃左右，以确保在特殊情况下冷却液不冻结。

一般规定乙二醇型冷却液最低使用浓度为 33.3％（体积分数），此时冰点不高于—18℃，当低于此浓度时，冷却液的防腐蚀性不够；最高使用浓度为 69％（体积分数），此时冰点为—68℃，高于此浓度时其冰点会上升。全年使用冷却液的车辆其最低使用浓度以 50％（体积分数）左右为宜。

不同的发动机其技术特性、热负荷情况、冷却系统材料等均有不同，因此对冷却液产品质量的要求也有所不同。目前国内外发动机冷却液的产品配方很多，所以汽车发动机冷却液的选择要根据发动机的类型、性能的强化程度和冷却系统材料的种类进行，除了要保证发动机冷却液能降温、防冻，还要考虑防沸、防腐蚀和防水垢等问题。车主在对冷却液产品选择时应以汽车制造厂家规定或推荐的为准。

冷却液的推荐使用范围见表 8.4。

表 8.4　冷却液的推荐使用范围

牌号	推荐使用范围
－25 号	在我国一般地区，如长江以北、华北等环境最低气温在 －15℃以上地区均可使用
－35 号	在东北、西北大部分地区及华北等环境最低气温在 －25℃以上的寒冷地区使用
－45 号	在东北、西北及华北等环境最低气温在 －35℃以上的严寒地区使用

8.2.6.2　汽车发动机冷却液的使用

发动机冷却液在使用过程中应注意以下事项：

（1）加注冷却液之前应对发动机冷却系统进行清洗，最简单的方法是打开散热器放水阀，用自来水从加水口冲洗。

（2）稀释浓缩液时要使用蒸馏水或去离子水。

（3）注意检查冷却液液面高度，视情况正确补充。

（4）不同厂家、不同牌号的发动机冷却液不能混用。

（5）冷却液在使用一段时间后，应及时更换。

（6）在使用乙二醇型冷却液时，应注意乙二醇有毒，切勿用口吸。

8.3　液力传动油

液力传动油又称为汽车自动变速器油（ATF），通用型液力传动油呈紫红色，有些呈淡黄色，它是汽车自动变速器和助力转向系统中的工作介质。它不仅对液力变矩器、液力偶合器和机械变速器所构成的自动变速器起到传递动力的作用，还对齿轮、轴承等摩擦副起润滑和冷却的作用，同时在伺服机构中起着液压自动控制的作用。

8.3.1　液力传动油的使用性能要求

液力传动油的主要使用性能要求有适宜的黏度及良好的黏温性、良好的热氧化安定性、良好的抗泡沫性和抗磨性等。

8.3.1.1　适宜的黏度及良好的黏温性

作为传动介质，液力传动油的黏度对自动变速器的传动效率影响很大，一般黏度越小，其传动效率越高。但黏度过小会导致液压系统的泄漏增加和换挡迟缓等故障；黏度过高，则会降低其传动效率，且低温起动困难。为了兼顾上述两方面对液力传动油黏度的不同要求，液力传动油在 100℃时的运动黏度在 $7\mathrm{mm}^2/\mathrm{s}$ 左右较为适宜。同时，由于液力传动油的工作范围很宽，一般为 －40～150℃，为适应自动变速器使用条件比较复杂的特点，保证良好的润滑和使用效率，液力传动油应有良好的黏温性。

8.3.1.2　良好热氧化安定性

由于液力传动油使用温度较高，高速行驶的轿车其液力传动油的温度为 80～90℃，在苛刻条件下运行时最高油温可达 150～170℃，此时若液力传动油的热氧化安定性不好，当油温升高时则会形成油泥、漆膜和沉淀物等，影响自动变速器的性能，甚至会堵塞滤清器、油路等，造成摩擦片打滑和控制系统失灵等严重后果。因此，在液力传动油中加入性能良好的抗氧化剂，以提高液力传动油的热氧化安定性。

8.3.1.3　良好的抗泡沫性

液力传动油在高速流动中极易产生泡沫，泡沫会使油压降低，影响控制的准确性，破坏正常润滑，导致离合器打滑和烧坏等故障。泡沫主要是气体的掺入以及油液中的少量水分蒸发造成的，为了防止泡沫的产生，油中要加入抗泡剂，以降低油品表面张力，使气泡迅速从油液中溢出。

8.3.1.4　良好的抗磨性

液力传动油的抗磨性是为了满足润滑的需要，为确保自动变速器的行星齿轮机构、轴承、垫圈和油泵等长期正常工作，要求液力传动油要有相匹配的静摩擦和动摩擦系数，从而适应离合器在换挡时对摩擦系数的不同要求。为了提高液力传动油的抗磨性通常都会加入极压抗磨剂。

此外，还要求液力传动油具有良好的与橡胶的配伍性和防腐蚀、防锈性能等。

8.3.2　液力传动油的分类及规格

8.3.2.1　国外液力传动油的分类及规格

国外液力传动油的分类多采用美国材料与试验协会（ASTM）和美国石油协会（API）共同提出的 PTF（Power Transmission Fluid）分类法，将其分为 PTF‐1、PTF‐2 和 PTF‐3 三类。

1. PTF‐1 类液力传动油

PTF‐1 类液力传动油主要适用于轿车或轻型卡车的液力传动系统。其特点是低温起动性好，对低温黏度及黏温性有很高的要求。

2. PTE‐2 类液力传动油

PTE‐2 类液力传动油主要适用于重负荷的液力传动系统，如客车、越野车和工程机械车等。由于在重负荷下工作，对其耐磨性要求高，通常加入极压抗磨剂。

3. PTE‐3 类液力传动油

PTE‐3 类液力传动油主要适用于农业及建筑机械的液力传动系统和齿轮箱。其特点是适用范围广，如可作为传动装置、差速器和驱动齿轮的润滑介质，以及液压转向、制动和悬架等装置的工作介质，其耐磨性和负荷承载能力比 PTF‐2 类液力传动油要求更严格。

8.3.2.2　我国液力传动油的分类

我国液力传动油按照中国石油化工总公司的标准，分为 6 号、8 号和 8D 号三种，其规格见表 8.5。

表 8.5　我国液力传动油规格

项目	质量指标			试验方法
	6 号	8 号	8D	
运动黏度/（mm² · s⁻¹）100℃	5.0～7.0	7.5～9.0	7.5～9.0	GB/T 265
运动黏度比（100℃/50℃）	—	3.6	3.6	

续表

项目		质量指标			试验方法
		6 号	8 号	8D	
黏度指数　　　　　　　不小于		100	200	—	GB/T 2541
闪点（开口）/℃　　　　不低于		180	150	150	GB/T 267
腐蚀试验（铜片，100℃，3h）		合格			SH/T 0195
水溶性酸或碱		无			GB/T 259
机械杂质/%		无			GB/T 511
水分/%		无			GB/T 260
泡沫性（93℃）/mL		报告			GB/T 12579
凝点/℃		—20	—25	—50	GB/T 510
最大无卡咬负荷 P_B/N		784.5	784.5	784.5	GB/T 3142

1. 6 号液力传动油

6 号液力传动油是以精制的石油馏分，加入抗氧化剂、极压抗磨剂等调制而成。它的耐磨性好，但黏温性稍差，适用于内燃机车和重型载货汽车的多级变矩器和液力耦合器，这种油接近于 PTF‐2 级油。

2. 8 号液力传动油

8 号液力传动油是以润滑油馏分，经脱蜡、深度精制并加入增黏、抗氧化、抗腐蚀等多种添加剂调制而成的。这种液力传动油具有良好的黏温性、耐磨性和较低的摩擦系数，适用于轿车和轻型载货汽车的自动变速系统，这种油接近于 PTF‐1 级油，外观为透明体的红色。

3. 8D 号液力传动油

8D 号液力传动油的各项技术指标除凝点外，其他均与 8 号油相同。因其凝点较低，专用于严寒地区液力传动系统的润滑。

8.3.3　液力传动油的选用及使用注意事项

8.3.3.1　液力传动油的选用

选择液力传动油时，应严格按使用说明书的规定，选用适当品种的液力传动油。轿车和轻型载货汽车应选用 8 号液力传动油；进口轿车要求使用 GM‐A 型、A‐A 型或 Dexron 型自动变速器油的都可以用 8 号液力传动油来代替。重型载货汽车、工程机械的液力传动系统应选用 6 号液力传动油。严寒地区应选用 8D 号液力传动油。

8.3.3.2　液力传动油的使用注意事项

（1）应保持正常的工作油温。因为油温过高会加速液力传动油的氧化变质，引起故障。

（2）要经常检查液力传动油的油面高度。通常车辆每行驶 10 000km 应检查一次。检查时，使车辆停放在平坦路面上，并使发动机保持运转状态，此时油平面应在自动变速器油尺的上下刻度线之间，过低时应及时补给。若发现油面下降过快，则可能漏油，应及时予以检查排除。

（3）应按使用说明书的规定期限，及时更换液力传动油和滤清器或清洗滤网，同时拆洗自动变速器油底壳，并更换密封垫。对于无使用说明书的车辆，通常每行驶 30 000km 时更换一次液力传动油以延长传动系统的使用寿命。

（4）检查液力传动油质量时，可直接通过油的外观和气味进行检查，液力传动油外观检查及出现的相应问题见表 8.6。

表 8.6　液力传动油外观检查及出现的相应问题

液力传动油液的外观变化	出现的相关问题
清澈、并带有红色	此现象正常
颜色发白、浑浊	油水混合，水进入油中
颜色清淡、气泡多	油面过高，内部空气泄漏
油中有固体残渣	离合器或轴承有损伤
油尺上有胶状物	油液温度过高

8.4　其他汽车工作介质

除了汽车制动液、发动机冷却液和液力传动油，在汽车上还会用到减振器油、液压油等工作介质。

8.4.1　减振器油

为了提高汽车的舒适性，延长汽车的使用寿命，汽车上都装有减振系统，其中大部分车辆都采用液压减振器，它是利用液体流动通过节流阀时产生的阻力来起减振作用的。

减振器油是汽车减振器的工作介质，其使用性能对减振器的工作性能影响极大。对减振器油的主要性能要求有：适当的黏度、良好的氧化安定性、抗泡沫性、耐磨性、防腐性以及低凝点等。目前多数国产汽车推荐使用克拉玛依炼油厂生产的减振器油和按上海石油公司企业标准推荐生产的减振器油。前者的特点是凝点很低，有良好的黏温性，适合在寒冷地区使用；后者的特点是凝点不高于 $-8℃$，适合在温暖地区使用。

减振器油也可以自行配制，如可用 25 号变压器油和 22 号润滑油各 50%（质量分数）配制；也可用体积比为 70% 的 10W/30 或（30）号润滑油和 30% 的 -35 号柴油配制；还可用 10 号机械油代替。使用减振器油应注意减振器的密封良好，无渗漏现象。定期维护拆检减振器时，按规定更换减振器油，油量要适中，不能过多或过少。

8.4.2　液压油

随着汽车工业的发展，现代汽车上的许多机构广泛采用了液压和液力传动。除液压制动系统、液压减振器、自动变速器以外，离合器液压操纵系统、液力转向系统、自动倾斜机构等均采用了液压传动系统。另外，在汽车维修机械中也广泛应用了液压传动，如各种作业装置、平台回转机构、提升及夹紧机构等。

液压油就是用于液压传动系统中的工作介质。为保证液压传动系统的正常工作，液压油必须保证具有不可压缩性和良好的流体状态。对液压油的主要性能要求有：适宜的黏度和良好的黏温性，良好的耐磨性、抗乳化性、抗泡沫性和氧化安定性等。

8.4.2.1 液压油的分类

液压油属于L类（润滑剂和有关产品）中的H组（液压系统），并统一命名。汽车及其维修机械液压系统常用L-HL液压油、L-HM液压油（抗磨型）、L-HV液压油（低温抗磨型）、L-HR液压油（高黏度指数）等品种。

1. L-HL液压油（通用工业机床润滑油）

L-HL液压油是一种精制矿物油，具有良好的抗氧化、防锈性能，常用于低压液压系统和传动装置，在0℃以上环境下使用，适用于机床和其他设备的低压齿轮泵，也可以使用于其他抗氧化防锈型润滑油的机械设备（如轴承和齿轮等）。L-HL液压油按照40℃时的运动黏度可分为15、22、32、46、68和100六个黏度牌号。

2. L-HM液压油（抗磨液压油）

L-HM液压油是在L-HL油的基础上通过改善其抗磨性能而得来的，适用于低、中和高压的叶片泵、柱塞泵和齿轮泵的液压系统，也可以用于中、高压的工程机械或车辆上的液压系统（如数控机床、起重机和挖掘机等中重型机械）和中等负荷机械上的润滑部位，其适应的温度范围为-5～60℃。L-HM液压油按照40℃时的运动黏度可分为15、22、32、46、68、100和150七个黏度牌号。

3. L-HV液压油（低温抗磨液压油）

L-HV液压油是在L-HM油的基础上通过改善其黏温性能而得来的液压油。L-HV液压油属于宽温度变化范围下使用的液压油，适用于环境温度变化较大和工作条件恶劣（野外作业的工程车辆、军车等）的低、中和高压液压系统和其他中等负荷机械的润滑部位，其适用温度在-30℃以上。按其基础油可将其分为矿油型和合成油型两种；按照40℃时的运动黏度又可以将其分15、22、32、46、68和100六个黏度牌号。

4. L-HR液压油（低温液压油）

L-HR液压油是在L-HL油的基础上通过改善其黏温性能而得来的液压油。它具有良好的防锈性、抗氧化性和黏温性，适用于环境温度变化较大和工作条件恶劣的中、低压液压系统和其他轻负荷机械的润滑部位。L-HR液压油分为15、32和46三个黏度牌号。

8.4.2.2 液压油的选用及使用注意事项

应根据工作环境温度和液压泵的类型选择液压油。汽车举升机和轮胎起重机液压系统采用21MPa以上的高压泵，应选用黏温性好的L-HR液压油、抗磨性好的L-HM液压油，或抗磨性和黏温性都好的L-HV液压油。L-HL普通液压油适用于环境温度为0～40℃下操作的各类液压泵（6.3～21MPa）。根据液压泵的类型选择液压油，具体见表8.7。

表 8.7　各种液压泵液压油的选择

液压泵的类型	系统压力	温度	液压油品种	黏度级别
齿轮泵	＞7MPa	5～40℃	L－HL液压油，中高压以上用L－HM液压油	32，46，68
	—	40～80℃	L－HL液压油，中高压以上用L－HM液压油	100，150
径向柱塞泵	—	5～40℃	L－HL液压油，中高压以上用L－HM液压油	32，46
	—	40～80℃	L－HL液压油，中高压以上用L－HM液压油	68，100，150
轴向柱塞泵	—	5～40℃	L－HL液压油，中高压以上用L－HM液压油	32，46
	—	40～80℃	L－HL液压油，中高压以上用L－HM液压油	68，100，150
叶片泵	＜7MPa	5～40℃	L－HM液压油	32，46
	＞7MPa	40～80℃	L－HM液压油	46，68
	＜7MPa	5～40℃	L－HM液压油	46，68
	＞7MPa	40～80℃	L－HM液压油	68，100

使用液压油时应注意：

（1）不同品种、不同牌号的液压油不得混合使用。

（2）液压油在储存或使用过程中应确保其清洁，否则会缩短液压系统的寿命。

（3）应按使用说明书规定的换油标准及时换油，一般条件下汽车和工程机械在高级维护时更换液压油。

8.4.3　空调制冷剂

空调制冷剂又称制冷工质，在南方一些地区俗称雪种。它是汽车空调制冷系统中循环流动的工作介质。由于受到压缩机所做压缩功的作用，它在系统的各个部件之间循环流动，进行能量的转换和传递，完成制冷剂向高温热源放热和从低温热源吸热的过程，从而达到制冷的目的。

制冷剂的性质直接关系到制冷装置的制冷效果、经济性、安全性及运输管理，因而汽车空调制冷剂应满足以下性能要求：无毒、无异味；不易燃、不易爆；易于改变吸热和散热状态；化学性质稳定，无腐蚀性；与润滑油无亲和作用，可与冷冻机油以任意比例相溶；有利于环境保护。

8.4.3.1　制冷剂的分类

目前汽车空调制冷系统使用的制冷剂主要有 R12 和 R134a 两种，其中 R 是英文 Refrigerant（制冷剂）的第一个字母。

汽车空调制冷剂最早广泛使用的是 R12，R12 属于氟利昂系制冷剂，其特点是蒸发潜热大、易液化，对金属、橡胶的腐蚀性小，无毒且不易燃烧，但遇火会产生有毒物质。由于 R12 制冷剂会严重破坏大气臭氧层，引起严重的环保问题，目前世界各国都已禁止使用，取而代之的是 R134a 制冷剂。

R134a 制冷剂的特点是沸点较低、蒸发潜热高于 R12 制冷剂、传热性能好，但其中水分含量高，管路压力高、温度及负荷大。用 R134a 制冷剂代替 R12 制冷剂后，空调制冷系统的输入功率和制冷量都有明显的提高，且占用面积也有所减少，从而证明 R134a 制冷剂是一种最为理想的代用品。

8.4.3.2　制冷剂的使用注意事项

（1）在储存和使用过程中应尽量避热。制冷剂极易蒸发，在储存时应尽量避开阳光直射、火炉及其他热源，添加制冷剂时应在低温下进行。

（2）应尽量避免与皮肤接触。因为制冷剂在大气压力下会急剧蒸发制冷，极易冻伤皮肤，在加注制冷剂时，要避免接触皮肤和进入眼睛。

（3）加注制冷剂时要选择通风良好的环境。因为制冷剂排到大气中会造成氧气浓度急剧下降，严重时会使人窒息，因此在检查及填充时要在通风良好的环境下进行。

（4）不得混合使用制冷剂。因为不同的制冷剂对空调制冷系统结构的要求不一致。

8.4.4　汽车风窗玻璃清洗液

汽车在行驶过程中，自身或其他车辆溅起的泥土、废气中含有的未完全燃烧的油气和道路沥青与雨水的混合物、抛光剂的蜡与雨水的混合物等会附着在汽车的风窗玻璃上，这些物质的存在严重影响了驾驶员的视野。汽车风窗玻璃清洗液就是用来清洗这些妨碍视野、危害行车安全的物质。

8.4.4.1　汽车风窗玻璃清洗液的性能

汽车风窗玻璃清洗液要求对附着在风窗玻璃上的各种物质具有浸透、乳化分散、可溶解的作用，以便将其清洗干净。其性能要求主要有：

（1）汽车风窗玻璃清洗液对车辆刮水机构的材料如铝、锌、橡胶、塑料和油漆等不应产生腐蚀或其他影响。

（2）在冬季使用的汽车风窗玻璃清洗液，应具有较低的凝点，以防在低温时结冰而不可使用。一般要求风窗玻璃清洗液的凝点为－20℃，对于特别严寒地区可特殊配制。

（3）要求风窗玻璃清洗液在低温和高温交变时应没有分离和沉淀。汽车风窗玻璃清洗液多用于雨天，平时存放于发动机舱内，时而加热，时而冷却，如果易发生分离、沉淀，则容易造成机构内部堵塞，影响其正常喷射。

所以，一种优质的汽车风窗玻璃清洗液应在一定浓度范围内对金属不腐蚀，对非金属的性能不产生影响，又能有效地去除各种污垢，确保风窗玻璃保持良好的视野，在冷热交变下稳定性好，还要对人的皮肤和嗅觉无刺激。

8.4.4.2　汽车风窗玻璃清洗液的配方

为了满足汽车风窗玻璃清洗液的性能要求，在汽车风窗玻璃清洗液中常常添加活化剂、防雾剂、阻凝剂、无机助洗剂、有机助洗剂等。汽车风窗玻璃清洗液的配方见表8.8。

表 8.8　汽车风窗玻璃清洗液的配方

组成	配方1/%	配方2/%
活化剂	4.0	5.0
防雾剂	1.0	—
阻凝剂	3.5	—
无机助洗剂	6.0	—

续表

组成	配方 1/%	配方 2/%
有机助洗剂	1.5	22.0
水分	余量	余量

将表 8.8 中所述溶液，根据不同季节需要，按 5%～10% 稀释即可获得不同凝点的汽车风窗玻璃清洗液。其去污性好，不损坏金属、非金属表面。

8.4.4.3 汽车风窗玻璃清洗液的技术要求

汽车风窗玻璃清洗液的主要技术要求见表 8.9。

表 8.9 汽车风窗玻璃清洗液的主要技术要求

项目		规定	条件
凝固温度		−20℃以下或根据用户意见商定	
pH 值		6.5～10.0	
清洁性	洗净性	透过风窗玻璃应可看见前方视野	
	分散性	可容易地将油污成分乳化分散	
金属腐蚀	铝板 不锈钢板 黄铜 铬酸盐镀锌板	应无明显的点状腐蚀和粗糙表面	50℃±2℃ 48h
对橡胶影响	天然橡胶 三元乙丙橡胶 氯丁橡胶	应无表面的黏接、炭黑脱落以及龟裂等异常现象	50℃±2℃ 120h±2h
对塑料影响	聚乙烯树脂 聚丙烯树脂	无明显变形和变色现象	50℃±2℃ 120h±2h
对涂层影响	丙烯树脂磁漆 氨基醇酸树脂漆	应无涂层软化和膨胀现象，试验前后的光泽和颜色应无变化	50℃±2℃ 6h
稳定性	加热稳定性	允许有棉毛状沉淀但不应有结晶粒子	50℃±2℃ 8h后 20℃±15℃
	低温稳定性		−15℃±2℃ 8h后 20℃±15℃ 16h

综合训练题8

一、名词解释

1. 汽车制动液
2. 汽车发动机冷却液
3. 液力传动油
4. 减振器油
5. 液压油

6. 空调制冷剂

二、填空题

1. 汽车工作液主要包括＿＿＿＿、＿＿＿＿、＿＿＿＿、减振器油和液压油等。

2. 制动液是车辆液压制动系统中＿＿＿＿的工作介质。

3. 为保证制动液在低温下制动油缸活塞能随踏板的动作灵活移动，在高温时又有适宜的黏度，不影响油缸的润滑和密封，要求制动液有良好的＿＿＿＿、＿＿＿＿和＿＿＿＿。

4. 我国液力传动油分为＿＿＿＿、＿＿＿＿和 8D 号三种。

5. 汽车发动机冷却液用于发动机的冷却系统，具有冬季防＿＿＿＿，夏季防＿＿＿＿，全年防水垢和防腐蚀等优点。

6. 发动机冷却液主要由＿＿＿＿剂与＿＿＿＿按一定比例混合而成。

7. 乙二醇型冷却液按其冰点不同有－25 号、＿＿＿＿、＿＿＿＿、＿＿＿＿、－45和－50 六个牌号。

8. 汽车空调制冷系统使用的制冷剂主要有 R12 和 R134a 两种，其中＿＿＿＿属于氟利昂系制冷剂，会严重破坏大气臭氧层，引起严重的环保问题，取而代之的是＿＿＿＿制冷剂。

三、选择题

1. 下列选项中，（　　）制动液已被淘汰。

A. 醇型 　　　　B. 醇醚 　　　　C. 酯 　　　　D. 硅油

2. 下列选项中，（　　）不是发动机冷却液的作用。

A. 降低冰点 　　B. 提高沸点 　　C. 降低沸点 　　D. 加强散热

3. 目前发动机使用的发动机冷却液主要是（　　）型发动机冷却液。

A. 酒精 　　　　B. 乙醇 　　　　C. 乙二醇 　　　D. 甘油

4. 下列选项中，（　　）是环保制冷剂。

A. R12 　　　　B. R134a 　　　　C. R22 　　　　D. 氨

四、简答题

1. 各种制动液能否混合使用？为什么？

2. 如何正确加注发动机冷却液？

3. 汽车制动液、发动机冷却液、液力传动油分别有哪些使用性能要求？

4. 使用汽车制动液、发动机冷却液、液力传动油和空调制冷剂时应注意哪些事项？

🚗 **中国梦·大国工匠**

秦始皇帝陵博物院文物修复师马宇：让世界了解中国古代工匠的智慧

"三四个人修复一个陶盆，需要两个多月时间，类似青铜鹤这样的大型器件则要一年左右时间。"秦始皇帝陵博物院文物修复师马宇表示，花费如此多的时间，就是为了做精做细修复工作，让文物更长久地保存，让世界更好地了解中国古代工匠的智慧。马宇日前接受中新社记者专访，分享了他对如何让西方的修复理念更适用于中国的文物、如何科学地修复文物等话题的思考。

汽车应用材料

鞠萍姐姐讲大国工匠
故事：马宇

2000年7月发掘出土的秦代彩绘青铜鹤（受访者供图）

　　马宇的父亲生前一直在秦始皇帝陵博物院从事雕塑工作，这让马宇从小与兵马俑结缘。父亲去世后，马宇回到父亲工作过的地方。从室内设计跨行到文物修复，马宇起初有些茫然。后来，马宇通过推荐、考试，参加了中国和意大利联合举办的第一批文物保护修复培训班，听意大利老师讲课，从零基础学起。

　　"文物保护修复是意大利的强项，意大利在文物修复、大遗址保护等方面拥有强大的专家团队以及世界领先的专业技术。"马宇说，经过这些年的发展，中国的文物修复理念与技术已实现与国际接轨，比如国际上公认的三大修复原则——可还原性、可识别性、最小干预，已被国内同行广泛应用。从业31年来，马宇参与了秦始皇陵石铠甲坑、百戏俑坑、水禽坑等多个陪葬坑的发掘工作。在修复文物的过程中，马宇也在探索如何结合中外文化去理解修复理念，如何让国外的修复理论更好地与中国的文物相适应。

　　他认为，文物凝聚了千百年前艺术家和匠人的心血和智慧，是古时精神文化的载体，正如西方特别是意大利常用西方哲学的笔触来描述文物修复理念，我们如何结合中国古代哲学去理解修复理念，对中国文物的保护修复十分重要。"在青铜器表面清理上，中国的文化思想就和国外的理念不太一样。"马宇说，"国外会把青铜器表面清理得比较干净，我们讲究留下包浆等历史痕迹，要求修复师有较长的工作经历，对民族传统文化有充分的理解与认知。"谈及从业以来最满意的作品，马宇直言是秦代的青铜鹤。由于青铜鹤体型高大，修复工作耗时近一年才完成。

2001年12月修复完成的秦代彩绘青铜鹤（受访者供图）

　　"耗时长不代表磨洋工。"马宇强调，文物修复不是刷一刷器物表面的灰尘、粘一粘碎片就行，它是历史、考古、生物、物理、化学、艺术等多学科交叉的领域。曾有文物修复师将其比作三条腿的板凳，"三条腿"分别是艺术、科学、工艺，文物修复师要了解传统文化与艺术，用科学的方法处理文物，并记录过去的工艺。此外，它还有一个道德的"板凳面"，即对文物怀有真正的敬畏之心。

在马宇看来，文物也拥有生命，分为不同的"体质"，它们在不同环境下患的"疾病"也各不相同，处理方式自然也不一样，修复师需要"对症下药"开"处方"。修复前，要绘制器物病变图，用图纸、文字、照片记录下来。另外，还要对文物进行检测，制定个性化的修复方案，包括用何种物理、化学方法修复，加工剂是否适合文物。

比如，青铜鹤的特点之一就是表面饰有彩绘，这种彩绘一旦被清理掉，就无法再还原，清理时需要有足够的耐心。马宇说，团队成员会替换着工作，表面彩绘的清理工作做久了，就转去画病变图、整理资料，换换心情。"查资料特别有意思，比如修复一个陶罐，就需要了解秦代和汉代的陶罐有什么不一样，这些信息是修复的依据，对文物修复师来说，也是一次知识补充。"对他而言，修复文物的过程就是在与古人对话，向古人学习。"中国古代流传下来的有关工艺制作的书籍相对较少，一些工艺旁人记载得也不够详细，而文物能够直观地展现出前人的高超技艺，为古代工艺传承提供线索。"

马宇为修复过的每一件文物建立了档案，将文物中蕴含的古代制作工艺信息，用文字、照片、视频方式记录下来。这是对古代工匠们的敬重，也是对后人负责。从惟妙惟肖的兵马俑到千姿百态的百戏俑、栩栩如生的青铜水禽，马宇在修复文物时，常被古代工匠的精湛技艺所震撼，也遗憾许多文物制作工艺至今仍是待解之谜，不能为外界所知。马宇称，"埋藏在这些文物中的秘密，我们这一代人解不开，后人也许会解开，这些文物档案，将是我们送给后人、送给世界的礼物。"

资料来源：马帅莎.秦始皇帝陵博物院文物修复师马宇：让世界了解中国古代工匠的智慧.中国新闻网，2023-07-30.

第9章

汽车轮胎

9

知识点	技能点
汽车轮胎的使用性能。 汽车轮胎的基本结构、分类和规格。	学会轮胎的选配和合理使用。

9.1　轮胎的类型与结构特点

　　轮胎是汽车的重要组成部分，一辆新载货汽车的轮胎价值占全车价值的 1/5。在汽车运输过程中，轮胎费用也占 10% 左右。汽车轮胎的作用是支承汽车的总质量；吸收和缓和汽车行驶时所受到的一部分冲击和振动，以保证汽车具有良好的乘坐舒适性和行驶平顺性；保证轮胎与路面有良好的附着作用，以提高汽车的牵引性、操作性和通过性。轮胎的性能直接影响汽车的动力性、制动性、行驶平顺性、越野性和燃料经济性。因此合理选择、正确使用和及时维护轮胎，对延长其使用寿命，提高汽车的使用性能，降低运输成本有着重要的意义。

9.1.1　轮胎的类型

　　（1）按配套车辆可分为轿车轮胎、载重汽车轮胎、工程机械轮胎、摩托车轮胎、自行车轮胎和航空轮胎等；

　　（2）按组成结构可分为有内胎轮胎和无内胎轮胎；

　　（3）按胎体中帘线排列方向可分为普通斜交轮胎、带束斜交轮胎和子午线轮胎等；

　　（4）按胎面花纹可分为普通花纹轮胎、混合花纹轮胎和越野花纹轮胎；

　　（5）按胎内气压可分为高压轮胎（气压为 0.5～0.7MPa）、低压轮胎（气压为 0.15～0.45MPa）和超低压轮胎（气压低于 0.15MPa）。目前，轿车、载货汽车几乎全部采用低压轮胎，因为低压轮胎弹性好，断面宽，与道路接触面大，壁薄而且散热性能好，能提高汽车的行驶平顺性和转向操纵性。

　　不同类型的轮胎有不同的结构特点和使用性能。

9.1.2　轮胎的结构特点

　　轮胎通常由外胎、内胎和垫带组成，如图 9.1 所示。也有不需要内胎的，但对内胎层的橡胶性能要求较高。现以目前常见的普通斜交轮胎、子午线轮胎和无内胎轮胎为例说明其结构。

9.1.2.1　普通斜交轮胎

普通斜交轮胎如图 9.2 所示，是一种老式结构，其结构特点是胎体中的帘线与胎面中心线呈 35°角，帘线由一侧胎边穿过胎面到另一侧胎边。由这种斜置帘线组成的帘布层，通常有多层，它们交错叠合起来，成为胎体的基础。由于帘布层的交错排列，给轮胎胎面和胎体增加了强度，在适当充气时，会使驾驶员感到较为柔软、舒适；轮胎接触地面的面积大，使汽车行驶更加平稳，从而延长了轮胎的使用寿命。但普通斜交轮胎的滚动阻力大，油耗高，承载能力较低，因此在使用上受到了一定的限制，有被子午线轮胎取代的趋势。

图 9.1　有内胎轮胎的组成

图 9.2　普通斜交轮胎

9.1.2.2　子午线轮胎

子午线轮胎用钢丝或纤维织物作帘布层，其帘线与胎面中心线的夹角接近 90°，从一侧胎边穿过胎面到另一侧胎边环形排列。帘线这样分布就像地球上的子午线，故称为子午线轮胎。子午线轮胎的结构如图 9.3 所示。

子午线轮胎的帘线呈环状排列，使帘线的强度得到充分利用，所以子午线轮胎帘布层数比斜交轮胎少 40%～50%。帘线在圆周方向上若只靠橡胶来维系，则难以承担行驶时产生的切向力，所以子午线轮胎一般采用强度较高、伸张很小的纤维织物帘布或钢丝帘布制造的带束层，带束层像刚性环形带一样，紧紧箍在胎体上，

图 9.3　子午线轮胎的结构

以保证轮胎具有一定的外形尺寸，承受内压引起的负荷及滚动时所受的冲击力，减轻胎面与胎体帘布层所受的负荷等。带束层一般有多层，相邻层帘线呈交叉排列，它们与胎面中心线夹角很小，一般为 10°～20°，这就使得帘布层帘线和带束层帘线交叉于三个方向，形成许多密实的三角形网状结构，如图 9.4 所示。这种结构有效阻止了胎面向周向和横向伸张与压缩，大大提高了胎面的刚性，减少了胎面与路面的滑移现象，提高了胎面的耐磨性。图 9.5 所示是子午线轮胎和普通斜交轮胎的帘布层。

图9.4 子午线轮胎帘布层帘线和带束层帘线组成的三角形网状结构

（a）子午线轮胎 　　　　（b）普通斜交轮胎

图9.5 子午线轮胎和普通斜交轮胎的帘布层

由于子午线轮胎的这些结构特点，因而子午线轮胎具有比普通斜交轮胎显著的优点。

（1）附着性能好。由于子午线轮胎胎体弹性大，使其滚动时与地面接触面积大，胎面滑移小，所以其附着性能好。

（2）滚动阻力小，节省燃料。由于子午线轮胎帘布层数少，层间摩擦力小，所以其滚动阻力比普通斜交轮胎小20%～30%，不仅可以提高汽车的动力性，还可以提高燃料的经济性，一般可降低油耗6%～8%，并且随着车速的提高，节油效果更加明显。

（3）承载能力大。由于子午线轮胎的帘线排列与轮胎的主要变形方向一致，因而其帘线强度可得到充分利用，故其承载能力比普通斜交轮胎高。

（4）胎面耐穿刺，不易爆胎。由于子午线轮胎有多层坚硬的环形带束，胎面刚性大，能够减小胎面胶的伸张变形，且接触地面的面积大，单位压力小，因而胎面的耐穿刺性能较好，在恶劣的使用条件下也不易发生爆裂。

（5）散热性能好。由于子午线轮胎帘布层数少，胎侧薄，所以散热性能好，有利于提高车速。

子午线轮胎在具有以上优点的同时，也存在一些缺点。如胎侧薄，变形大，胎侧与胎圈受力比普通斜交轮胎大，因而胎面与胎侧的过渡区易产生裂口；吸振能力弱，胎面噪声大；制造技术要求高，成本高等。

由于子午线轮胎明显优于普通斜交轮胎，因此在轿车上已广泛使用，在载货汽车上也逐渐得到推广。随着汽车技术的发展，结合无内胎轮胎和子午线轮胎的优点，现在轿车上已开始广泛使用的无内胎轮胎（真空胎）大多数是子午线无内胎轮胎。

9.1.2.3 无内胎轮胎

无内胎轮胎与有内胎轮胎在外观和结构上基本相似，不同之处是无内胎轮胎没有内胎，将压缩空气直接压入外胎内。在外胎的内壁上有一层 2～3mm 厚的专门用来密封压缩空气的橡胶密封层，它是采用硫化的方法黏附上去的。其特点是只有在爆胎时才会失效，另外爆胎后可从外部进行紧急处理。车辆行驶时当尖物刺破轮胎后，内部的压缩空气不会立即消失，从而提高了车辆的行驶安全性；散热性能好，可通过轮辋直接散热；可以延长轮胎的使用寿命。目前无内胎轮胎在小型轿车上得到广泛应用。

9.2 轮胎的规格及合理使用

9.2.1 轮胎的规格

在轮胎外胎的两侧标有生产编号、厂家商标、尺寸规格、层级、额定载荷、胎压、胎体帘布层的汉语拼音代号（如 M——棉帘布轮胎、R——人造丝帘布轮胎、N——尼龙帘布轮胎、G——钢丝帘布轮胎、ZG——钢丝子午线帘布轮胎）、旋转方向等。

9.2.1.1 轮胎的尺寸规格

轮胎的尺寸规格可用外胎直径 D、轮辋直径 d、断面宽度 B 和断面高度 H 的名义尺寸代号表示。

（1）外胎直径 D 是指轮胎按照规定压力充足气后，在无负载状态下轮胎外表面的直径。

（2）轮辋直径 d 是指轮胎按照规定压力充足气后，在无负载状态下轮胎内圈的直径。

（3）断面宽度 B 是指轮胎按照规定压力充足气后，在无负载状态下轮胎外侧两面间的距离。

（4）断面高度 H 是指轮胎按照规定压力充足气后，在无负载状态下轮胎外径与内径差值的一半，即：

$$H = (D-d)/2$$

9.2.1.2 不同轮胎规格的表示方法

（1）高压轮胎。一般用 $D \times B$ 表示。D 表示轮胎的外胎直径，B 表示轮胎的断面宽度，均使用英寸（in）为单位，"×"表示为高压胎。目前在汽车上高压胎已经很少使用。

（2）低压轮胎。一般用 $B-d$ 表示，B 表示轮胎的断面宽度，d 表示轮胎的轮辋直径，均使用英寸（in）为单位，"－"表示为低压胎。例如 9.00－20，9.00 表示轮胎断面宽度为 9in，20 表示轮辋直径为 20in，"－"表示为低压胎。

（3）超低压轮胎。超低压轮胎规格的表示方法与低压轮胎基本相同。在一般情况下，轮辋直径在 15in 以下为低压胎，例如 7.00－14，表示轮胎断面宽度为 7in，轮辋直径为 14in。

（4）国产子午线轮胎。规格用 BRd 表示，其中 R 表示子午线轮胎（Radial 的首写字母）。

随着轮胎的扁平化，原先使用的轮胎断面宽度和轮辋直径已经不能完全表示轮胎的规格，即在断面宽度相同的情况下，其断面高度随不同扁平率的变化而变化。轮胎按照扁平率的高宽比划分系列，目前国产轿车的子午线轮胎有 80、75、70、65 和 60 五个系列，数字分别表示为断面高度和断面宽度的百分比，其相对应的是 80%、75%、70%、65% 和 60%。从比例的数值可以看出，数字越小，轮胎就越矮，即轮胎越扁平。例如 9.00R20，9.00 表示轮胎断面宽度，R 表示子午线结构，20 表示轮辋直径；185/60R13 中，185 表示轮胎断面宽度，60 表示轮胎高度比，R 表示子午线结构，13 表示轮辋直径。

（5）无内胎轮胎。载货汽车的子午线无内胎轮胎的规格表示为 BRd。例如 8R22.5 中，8 表示轮胎断面宽度，R 表示子午线结构，22.5 表示无内胎轮辋直径。

有些子午线无内胎轮胎，采用在规格中加 TL 标志，例如轻型载货汽车子午线轮胎 7.00R16.5TL，其中 TL 则表示为无内胎轮胎。

9.2.1.3　轮胎的层级

轮胎的层级是表示轮胎承载能力的相对指数，主要用于区别尺寸相同，但结构和承载能力不同的轮胎。轮胎的层级数与轮胎帘布层的实际层数没有直接的关系。轮胎层级常用 PR（Ply Rating）表示。

9.2.1.4　轮胎最高速度和速度级别代号

轮胎最高速度是指在规定条件（路面级别、轮辋名义直径）下，在规定的持续行驶时间内，允许使用的最高速度。

将轮胎最高速度（km/h）分为若干级，目前有 25 个，用字母表示，叫作速度级别符号。部分速度级别符号见表 9.1，不同轮辋名义直径的轿车轮胎最高速度见表 9.2。

表 9.1　轮胎速度级别符号与最高行驶速度

轮胎速度级别符号	轮胎最高行驶速度/(km·h⁻¹)	轮胎速度级别符号	轮胎最高行驶速度/(km·h⁻¹)
L	120	R	170
M	130	S	180
N	140	T	190
P	150	U	200
Q	160	H	210

表 9.2　不同轮辋名义直径的轿车轮胎最高速度

轮胎速度级别符号	轮胎最高行驶速度/(km·h⁻¹)		
	轮辋名义直径 10in	轮辋名义直径 12in	轮辋名义直径≥13in
R	135	145	160
S	150	165	180
T	165	175	190
H	—	195	210

9.2.1.5　轮胎负荷指数与轮胎负荷能力

轮胎负荷指数是指在规定条件（轮胎最高速度、最大充气压等）下轮胎负荷能力的数字符号。轮胎负荷指数用 LI 表示，轮胎负荷能力用 YLCC 表示。轮胎负荷指数目前有 0～279 共 280 个，部分轮胎负荷指数与轮胎负荷能力对应关系的数据见表 9.3。如轮胎型号为 225/60R16 98H，225 表示轮胎断面宽度（mm）；60 表示轮胎的扁平率；R 表示子午线轮胎；16

表示轮辋直径（in）；98 表示负荷指数，即轮胎负荷能力为 7 500N；H 表示速度级别，即轮胎在负荷指数内允许的最高速度为 210km/h。

表 9.3　轮胎负荷指数与轮胎负荷能力对应关系

轮胎负荷指数（LI）	轮胎负荷能力（YLCC）/N	轮胎负荷指数（LI）	轮胎负荷能力（YLCC）/N
85	5 150	92	6 300
86	5 300	93	6 500
87	5 450	94	6 700
88	5 600	95	6 900
89	5 800	96	7 100
90	6 000	97	7 300
91	6 150	98	7 500

9.2.2　轮胎的合理使用

合理使用轮胎，目的在于降低轮胎的磨损速度，防止不正常的磨损和损坏，从而延长轮胎的使用寿命。轮胎使用的基本要求有以下几个方面。

9.2.2.1　保持轮胎气压正常

轮胎的充气压力（简称气压）是影响轮胎使用寿命和行驶安全性的重要因素。轮胎气压过低，会使胎体变形增大，从而造成内应力增加，并过度生热，加快橡胶老化和帘线疲劳，导致帘线因疲劳而折断、松散和帘布层脱落；还会使轮胎的接地面积增大，滑移量增加及磨损加剧，特别是胎肩的磨损较为严重；使轮胎的滚动阻力增加，燃料消耗增加。如果使用双轮胎，一胎气压过低，会严重使另一轮胎磨损加快。轮胎气压过高时，会使轮胎接地面积减小，单位压力增高，从而使胎冠磨损加剧。由于材料过度拉伸，会使轮胎的刚性增大，胎体弹性下降，当轮胎受到冲击时，极容易产生胎冠爆裂。

图 9.6　轮胎气压与寿命的关系

试验表明，轮胎气压过低或过高，轮胎的使用寿命都将缩短。如图 9.6 所示，轮胎气压降低 20%，轮胎的使用寿命会缩短 15%。汽车超载或装载不均衡时，都会引起轮胎超载。

9.2.2.2　防止轮胎超载

严格控制车辆超载装物。因为每一个轮胎都有它最大的装载质量，所以在使用时要严格按照规定进行装载。如果超载行驶，轮胎的变形就会增大，其帘布层和帘线应力也有所增加，此时极易造成帘线折断和帘布层脱落，导致轮胎的接地面积增大，而加快轮胎胎肩的磨损。当车辆行驶时，特别是遇到障碍物时，即使是一个不大的石块，也会引起爆胎。在转弯或不平的路面上行驶，当轮胎负荷超过 50%，其轮胎使用寿命将缩短 59%；当超过一倍时，其寿命将会缩短 80% 以上。轮胎超载时的损坏与胎压过低时的损坏相似，只是超载时轮胎损坏更严重。因此，装载货物时必须按照规定的装载质量装载，并注意装载货物时要保持装载平衡,以防止车辆在行驶时发生货物移动或漂移等现象。

9.2.2.3　合理搭配轮胎

在同一辆车上或同一轴上应该使用规格、结构、层级和花纹等完全一致的轮胎。采用双胎并装时,必须要求选用同一厂牌的轮胎,以保持负荷相同,磨损一致。

当轮胎磨损到一定程度需要更换时,应尽可能是全车更换或同轴更换。如果条件不允许,可将新胎或磨损较轻的轮胎装在转向轮上,将旧胎或磨损稍重的轮胎装在其他轮上,以确保行车安全。规格相同,但结构、层级以及花纹不同的轮胎,不能装在同一轴上使用,特别是子午线轮胎和普通斜交轮胎更不能混装在同一车上或同一轴上使用。轮胎应按规定的型号与轮辋配套使用,不同型号规格的轮辋,即使直径相同,其轮辋直径和凸缘高度也有所不同。窄胎装宽轮辋,或宽胎装窄轮辋,都会造成轮胎的早期损坏。

9.2.2.4　控制行驶车速,注意轮胎温度

随着汽车行驶速度的提高,轮胎在单位时间内与地面的接触次数也相应增多,轮胎的变形频率、胎体的振动也随之增加。当车速达到某一速度时,轮胎的工作温度和气压升高,会加速橡胶的老化,产生帘布层断裂和胎面剥落现象,严重时会造成轮胎爆裂。因此,一定要坚持中速行驶,胎体温度不得超过 100℃。夏季行驶应增加停歇次数,如轮胎发热或胎压增高,应停车休息散热。严禁放气降低轮胎气压,也不要泼冷水降温。

9.2.2.5　精心驾驶车辆

不正确或不精心驾驶车辆,都会使轮胎的使用寿命急剧缩短。为此,驾驶车辆时应做到起步平稳、加速均匀、中速行驶、直线前进、减速转向、少用制动、选择平坦路面。

9.2.2.6　做好日常维护

轮胎的日常维护包括出车前、行车中和收车后的检查,主要检查轮胎的气压和有无不正常磨损以及损伤,并及时预防隐患和消除故障。

出车前用气压表检查各个轮胎的气压是否符合规定,气门嘴有无漏气现象,以及是否碰到制动鼓。检查各个轮胎的螺母是否松动,挡泥板、货箱等有无碰擦轮胎的现象,并及时消除,以防故障隐患。

行车中的检查利用停车时进行,检查项目与出车前检查项目基本相同。

收车后检查轮胎是否有漏气的现象,如有则查找漏气的根源并及时清除;检查轮胎花纹之间是否有夹杂石子等现象并及时清除;检查轮胎螺母是否有松动,如有松动也应及时清除,以防故障隐患。行车中由于种种原因换用备用轮胎,收车时应及时维修替换下来的轮胎。

综合训练题9

一、名词解释

1. 子午线轮胎

2. 外胎直径 D

3. 轮辋直径 d

4. 断面宽度 B

5. 断面高度

二、填空题

1. 汽车轮胎的作用是支承汽车的_____；吸收和缓和汽车行驶时所受到的一部分_____；保证轮胎与路面有良好的_____作用，以提高汽车的牵引性、操作性和通过性。

2. 轮胎的分类方法有很多，按组成结构可分为_____和_____；按胎内气压可分为_____、_____和_____。

3. 轮胎通常由_____、_____和_____组成。

4. 轮胎尺寸规格可用_____、_____、_____和_____的名义尺寸代号表示。

5. 轮胎的日常维护包括_____、_____和_____的检查。

三、简答题

1. 汽车轮胎有哪些类型？各有何优缺点？

2. 为什么无内胎轮胎在轿车上得到广泛使用？

3. 无内胎轮胎在结构上是如何实现密封的？

4. 如何合理使用轮胎？

5. 子午线轮胎和普通斜交轮胎相比有什么特点？为什么子午线轮胎得到越来越广泛的使用？

6. 轮胎气压对轮胎有什么影响？

中国梦·大国工匠

二十大代表｜毛胜利：传承宣纸文化　做新时代大国工匠

中国共产党第二十次全国代表大会于 10 月 16 日上午 10 时在北京人民大会堂开幕。中国出版传媒商报聚焦书业党代表，通过一系列专题报道，展示代表风采，介绍先进事迹，弘扬优秀品质，推动行业发展。

鞠萍姐姐讲大国工匠
故事：毛胜利

代表速写——他是晒纸工，亦是大国工匠

宣纸作为中国书法、绘画与典籍的独特载体之一，广为人们所知，是中华优秀传统文化的代表性元素。2006 年，宣纸制作技艺被列入首批国家级非物质文化遗产代表性项目名录。党的二十大代表毛胜利，是中国宣纸股份有限公司的一名晒纸工，同时兼任宣纸研究所所长助理。晒纸，是将纸帖变成纸张的过程。凭借一手高超的宣纸制作技艺，毛胜利被评为"大国工匠"。

出生于 1969 年的毛胜利，1987 年进入中国宣纸股份有限公司晒纸车间开始从事宣纸制作、晒纸工作，一干就是 35 年。他从最艰苦的晒纸学徒工做起，通过多年不断努力，成为公司晒纸车间里的技术先锋，被同事们称为"晒纸车间的铁人"。多年来，他主导参与公司多项生产线大小技术革新项目，大大提升了晒纸劳动效率，积极参与公司宣纸新品种的研发与创新，作为"头刷"的毛胜利与同事们一起成功抄制"三丈三特大纪念宣纸"，并参与研制了"千禧宣"等多种规格产品。同时，毛胜利还将自己精湛的晒纸技艺传授于徒弟，做好传帮带工作，让宣纸技艺不断传承下去。由于出色的工作成绩和过硬的政治素质，他获得多项荣誉称号：2016 年被评为第四批"大国工匠"，2018年荣获"全国五一劳动奖章"，2019 年登上"敬业奉献中国好人榜"，还被评为首届江淮杰出工匠、安徽省优秀共产党员等。

代表记忆——传承传播宣纸文化

过去五年，令毛胜利感触最深的是身份的转变。原来他只承担晒纸工的职责，现在他有三重角色。一是仍然承担生产任务，做好晒纸工的本职工作。二是承担传承宣纸技艺和带徒弟的任务。2020 年，中国宣纸股份有限公司举办"名师带徒"签约仪式，通过签约仪式确定一种固定的关系，让宣纸技艺更好地传承下去。毛胜利也在现场与徒弟一对一签约。三是向往来游客、当地的中小学生等人讲述宣纸历史、传播宣纸文化，而且经常要在现场演示复杂晒纸技艺，他的高超技艺令观众赞叹不已，让宣纸文化得到广泛的传播。

代表聚焦——传统文化和人才强国

毛胜利最关注传统文化和工匠人才这两方面的内容。一是关于传统文化，党的二十大报告提出，"推进文化自信自强，铸就社会主义文化新辉煌""传承中华优秀传统文化，满足人民日益增长的精神文化需求"。二是关于工匠人才，党的二十大报告提出"深入实施科教兴国战略、人才强国战略、创新驱动发展战略"。未来，我国将努力培养造就更多大师、战略科学家、一流科技领军人才和创新团队、青年科技人才、卓越工程师、大国工匠、高技能人才。大国工匠越来越受到重视，让毛胜利备受鼓舞，倍感振奋。

代表寄语

我希望在全面建设社会主义现代化国家的过程当中，中华优秀传统文化的传承能得到更有力的保障。同时，在向着第二个百年奋斗目标前进的道路上，我希望能涌现出更多的高技能人才、大国工匠，为民族复兴、祖国建设添砖加瓦。我们要富起来、强起来，就必须要把科技转化为生产力。在这个过程中，离不开高技能人才发挥作用。所以我希望在国家强起来的道路上，能涌现更多的大国工匠、能工巧匠、高技能人才。

资料来源：二十大代表｜毛胜利：传承宣纸文化　做新时代大国工匠.中国出版传媒商报，2022-10-23.

参考文献

[1] 韩维建，张瑞杰，郑江，等．汽车材料及轻量化趋势［M］．北京：机械工业出版社，2017．

[2] 田亚梅．汽车非金属材料轻量化应用指南［M］．北京：机械工业出版社，2019．

[3] 牛丽媛，李志虎，熊建民，等．新能源汽车轻量化材料与工艺［M］．北京：化学工业出版社，2020．

[4] 谢建武．汽车用精细化学品［M］．2版．北京：化学工业出版社，2017．

[5] 马鸣图，王国栋，王登峰，等．汽车轻量化导论［M］．北京：化学工业出版社，2020．

[6] 李志虎．乘用车用橡胶与轻量化［M］．北京：机械工业出版社，2020．

[7] 高美兰，白树全．汽车材料与金属加工［M］．2版．北京：机械工业出版社，2020．

[8] 周燕．汽车材料［M］．3版．北京：人民交通出版社，2021．

[9] 刘涛．汽车材料［M］．4版．北京：中国劳动社会保障出版社，2020．

[10] 符旭，张志强．汽车材料［M］．北京：机械工业出版社，2021．

[11] 李明惠，谢少芳．汽车材料［M］．2版．北京：机械工业出版社，2020．

[12] 熊建武，周李洪，陆唐．汽车材料［M］．武汉：华中科技大学出版社，2019．